中欧管理中心（CEMI）初创期的主要创建者：
博伊索特博士（右二）、陈德蓉博士（右三）、杨亨先生（左三）

创业期的四位院长。
左起：苏史华、李家镐、菲希尔、张国华

中欧神话 亚太第一商学院的传奇创业史

中欧现任四位院长。
左起：副院长、教务长克雷默，执行院长雷诺，院长朱晓明，副院长、中方教务长张维炯

中欧管理中心移至上海后的第一次公开课毕业晚宴上，李月庆和欧盟驻华大使杜侠都及同事范汇东合影。
右起：杜侠都、李月庆、
范汇东

中欧神话 亚太第一商学院的传奇创业史

中欧国际工商学院第一任执行院长兼教务长冯勇明教授在第一届MBA、EMBA毕业典礼上发言。

中欧神话 亚太第一商学院的传奇创业史

喜获大庆石油管理局公司内训课第一大单后在哈尔滨合影。
右起：李月庆、李家镐、
张国华、李杰

海尔集团总裁张瑞敏在刘吉院长的陪同下参观了中欧工商管理学院校园，并一起观看新校园全景模型。

2000年4月，世界商学院EDP全球联盟会议首次在中国举办。
左为李月庆，右为博纳德

中欧神话 亚太第一商学院的传奇创业史

霍华德·沃德教授是EDP部门十余年来的专职教授与顾问，为EDP的企业内训发展做出了卓越贡献。
左起：霍华德教授、李月庆

在中欧国际工商学院奠基典礼上，上海市副市长谢丽娟与欧盟副主席布列坦共同揭幕。

中欧国际工商学院新校园奠基典礼。
右起：欧盟副主席布列坦、海协会会长汪道涵、
欧盟驻华大使魏根深、上海市副市长谢丽娟

世界著名教授沃伦·基根教授来中欧EDP部门授课后，在刚刚竣工的新校园里合影。
左起：张维炯、张国华、刘吉、沃伦·基根、博纳德、李月庆

中欧国际工商学院新校园落成典礼。
左起：翁史烈、王生洪、周禹鹏、魏根深、龚学平、西班牙大使、周慕尧、谢丽娟

中欧国际工商学院新校园第一期竣工典礼。

第二排右起第一人是现任中欧国际工商学院院长朱晓明教授，他是中欧创建团队以外对中欧支持最大的人之一；第二排右起第三人是中欧现任执行院长雷诺教授。

获得亚太第一时，中欧三位院长举杯庆祝。
左起：张国华、刘吉、博纳德

吴敬琏教授被授予宝钢经济学资助教席教授，右为张国华院长。

中欧神话 亚太第一商学院的传奇创业史

中欧最大牌教授之一的顾凯诗激情之时，跳上讲台，尽展其生动的授课方式。

在中欧EDP发展历程中，一位知己，也是鼎力相助、具备中西结合优势的典型中欧教授柏唯良。

1997年中欧国际工商学院MBA、EMBA、EDP三大部门共同出击，为学院全面提升品牌，在二三级城市两月内共同举行招生会十余场。此为在青岛举行招生咨询会。

右起：李月庆、张维炯、
张国华、徐新春、李杰

中欧神话 亚太第一商学院的传奇创业史

1998年初，中欧短期培训部在太阳岛俱乐部集训后合影。

中欧神话

CEIBS LEGND

亚太第一商学院的传奇创业史

李月庆 孟群舒◎著

中信出版社
CHINA CITIC PRESS

图书在版编目（CIP）数据

中欧神话:亚太第一商学院的传奇创业史/李月庆，孟群舒著.
—北京：中信出版社，2008.11（2019.3重印）
ISBN 978-7-5086-1326-0

Ⅰ.中… Ⅱ.①李…②孟… Ⅲ.中欧国际工商学院-校史 Ⅳ.F27-40

中国版本图书馆 CIP 数据核字（2008）第 153013 号

中欧神话——亚太第一商学院的传奇创业史
ZHONG'OU SHENHUA

著　　者：李月庆　孟群舒
策划推广：中信出版社（China CITIC Press）
出版发行：中信出版集团股份有限公司（北京市朝阳区惠新东街甲 4 号富盛大厦 2 座　邮编　100029）
（CITIC Publishing Group）
承 印 者：三河市西华印务有限公司
开　　本：787mm×1092mm　1/16　　**插　　页：**8
印　　张：18.25　　**字　　数：**300 千字
版　　次：2009 年 1 月第 1 版　　**印　　次：**2019 年 3 月第 6 次印刷
书　　号：ISBN 978-7-5086-1326-0/F·1457
定　　价：39.00 元

谨以此书，献给已故的李家镐、张国华院长及其家属
以及所有中欧国际工商学院的创业者、工作者。

我全程参与了中欧国际工商学院的创业过程，
把一生中最精彩的10年黄金时光献给了中欧。
我要通过这段历史，
让所有中国人知道，
只要有愿景、有野心并付出毕生精力，
我们什么都能达到，
中国人照样可以在短时间内创造出世界一流的组织，
创造出世界的奇迹！

李月庆

序一

中欧国际工商学院已经连续几年在世界商学院排名中居11位，亚洲第1位，引起了社会广泛关注。常常有媒体、朋友问我，只有短短十几年历史，这个成绩是如何做到的？我总婉拒：才只有十几年短暂的历史，回答这个问题尚为时过早。

李月庆同志是一位有心人，他业余写了这本关于中欧国际工商学院十年发展的《中欧神话》。他也是一位知情人，是中欧国际工商学院最早的创建员工之一，曾担任短期培训部领导多年。中欧国际工商学院短期培训部（EDP）仅用8年时间，在伦敦的《金融时报》排名中位居全球前50强，且在公开课和公司特设课程两项指标中同时进入前50强，在亚太地区属首次，他是有巨大功劳的。书成后邀我写序，出于忘年友情，我答应了。趁此机会我试着简要回答上述媒体和朋友们关注的问题。

首先，中欧国际工商学院是邓小平开拓中国社会主义改革开放的产物。同时，它也享用这一伟大改革开放的成果。没有中国经济的崛起，就不可能有如此深广的工商管理教育的市场需求，当然也不可能有中欧国际工商学院今日之局面。中欧人应该永远记住和珍惜这个大前提。

第二，中央有关各部和上海市党政领导的关怀和支持，是中欧国际工商学院取得成功所绝不可忽视的因素。正是他们锐意改革，在现行教育体制下给出一个“教育特区”，不仅给予必要的物质支持，更重要的是给中欧国际工商学院的自主权，去学习国际商学院教育的先进经验。只有引导和支持，从不直接干预。这在中国是难能可贵的。

第三，欧盟政府、欧洲著名商学院、学术界和企业家等各界人士对中欧国际工商学院的厚爱和无私的帮助。许多官员、学者和企业家来中国，通过帮助中欧国际工商学院的实践与成长，了解了中国的真实情况，成为了中国真诚的朋友。

第四，中国文化的无形力量。中欧国际工商学院贯彻“名师出高徒”理念，不惜重金和其他优惠条件聘请世界一流的教授，力求最优教学质量。中欧国际工商学院还坚决实行“严师出高徒”，从招生到毕业教学全过程，始终坚持严肃、严格、严谨地对待教学每一个环节。中欧的校训是：认真、创新、追求卓越。

最后，全体中外员工勤奋贡献。李家镐院长积劳成疾，张国华院长英年早逝，中欧国际工商学院 10 年，中方两位院长付出自己的生命，中欧人的心中永远铭记。

回顾历史，总是“仁者见仁，智者见智”的。《中欧神话》是李月庆同志个人的体验和见解，不能要求他十分全面和完全准确。李月庆同志坦诚的性格也跃然纸上。当然，无须赘言，最重要的是，它记录了中欧国际工商学院创业十年中丰富而珍贵的史料，不仅会引起现在和以后每个中欧人的兴趣，也定可供当代和后代教育学者精细研究。

以上也是我个人见解，写下它就算给《中欧神话》添增一页吧。

刘吉

中欧国际工商学院名誉院长

2008 年 8 月 28 日于苹果园

序二

当一个陌生人漫步在中欧国际工商学院（CEIBS）典雅优美的校园，赞叹这个走向世界管理学院前列的名校取得的优异成绩时，绝不会想到，它只有短短十多年的历史。更不会想到的是，为了取得这一优异成绩，许多中外热心人付出了多么大的努力。作为中欧创业团队的一员，李月庆创作的这本《中欧神话》，讲述了他心目中的中欧故事，为中欧创业史补上了一页。

我要补充的是，CEIBS 从一开始就得到了上海有心人的热情支持。在这批人中间，有上海市的老市长汪道涵，时任副市长的徐匡迪，时任上海交大管理学院名誉院长、后来成为 CEIBS 首任中方院长的李家镐，时任上海交大管理学院常务副院长、后来成为 CEIBS 第三任院长的张国华，时任金桥开发公司总经理、后来成为 CEIBS 第四任院长的朱晓明。没有他们的支持，CEIBS 是根本不可能办起来的。

我和中欧有很深的历史渊源。早在上世纪 80 年代中期，我就开始在中欧的前身——国家经贸委和欧共体管理教育基金会于 1984 年在北京合作开设的中欧管理中心（简称 CEMI），为学员（主要是国有企业的管理人员）讲授专题课程，后来，CEMI 成立学术委员会，我成为其中唯一的一位中方委员。

1984 年以后，随着政治环境的变化，CEMI 受到愈来愈多的非议，连办公条件也变得相当恶劣。外方教员强烈提出与中国大学合作，改建为正式的商学院。但是，在北京与几所大学的谈判并不顺利，于是有了在上海办学的念头。

CEMI 的代表刚一与上海方面接触，就得到了德高望重的老市长、交通大学的老学长汪道涵的热情支持。他不但请上海交大管理学院作为 CEMI 在上海办学的合作伙伴，还嘱托他的老朋友、时任交大管理学院名誉院长的李家镐总其成。李家镐是上海市政府的老领导干部，曾任上海市经委主任，和上海各方面人头儿极熟，办起事来果断干练，使中欧落脚上海工作的速度加快了许多。特别难能可贵的是，当中欧和交大之间的谈判陷于胶着状态：交大方面希望中欧办成交大所属的二级学院而中欧方面要求办成独立的商学院时，身为交大管理学院名誉院长的李家镐，把为中国创建具有国际水平的商学院的目标放在优先于本校利益的地位，终于说服了他在交大的同事，确定了中欧办成独立商学院的方案。

建立 CEIBS 的最后一个关口，是通过国家教委的审批。为了争取上海市领导人运用他们在北京的影响通过国家教委这一关，我在 1993 年去上海拜见了老市长汪道涵和时任副市长的徐匡迪。他们两位都非常清楚创办一个具有国际水平的管理学院对于中国和对于上海的意义，所以听完我的说明以后，立即表示要全力促成此事。在他们的帮助下，国家教委这一关也顺利通过。

我的上海之行还有一个非常重要的“副产品”，就是对 CEIBS 定居金桥起了“触媒”的作用。事情是这样的：趁拜访上海市领导的间隙，我去访问了浦东的几个开发区。记得那天到金桥开发区管委会时，朱晓明总经理抱病从医院请假出来接待我。在闲谈中，我告诉朱晓明总经理，我这次到上海的任务，是与上海领导讨论合作办学的事业。没过两天，我就从上海市政府教育卫生办公室得到消息，金桥开发区正式提出愿意拿出备用地块供中欧落户金桥开发区。于是，中欧的选址问题迎刃而解。金桥在日后也因此建成一座重量级的商学院，为浦东增添了一份人文的光彩。

当然，与那些世界商学院强手之林中和现代工商业共生的国际名校相比较，CEIBS 只是一个没有多少学术积淀的新手，在它面前还有很长的路要走。能否实现成为国际名校的梦想，还有待中欧人今后保持从 CEMI 到 CEIBS 20 多年锲而不舍的精神，作坚持不懈的努力。

吴敬琏

中欧国际工商学院宝钢集团经济学教席教授

2008 年 11 月 15 日

序三

欣闻《中欧神话》即将出版，备感欣慰。中欧国际工商学院自1994年创立以来，在短短十多年时间内成为世界知名、亚洲一流的商学院，为中国培养了一大批高级管理人才，不能不说是一个奇迹。这背后，包藏着许多鲜为人知的创业艰辛，蕴含着诸多影响深远的创新之举。李月庆先生作为一位参与学院创办的当事人，由他来讲述这段历史，发掘中欧创业史中许多值得铭记的往事，无疑是很有意义的。

1994年，中国政府、上海市政府在完成了与欧盟有关合作办学的洽谈之后，开始为中欧国际工商学院寻找合适的校址。当时，我是浦东新区管委会副主任、金桥开发公司总经理。虽然我没有深刻的远见，但中欧国际工商学院入驻规划中的金桥国际社区，我记得我是毫不犹豫地支持了它的。中欧国际工商学院的前身是地处北京的中欧管理中心。吴敬琏、雷诺两位是中欧管理中心的教授，他们受委托进行中欧国际工商学院的前期考察，我曾接待过他们两位。我深深地为各级领导与决策人士的远见卓识所振奋，更为学院创业团队从一开始就涌现出来的热情、务实所感动。从那时起，我和中欧国际工商学院结下了不解之缘。

中欧国际工商学院是在浦东开发开放中成长起来的。如今，它已取得举世所瞩目的办学成就，并被温家宝总理誉为“众多优秀管理人士的摇篮”。我院成功的办学为中国经济与社会的和谐发展，为中国经济与世界经济的融合做出了积极贡献，受到国内外企业界与学术界一致认可。

14年前，中欧的创业团队怀着打造世界一流商学院的梦想，谱写了筚路蓝缕、艰苦创业的不凡历史，它必将极大地激励我们继续解放思想，继续坚持改革开放，继续坚持社会主义市场经济道路。

中欧国际工商学院将致力于培育商界领军人物，为把自身建设成政府经济决策的智库，建设成沟通欧洲及全球学术界、教育界、企业界的平台，建设成中国管理教育的世界级品牌而不懈努力，代代相传。

有历史积淀的人物、事物总是受人尊重的。在中欧国际工商学院即将步入建校后第15个年头的时候，我期盼学院的教授、员工、学员和校友们，按照名誉院长刘吉教授“认真、创新、追求卓越”的校训，以百倍的勤奋去创造更多的成果，激励所有的师生员工，告慰中欧国际工商学院的开创者——李家镐、张国华教授。

朱晓明

中欧国际工商学院院长

目·录

前言　热血创造奇迹

提起中欧国际工商学院（CEIBS，以下简称中欧）①，脑海中立刻会闪现出一组组画面：翠竹松柏掩映下的幢幢白楼，几汪秀水泛起阵阵涟漪；在环形阶梯教室里，学员们享受着世界一流的工商管理教育；在教学楼角窗旁、长廊下，学员们匆匆而过；在校园里，学员们沐浴在金色的阳光下，憧憬着下一个人生高峰……

已经毕业的中欧校友和未来入学的校友都是幸福的。因为这所亚洲排名第一的商学院，有着一流的品牌、一流的制度、一流的师资，以及由世界最著名的建筑大师贝聿铭设计的一流校园……校友被中欧国际工商学院的光环笼罩。

中欧国际工商学院自 1994 年成立以来，只花了 7 年时间，在 2001 年，EMBA 教育就位列全球第 29 名，亚洲第 2 名。次年，MBA 进入全球百强，EDP（高层经理短期培训课程）位列全球第 45 名，亚洲第 1 名。

在欧美商学院发展了 100 多年之后，一所初创于亚洲的商学院竟然在短短几年内，坐上亚洲第一的宝座，跻身世界一流商学院行列！中欧的崛起，影响并加速了中国高等管理教育的进程，让中国第一次有了“不出国也能留学的学校”！

---

① 如无特指，下文所指中欧均为中欧国际工商学院。——编者注

许多慕名而来的商界精英们大概没有意识到，中欧的成长和发展历程，本身就是一个经典的商业案例！无论是市场化的治理架构设计、商业模式、战略定位、目标市场的选择和坚持、体验式营销的大胆尝试，还是新课程产品开发、对质量的高水平控制与品牌形象的一贯维护等，中欧都丝毫不比那些声名卓著的公司来得逊色！

中欧是世界一流的商学院，这个伟大组织的诞生，本身就是奇迹。不过，有谁知道，光环背后的付出，何等艰辛！在中欧创业者中，既有中国员工，也有外籍员工。他们在丝毫看不到希望的情况下，作出了痛苦的抉择，毅然加入到中欧国际工商学院的事业中来。在接下来的几年时间内，饱尝了创业的艰辛，迈过了同行未能逾越的沟坎，共同创造了中欧神话！

在中欧历史上，有三位最早介入的中方创始人，他们是李家镐、张国华，还有我、本书作者之一李月庆。其中，中欧首任中方院长李家镐在创业三年半之后，于1998年5月29日病逝；第二任院长张国华在2006年1月10日也累倒在岗位上。我成了中方创始人中唯一的幸存者。如果我不是在2003年年初离开中欧，我也会无怨无悔，为中欧累死。

我全程参与了中欧的创业过程，并且把一生中最精彩的10年黄金时光献给了中欧。我所记录的，是中欧的艰辛创业史，更是中国管理教育从落后跻身世界一流的过程。我要通过这段历史，让所有中国人知道，只要有愿景、有野心并付出毕生精力，我们什么都能达到，中国人照样可以在短时间内创造出世界一流的组织，创造出世界的奇迹！

第一部分
草创之初（1984~1994）

第一章 溯 源

CEMI：改革之初的呐喊

今天的中欧国际工商学院成立于1994年11月8日。然而，对任何伟大的组织来说，忽视和割裂它的前身或历史都是不合理的。中欧这棵参天大树，同样有幼苗吐新的成长阶段，其前身就是中欧管理项目（CEMP，China Europe Management Programme）。那时，中国这头雄狮刚刚睁开惺忪的睡眼。

1978年，农村土地承包制在全国推开。在短短的两三年里，中国的农产品供应出现了前所未有的丰富景象，几十年的短缺一扫而光。农村改革的成功，为城市的企业改革打开了一片新的天地，应运而生的是放权让利，企业承包制等初期的企业改革方案纷纷出台。

进入20世纪80年代后，神州大地上涌动着开发热潮：成群结队的劳工涌向沿海省市，各地都在搞开发、搞建设。那些画面至今记忆犹新：工地上吊塔林立，施工队干得热火朝天，一辆辆翻斗车颠簸行驶在坑坑洼洼的路面上，猝不及防地“轰”一声响，石沙翻倒下来，漫天的灰尘扑面而来……

在热浪逼人的开发潮中，个体户出现了，外商来投资了，工厂和商店产销两旺，下海做生意的人数飙升，一股莫名的兴奋和狂喜涌上中国人的心头。

经济生活中不断涌现的新机制、新思路，使得社会对管理者的要求不断提高。改革开放如火如荼地进行着，传统体制下的经济管理人才却有点无所适从。简单地说，经济搞活了，规则开始改变了，脑袋却适应不了。

在经济管理部门中，逐渐有人模模糊糊地意识到，企业改革需要的是一大批不同于计划体制下的企业管理人员。当时国家经济委员会（下称国家经委）负有培训经济干部的任务，因而探寻新的培训模式就此提上议事日程。

在这种形势下，80年代初，国家经委向欧盟前身——欧共体提出了引进管理培训的设想。1981年底，欧共体试探性地提出：对华举办3个月的管理培训项目。出乎欧洲人预料的是，中方答复说，希望举办长期高学位的管理培训项目，即5年期的MBA合作项目！

1983年1月26日，距离猪年的春节不到一个月，应欧洲管理论坛（1987年改名为世界经济论坛，也称达沃斯论坛）邀请，原国家经委副主任马仪等人率团赴瑞士达沃斯，参加欧洲管理论坛年会。会后，在布鲁塞尔，马仪与欧共体就在北京联合举办企业管理硕士研究生班（后为MBA班）一事上达成原则性协议。这无疑是一个令人振奋的消息！

从此，在欧共体对华援助项目中，多了一个专门培养高级经管人才的项目。项目为期5年，援助资金达到350万欧洲货币单位（ECU）。具体的筹备工作由双方委托的执行单位完成，中外方分别是：国家经委经济干部培训中心与欧洲管理发展基金会（EFMD）。

一年半之后，也就是1984年9月1日，国家经委与欧共体决定在北京联合成立中欧管理项目，举办中欧管理硕士研究生班，第一个合作协议为期5年（1984～1988年）。合作协议完成后，欧共体代表马克斯·博伊索特（Max Boisot）通过调研并与原国家经委负责人沟通后认为，与其发展一个长期培训项目，不如建立一所培养MBA等高级管理人才的管理学校。这一提议得到原国家经委副主任马仪、张彦宁等人认可，他们也认为中国应该建立自己的MBA高级管理人才学校，肩负起为改革开放事业培养管理人才的使命。因此，中欧管理项目更名为中欧管理中心（CEMI，China Europe Management Institute）。

中国要有自己的MBA学校！这是改革之初的呐喊，也是中国人急切渴求进步的心声。这个中欧管理中心，就是中欧国际工商学院的前身。张国华和我是中方仅有的两个参与了中欧管理中心后期管理，并在此基础上创建中欧国际工商学院的管理者。作为中欧管理中心和中欧国际工商学院双重身份的职员，我有幸成为两段历史的见证人，有必要追忆这些历史，让更多人了解它。

在中欧管理中心，有一位重要人士不得不提，那就是陈德蓉女士。她参与了中欧管理中心的筹建工作，又是第一届 MBA 学员，而且在中心成立后负责了很多具体工作，并在 1987 年出任中方教务长，负责教学管理工作。

在第一届 MBA 开学前，中方筹备人员分赴英国、荷兰、意大利作短期的考察。据陈德蓉女士回忆，那是 1984 年的冬天，她第一次出国。前来接机的外方人士一见到中国人，左看右看，充满惊讶，就像看到外星人一样！因为那个年代，出国的中国人太少了。

同样，中方人员对西方社会的一点一滴也感到好奇。短短一个月的时间，中方人员参观了数所大学与管理学院。由于长期封闭，中国人对外国的了解十分有限，始终觉得此行是蜻蜓点水。归国之后，大家公认获得了一个意外收获，那就是英语！一天十几个小时面对面与老外讲英语，中方人员的口语能力都有了不同程度的提高。

欧方教师的选拔也在同时进行。按照中、欧双方的计划，初期西方管理课程全部由外教讲授，中方教师逐步增加跟进。于是，选择欧方教师的重任交给了欧洲管理发展基金会与中欧管理中心学术委员会，在欧洲进行招聘。在 20 世纪 80 年代，中国的影响力还不能和今天比，但欧方教授的报名却很踊跃，候选人与录用者的比例高达 11∶1。学术委员会经验丰富，把关也很严，他们的要求是：既要有第一流的学术造诣，又要有在发展中国家工作的经验，这个标准与今天的中欧国际工商学院相近。

首吃螃蟹：中国最早的 MBA

这趟难忘的欧洲之行结束后，MBA 开班在即。不过，招什么人、用什么方式招，问题还是一箩筐。

在中国，什么样的人可以读 MBA？这是首先要回答的问题，也是中外方探讨的焦点。出乎意料的是，双方都同意挑选具有实践经验、有一定学历的在职干部读 MBA 学位。最初，工龄必须满 4 年，而后提高到 5 年。

另一个问题是，通过什么途径挑选合格的学员？中外双方争论开了。一方希望通过经委的内部渠道，向下分派；另一方认为，要登广告向社会招生。最后的结论是双管齐下，既有单位推荐，中欧管理中心又在《中国日报》、《北京日报》上登了广告。那或许是改革开放后报纸上出现的第一份联合办学的招生广告。欧共体代表博伊索特教授半开玩笑地告诉大家：“哈佛商学院的秘诀就在于挑选的学生即便不读 MBA，也是未来社会上的成功者。”

当时，发达国家的诸多事物对中国人来说，充满了吸引力。考生报考非常踊跃，第一届 MBA 招生，报考的人数达 202 人，经过英语、学科考试、综合测试及面试这四场考试的筛选，北京地区的 34 名学生最终通过。

这 34 个学生是幸运的，但麻烦紧跟而来。中欧管理中心的学费不菲，第一届学制 3 年，共 3 000 元，第二届学费更是达到 10 000 元。由于学费都由单位交纳，一些单位不让员工参加考试，后来员工考上了，他们又不放人。中欧管理中心只得一次次解释，毕业后原则上哪里来回哪里去，但很多单位还是不放心。那个年代，个人的择业自由与今天不可同日而语。

表 1－1　中欧管理中心培养的中国最早的 MBA

年　级	学　年	毕业生人数
CEMI－1	1984～1987	34
CEMI－2	1986～1989	65
CEMI－3	1989～1990	33
CEMI－4	1990～1991	36
CEMI－5	1991～1992	39
CEMI－6	1992～1993	40
总计		247

1984 年 9 月，第一届 MBA 开班了。前半年，学员重新学英语，进行英语强化教学；之后是两年的 MBA 课程，共 24 门，分 8 个模块进行。这是参照欧美各国 MBA 课程，并根据中国实际情况设计的。第一个模块讲授企业管理的基本课程，即生产管理、市场学与会计学；第二个模块讲授现代管理的基本技术工具，即运筹学、统计学与计算机信息系统；第三、第四个模块则是在此基础上，讲授工业市场学、企业财务管理、企业战略、组织行为学与微观经济学等课程。第二年的 MBA 课程为 12 门选修课，提高对各门管理学科的认识。

不难发现，当时的课程重在引进市场的观念以及基本的管理理论与方法，而不在企业的发展战略；重在成本的控制，而不在财务运作。这是为了适应当时中国企业管理的情况而设置的。与此同时，中方还开设了一些政治经济学的课程，如请中央党校的教授王钰讲资本论，请社科院工业经济研究所先后两任所长蒋一苇、周叔莲讲企业改革的理论，请吴敬琏教授与外方教授座谈中国的经济改革。

中欧管理中心办学中最富有特色的是项目教学法，让学员们大开眼界。第一届 MBA 学生被分成 6 个小组，每组固定到一个北京的企业，历时 2 年，定期下厂，全面剖析这个企业。期间又分为三个阶段，第一阶段是全面审计阶段，利用所学到的理论对企业进行全面调查；第二阶段为咨询阶段，找出企业的主要问题，提出改进意见；最后为实施阶段，帮助企业具体改进提高，并验证提出的办法是否有效可行。每组学生在 2 年的时间里要写出 6～8 份实习报告，下厂与写报告占全部教学时间的 1/3，成绩也占 1/3。毕业后学员再到欧洲实习半年，剖析一个同类型的欧洲企业，以便比较学习。

案例教学法，培养了 MBA 学生解决实际问题的能力，同时又为中欧管理中心和其他培训中心编写了适合中国国情的教材，获取了第一手数据，还培养了教师，可谓一举几得。后来，中欧国际工商学院继承了这一优良传统。

回想起来，在 20 世纪 80 年代，中欧管理中心就有如此眼光，把案例教学安排在北京的企业实习。而今天，很多商学院还没有达到这个水平——虽然他们也采用案例教学，但根本没有走进企业，而是永远停留在纸上，不停地讲别人的故事。法学院的学生学案例，要走进法院；医学院的学生学案例，要亲自动手；MBA 不能空谈理论，而要培养企业管理中具有操作能力的思想者。因此，案例必须深入企业，这样才是真正的案例教学。

从这个意义上说，中欧今天的“项目小组”，正是与世界潮流结合的产物。中欧学生的市场价值和未来职业发展的提升空间，都是由这些历史和积累决定的，这是价值的核心。中欧通过学院的系统思维和教学方法，重组了这些价值，所以它的文凭才如此珍贵。

不过，就是这样一个完美的教学方案，在当年却遇到了不少阻碍。陈德蓉女士至今记忆犹新。

阻力首先来自学员。他们不理解实习的价值。80 年代初，刚刚走出“文化大革命”的封闭年代，大家渴望了解外面的情况，还不习惯花时间研究自己的事情，个别学生甚至说：“项目教学法是以降低教学质量为代价，损失了了解西方情况的机会。中国的事以后再学，现在学外国的。”更多的学生认为实习占用的时间太多。

当然，也有学员给予了高度评价：“它不仅比国内的传统教学好，也比国外的案例教学好。它最大的特点是理论联系实际。我是学管理的，但以前不会作市场调查，现在把知识用于实践，理解加深了很多。项目教学法有利于提高解决实际管理问题的能力，有利于提高群体工作的能力，有利于提高文字和口头表达的能力。”

二十几年后，好几位当年的学生告诉陈德蓉："那时我们太没有经验，不懂做项目的价值，当了经理才明白这有多重要！"

另一方面，对工厂而言，让MBA学生来实习，也是全新事物，难以接受。好在没过多久，企业就开始理解并支持，因为计划体制中的企业，也渴望借助现代管理理论进行改革提高。实践证明，西方的管理工具发挥了作用，例如市场调研，学员为牡丹电视机厂、第四制药厂蜂王精产品所作的市场调查都得到了企业的充分肯定。在10年的时间里，近30家北京的企业为MBA学生提供了实习场所。

课程结束后，MBA学生期待已久的大礼——到欧洲实习——也顺利兑现了！这是由欧洲管理发展基金会安排的，让学员们大喜过望。1987年1月，中欧管理中心第一届MBA学员34人，分8批分赴西班牙、比利时、联邦德国、荷兰、法国、英国和意大利等国家的企业实习，有英国的卜内门化学工业有限公司（ICI），德国的博世（Bosch）、大众汽车，荷兰的飞利浦，比利时的贝尔电话设备制造公司等。这批学员在比利时布鲁塞尔集中完成了论文答辩，还参加了毕业典礼和学位授予仪式。1987年3月，中欧管理中心第一届学员毕业，当之无愧地成为中国第一代MBA。

毕业典礼安排在布鲁塞尔的欧共体总部大楼。据中欧管理中心校友回忆，那一年特别热，欧洲好像从来没有这么热过，似乎老天爷也拿出它最大的温度和热情来欢庆中欧管理中心的第一届学员毕业。

在毕业典礼上，欧共体主席希望中欧管理中心能够培养出中国需要的人才，为中国经济体制改革发挥作用。毕业生拿到了毕业证书，上面有着欧洲一流商学院毕业生都享受不到的殊荣——证书由6位欧洲一流商学院校长签字，这在欧洲也绝无仅有！中欧管理中心第一届毕业生们兴奋不已，人们仿佛看到了他们未来为中国改革开放事业而搏击奋斗的身影……当然，今天的中欧国际工商学院MBA、EMBA的毕业文凭有过之而无不及，上面有12家国际一流商学院的院长签字，说明中欧的教育内涵已经达到世界一流，得到了广泛认可。

这一时期的学员，是中国工商管理教育课程领域率先吃螃蟹的人，也是MBA在中国教育的勇敢实践者，是开路先锋。他们中的很多人在毕业后加盟了外资企业，是外商在中国投资之后迫切需要的人才，也是最适合外资口味的人力资源。从这个意义上说，中欧管理中心为改革开放提供了最国际化的人才，是中国管理教育史不能忘却的先锋。

探索最早的短期培训

1989 年，中欧管理中心又率先推出了各种高层经理培训课程，成为中国 EDP 课程的先行者。90 年代初的几年里，中欧管理中心为国内外企业进行了大量的培训，人数达 540 多人，培训时间累计长达 7 000 多天。

中欧管理中心为中国国有大中型出口导向企业的经理开设管理发展课程，直到 1994 年 3 月中心搬到上海后，同年 8 月还开了这门课。此外，1989 年中欧管理中心开设了为期三周的有中文翻译的综合管理课程，1991 年开始在北京和上海同时授课，1992 年开始大规模招生。为外资企业开设的公开课包括综合商业意识（GBA）、管理领悟力和领导艺术（MILS）等。

同样是 1989 年，中欧管理中心为中国的国有企业开设公司特设课程，这些公司包括：沈阳金杯汽车公司、深圳招商银行、北京重型机械厂、南京熊猫电子集团、深圳赛格电子集团等。中欧管理中心为外资企业开设的第一个公司特设课程起源于 1992 年，是为丹麦在北京的东亚公司（EAC，又称宝隆洋行）量身定做。1993 年，中心开设了两个特设课程，分别为上海贝岭公司（中国与比利时合资企业）和北京的美国贸易公司（美中互利公司）开设。

坦白地说，这一时期的课程，水平参差不齐。有的课程很成功，有的则很一般。毕竟，中国刚开放，西方的教授对中国的了解极其有限，很难结合中国实际授课。不过，即便如此，在改革开放之初，有这样的远见也很不容易。

表 1－2　1989～1993 年中欧管理中心开办的 EDP 课程概况

时间	课　程	参加人数	人·天
1989 年	内部：中国国有企业	110	440
1990 年	外部：北京	35	630
	GBA－1：北京	17	187
1991 年	外部：北京	39	702
	上海	42	756
	MILS－1	15	165

续表

时间	课　程	参加人数	人·天
1992 年	外部：北京	75	1 350
	上海	74	1 332
	MILS－2	20	120
	GBA－3：北京（中文）	17	187
	上海（英文）	13	143
	公司内：宝隆洋行（北京）	21	126
1993 年	MILS－3	12	120
	公司内：上海贝岭（上海）	20	120
	中美互利（北京）	15（1）	90
	GBA－4：北京	25（2）	275
共计		550	6 743

夹缝中的第二次转型

中欧管理中心是继中国工业科技管理大连培训中心之后引进的第二个西方管理培训项目。大连管理中心建于 1980 年，是邓小平访美后，两国政府科技合作协定的成果。那时，中国政府已经意识到，在引进先进科学技术的同时，也必须引进先进的生产管理方法、市场与服务的意识，才能真正实现技术的价值。

大连项目开办初期，只有厂长经理讲习研究班，1984 年 10 月开始与布法罗纽约州立大学合办 MBA 研究生班。后来国家经委决定全方位引进发达国家的管理理论与方法，袁宝华副主任提出了“以我为主，博采众长，融合提炼，自成一家”的十六字方针，一时间，在天津、上海、长沙、成都等地，分别建立与日本、法国、联邦德国、荷兰、加拿大等国的合作项目。国家的目标是，在全国建立 10 个涉外管理培训项目。政府热切地期望，借此全面了解发达国家的管理理论与实践，并形成具有中国特色的管理方法。10 个项目中，只有北京与大连举办了高层次的 MBA 课程。

合作项目在国内遍地开花，引来了各种争议。有人说这是西化，还有人说这是“和平演变”。国家经委冒着巨大风险，顶住压力，对外表示，此举是为了系统了解和借鉴西方现代化企业管理的理论和经验，利用国外提供的有利条件，培养适应社会主义现代化建设需要的高级经营管理人才。

中欧管理中心行政办公室主任是杨亨（Jan Borgonjon），1988 年刚到中国。这位比利时人毕业于比利时著名的鲁汶大学汉语系，能说汉、英、法、德、西、日语及母语荷兰语这七国语言。1983 年本科毕业后，他到南京大学进修了两年，然后回鲁汶大学，再应聘进入欧共体，担任中欧管理中心行政办公室主任，后来也参与了中欧国际工商学院的谈判和创建，并担任副院长，至今他仍是中欧国际工商学院董事会成员。

杨亨回顾说，起初，中欧的合作结晶叫“中欧管理项目”，其本质就是“合作项目”，即欧方派教授来，中方主要负责运作，也会派老师上课，一起给学员培训。但中欧管理项目最大的问题在于，它不是学校，也就没有一个明确的法律身份。

中欧管理项目隶属于中方的一个机构——中国企协。这是很不明确的一种合作关系，每年都不知道会发生什么变化，也就很难建立一个稳定、连贯的政策。管教授的居然是企协的一群官员，说出去老外都觉得难以理解。所以很多教授不愿意参与中欧管理项目。

在改革开放初期，既没有大量的外商前来投资，也没有大量的货物对外出口，后来的经济腾飞还没开始呢！无怪乎，中国企业家听到中欧管理项目的介绍后，异口同声地说：“我们不需要西方那一套。”但杨亨和欧方团队看好中国市场，他们相信中国特别需要国际管理人才、外向型管理人才。

于是，欧方在北京有了非常明确的想法，那就是改变这一现状。1989 年，中欧管理项目更名为中欧管理中心。中、欧双方续签了两个合作协议，均是为期 2 年（1989 ~ 1990 年，1990 ~ 1992 年）。课程学制 3 年，由欧共体负责聘请专家、教授来华授课，全部课程均采用英语讲授。教学和行政工作由培训中心统一组织进行。

也正是在 1989 年春夏之交，一场政治风波突发。中欧管理中心的麻烦来了。杨亨回忆说：“安全部和其他部门来找我们，中方压力很大。中美合办的大连培训中心都被关掉了，据说是因为美国人到处说要‘和平演变’。”

在这种氛围下，中欧管理中心非常低调，一心埋头做事。杨亨回忆说：“我们知道，中方有人希望我们走，但出于政治考虑，他们又不会明说。我们就‘厚着脸皮’赖着不走。不知道是不是巧合，各种‘趣事’出现了。先是那年冬天没有暖气，而且楼里有的窗户关不上，供电老是有问题。显然，一些人是要逼我们走，可我们偏偏就不走。”

这是中欧管理中心最艰苦的时候，很多中国教授都不敢来教书了。但吴敬琏教授从一开始就支持建立中欧管理中心，哪怕在非议最多的时候，他也一直来上课。

到了1992年，随着邓小平发布南方讲话，各方面的条件好了起来。此时，经委领导换成了陈清泰，他非常支持中欧管理中心。欧盟首任驻华大使皮埃尔·迪沙托（Pierre Duchateau）也特别想把中欧管理中心做下去，憋了一口气，觉得一定要办成一所亚洲第一的学校。为了这个目标，中欧国际工商学院的构想逐渐成形……

中欧管理中心的影响不能与今天的中欧相比，但它如此早地把西方一流的管理教育引入中国，为日后中欧国际工商学院的发展提供了借鉴。今天我们谈管理教育，不能不谈中欧管理中心和大连培训中心，它们的创办是一个了不起的远见，是中国管理教育标志性的项目，也是一个伟大的探索，积累了很多宝贵经验。因为有了它们这段历史，中欧的发展一开始就高屋建瓴，有前瞻眼光，组织发展的思维才如此和谐、如此理性、如此全面，作了大量考证和咨询，少走了很多弯路。

两者的传承，可以用一个简单的人力资源结构证明。中欧第一任教务长是中欧管理中心最后一任教务长，第二任教务长是大连培训中心的美籍教授。

在我离开中欧之后，很多人问我中欧成功的原因。我总是说：中欧10多年来的路，每一步都是“战略对路，执行到位”，有管理系统和标准，软硬件双管齐下，把该做的都做好，也就打下了成功的根基。而中欧管理中心，就像是燎原前的星星之火，引燃了日后中国管理教育的蓬勃发展……

在此，我也感叹，一个组织的成功与否，最主要的因素是人。当一批人有了一个共同的目标和共同的愿景，具有相同的价值观，都有梦想，那么接下来的一切障碍和困难都会被一一克服。此外，人们不曾注意的是，一个组织的创业者还有另外的价值，那就是确立一个组织最初的文化，为企业建立代代相传的基因，使后来者继续打上这种基因的烙印。

第二章　移师上海

困境中的管理教育

从20世纪70年代末起，改革开放的政策决定如同一支发令枪，让中国的GDP开始跑步前进。从80年代起，GDP年均增长率达到9.3%。社会上涌现出一批个体户、小老板，全国企业总数超过百万……

以现在的眼光看，出自计划经济的企业管理者由于知识结构不合理、管理思路陈旧，无法适应经济发展的需要，必定有强烈的求知欲望，整个社会势必需要大量的现代管理人才。但事实却恰恰相反，在改革开放最初的十多年里，管理教育的供需双方都十分冷淡。

先看需求方，90年代前，国有企业管理者对西方人所说的"管理"毫无兴趣。他们关注的依然是完成计划指标，执行许多非经济的行政命令。中欧管理中心行政办公室主任杨亨曾与国企管理者探讨管理，结果对方摆摆手，颇为不屑地说："中国不一样，我们是社会主义国家，我们有自己的管理方法。"如果联系当时的经济背景看，我国的出口和外资直接投资规模很小，大部分国企沿用老思路，而且活得很好。至于私营企业，根本不成气候，要么是"靠爹赚钱"的"官倒"，要么是"靠胆略赚钱"的个体户，这批人对管理教育当然没有兴趣。

再从供给方来看，国内大学的管理学院根基薄弱，连起码的理论积累都没有。在“文革”前，中国的高校没有明确的管理学科。1977 年，交大和复旦先后成立了管理科学系，随后其他学校也陆陆续续成立了管理系。但它们的弊病很突出：师资基本都是其他学科转过来的；而且这些老师几乎没有企业管理和企业咨询的经历，对市场和资本体系的运转也缺乏了解，完全是沿用理科和工科的方法，以学术理论眼光来看待市场和企业的具体问题。学生得不到实践机会，只能死记硬背一些条条框框。

工商管理教育是管理学科的一部分，是一种经验性的行为科学，更注重实践和经验。这两点要从市场和公司中汲取。与实践一同发展是管理教育的魅力所在，也是生命力所在。

管理大师邓肯认为：“严格地说，管理没有原理。”德鲁克也说：“管理的本质是实践。”这是一门经验和实践相结合的科学，它不像数理化和天文地理等学科，找出理论就能放之四海，解决一切问题。所以，不联系实际，管理科学就没有生命力。因此，如果中国的高校按照理工科的方法来研究管理学、传授管理学，根本培养不出具备市场化意识、能应付实战需要的管理者。

供求双方都很冷淡，管理教育的市场如一潭死水。这期间，上海交大（以下简称交大）管理学院一直在谋求突破，为了提升师资水平，他们把视线投向国外。西方搞了几百年的市场经济，工商管理教育也有上百年，他们拥有一流的师资、丰富的教学经验。于是，在 80 年代，交大一口气把几十位管理教师送到美国、加拿大攻读博士学位，几乎没有人回来。据我了解，唯一回来的是中欧现任副院长、中方教务长张维炯。

另外，交大也曾派遣教师到国外进修，但回国能担任工商管理学科教学任务的人并不多。管理学院常务副院长张国华曾感慨说：“国外有丰富资源，难在如何为我所用。”

后来，交大管理学院想到了合作办学的道路。他们与世界银行、加拿大使馆、澳大利亚使馆洽谈过合作开办工商管理教育学位班的事宜。同时，交大也和美国的学校接触，希望通过引进他们的师资来培养中国的高级管理人才。这时候，欧共体主动找上门来了。

一年半谈不下北京名校

欧盟在那时还叫欧共体，由 12 个国家组成，其结构决定了他们是一个理性的组织。他们的援华项目很成熟，除了有形的物质援助，欧共体更希望从无形的理念入手，帮助中国建一所一流的商学院。

中央政府非常支持设立这样的教育机构。不过，政策环境却有重重阻碍。中国法律不允许外方设立独资教育机构，外方必须找一个合作伙伴，与中国高校合作办学，而且形式只能是二级学院。即使如此，在具体运作的方方面面，政策方面都有不少限制。

欧共体的第一反应是在北京寻找合作伙伴。这一决定是理所当然的。中欧管理中心在北京运行了七八年之久，已经积累了一些人脉资源，而且中心的校友大都在北京，不少员工家庭也在北京，同时，欧共体驻华总部也在北京，自然希望在北京开始全新的事业。

据中欧管理中心欧方负责人杨亨回忆，欧方很快选定了两所高校，其中一所是中国最负盛名的大学。杨亨马不停蹄，分别找两所学校的校长，向他们和盘托出了“一个愿景、两个条件”。

杨亨所说的“一个愿景”，是指建立一所一流的国际化商学院。这里包含了欧方对未来的判断：“中国以后会特别需要一批国际管理人才，而且你们没有这样的人，国内任何大学都培养不出来。”

这几句话足见杨亨的底气，他毫不怀疑这个项目的价值，而且当年找不到类似的国际项目。他信心满满，相信两所学校的校长会感兴趣，甚至，还应该出现竞相争夺的局面！但冰冷的现实很快让他意识到，谈判比想象的困难得多。

首先，两位校长对这个愿景一点不“感冒”，他们不认可也不接受。杨亨感慨：“他们还是几十年前的老思路，从不觉得培养管理人才有那么紧迫，国内的需求有那么迫切。如果他们不觉得迫切，就不愿意出钱出力，更不愿意在法律上冒这个风险。”

其次，欧方代表还提到了合作必须具备两个条件：第一，相对独立的法人身份；第二，合作高校的支持，比如资金。这又遭到两所大学的拒绝。“相对独立的法人身份”，意味着要成立一级学院。不过，两所高校都坚持认为，如果要成立，必须是大学直属的二级学院，而且这个学院必须放在本校校园内。

欧方代表连连摇头，如果商学院放在高校校园内，连进出都不自由！如果成立二级学院，中方想管就管，想干涉就干涉，怎么能建成国际化的商学院呢？二级学院的财务也不独立，要用学校的账号，买幅窗帘都要校长批，如果高薪聘一位教授，其过程不知道多复杂，时间不知道多漫长！

欧方和两所大学足足谈了一年半，毫无结果。杨亨撂下一句话：如果两个条件无法满足，我们宁可不做这个项目。

欧共体驻华大使杜侠都对这个项目抱有很高的期望，但与北京高校的谈判，让他彻底失望了。他急了：“我就不相信在中国找不到合作伙伴！”他找到老朋友汪道涵，而且在著名经济学家吴敬琏教授的提醒下，迅速把目光投向上海。

上海，这座南方最重要的城市，正借着浦东改革开放的契机，飞速发展……

交大搅乱“战局”

1992年，万般无奈之下，杨亨把目光投向了南方。汪道涵把这个宝贵的机会让给了老校友，也是老朋友——李家镐，上海交通大学管理学院名誉院长。于是，杨亨开始和交大接触。但直到这时，他也没有放弃与北方名校的谈判。毕竟，欧盟官员和杨亨的人脉关系、家庭都在北京。

这是杨亨第一次见到李家镐，在场的还有交大管理学院常务副院长张国华。刚一接触，杨亨用带着京腔的普通话介绍了“一个愿景”，得到了李家镐、张国华的认同。他们的想法非常接近：未来几十年，中国对国际化高级经营管理人才的需求将急剧增长，而创办一所国际水准的现代化商学院，则是解决人力资源严重短缺的重要措施。

作为合作的前提，在“一个愿景”上居然这么快就达成共识，让杨亨又惊又喜。刚到上海，他就看到了曙光。

交大管理学院的支持态度，并非是一蹴而就的。为了培养师资，交大曾经外派教师，但一个都没回来，校方的心情可想而知。在90年代初，上海也曾有过一个设想，希望借助美国某基金会的一笔资金，由交大、复旦、上海财大合建一所独立的商学院，并与国外名校合作，实现强强联合。当时张国华院长还让我花一周时间，在家里草拟了一份三方合作的初步设想，但最终因为各种利益均衡问题，项目没能促成。折腾了半天，大家明白了一个道理：要启动一个项目，如果各方想法不一致，或者有利益纠葛，整个项目就难以取得进展，甚至止步不前，最终以失败告终。

交大管理学院从20世纪80年代起，曾与国外搞过一些项目，效果不错。最著名的是与宾夕法尼亚大学沃顿商学院合作培养官员和国企领导，成功培养出一批政府领导干部和企业骨干，包括现任公安部部长、原江西省省委书记孟建柱，上海市政协主席冯国勤等人。

这一切，让交大有了更大的野心，渴望通过一个大项目提升办学经验，找到新的突破口。

杨亨前脚刚进门，管理学院就敏锐地感觉到，这是千载难逢的机会。两位院长急切地希望展开谈判。交大的想法是：北京名校已经和欧共体谈了很长时间，具有先发优势。交大作为后来者，必须找到合适的谈判战略，迅速夺取主动。

管理学院的思路非常清晰，院长李家镐、张国华和我马上开了一个筹备会议。这两位院长都是理工背景，高度的逻辑思维使得他们在分析竞争对手后，分解了交大的优势和弱势，进而画出了谈判的路线图。

我们首先分析了欧共体与北方名校谈判时遇到的问题，并针对交大的优势，作了一个比较分析。我们的想法很简单，就是瞄准几个欧共体最关心的问题，把交大的优势体现出来。

在会议上，我们明确了设立商学院的首要难题是攻破政策瓶颈。在中国设立一所中外合作的、研究生教育层次的学校，这是新中国成立以来从未遇到的。虽然项目得到了中央政府的支持，但当时的法律、政策、管理程序，都无法直接支持这个项目，甚至还存在不少阻碍，因此必须通过特别的程序来解决政策限制。

其次，资金也是问题。欧共体作为12个欧洲国家的联合体，手中握有大量资金。然而，中方谈判代表的是一所高校，资金十分有限。别说是几千万美元，就是几百万人民币都困难。说到底，这是谈判主体不对等：一方是12个欧洲国家，另一方连国家部委都不是，只是部委之下的一个学校，这种角色差异决定了谈判的难度。

土地也是问题。建商学院需要大片土地，学校可拿不出。

政策、资金、土地，无论从哪个角度，都需要政府的支持。

找哪一级政府呢？靠中央政府，不行。因为中央政府的资金是有年度计划的，并没有这笔预算；至于土地，中央政府手中可没有，都在地方政府手中。

经过这样详尽的分析，交大得出结论：只有得到地方政府的全力支持，这个项目才有可能成功，政策、资金、土地问题才能真正解决，商学院才能从梦想变为现实。而这，恰恰是北方名校忽视的。

很快，管理学院将比较分析报告向交大的校领导汇报，并将争取上海市政府支持这一战略和盘托出。这一完善的分析立刻得到了党委书记王宗光和校长翁史烈的支持，并委托李家镐与上海市政府沟通。

此时此刻，交大从校领导到管理学院，心里都很急，都在焦急地期盼着上海市政府的支持。商学院能否屹立在东方之珠，尽悬于斯。

市政府的精明账

负责与上海市政府沟通的是李家镐院长，他的身份可不简单。抗日战争时，李家镐就读于上海交大，他弃学参军，在军队担任翻译，与盟军合作，抗击日本人。抗战结束，他父亲作为国民党政府的高官，去了台湾，李家镐却留在内地。他放弃了优厚的家庭条件，投身革命。新中国成立后，他参与国家工业建设，后来成为上海石油化工总厂厂长，此后又担任上海市经委主任。到谈判时，他依然是上海市人大常委会副主任、财经委员会主任委员。可以说，他在企业界、政界、学术界都有广泛人脉，而且这时恰好担任交大管理学院名誉院长。由这样一个人出面寻求政府支持，再合适不过了！

李家镐向上海市教委负责人刘克、王生洪进行了汇报，又迅速上报上海市委书记吴邦国、市长黄菊、副市长徐匡迪和谢丽娟。

收到交大的汇报后，上海市的高层领导也在思考着。改革开放10多年，上海已经先后设立了闵行、虹桥经济开发区、漕河泾高新技术产业开发区。通过开发区，上海引进了投资、引进了技术、引进了产品，但人才的缺口相当大，这是无法靠简单的“引进”解决的。

过去，上海不止一次派遣国际招聘团，去欧美招聘中国留学生回国报效。每次声势浩大，媒体也积极报道，效果却微乎其微。另一方面，跨国公司入驻上海，从来不会为水电煤等因素烦恼，他们只会为找不到本土高级管理人才而头疼。这个问题，依然是上海构筑核心竞争力面临的首要问题。放眼全国，沿海5个经济特区、北京、天津、大连等城市的开发区，直接与上海竞争。

挑战还不止这么多。1990年，浦东开放，市政府规划了陆家嘴金融贸易区、金桥出口加工区和外高桥保税区，上海将迎来一拨全新的发展机遇。包括上海市后来提出的建设经济中心、金融中心、航运中心、贸易中心，这些都不是光靠钱和土地就能做到的，这些宏伟计划，需要有大量国际视野的高素养人才。

在这里，有必要说明一下。我们不能狭义地理解商学院的工商管理教育。从美国的经验来看，美国许多政府官员都有MBA背景，包括美国总统布什。商学院培养的管理素养适用于任何工作，它提供了中高层管理者所必须具备的基础素养。

上海未来对人才的渴求，怎么形容都不过分。要提升城市的竞争力，必须在人才上下工夫。人才培养，得立足本土。但在传统教育体制下，我们无法培养出具有国际眼光、精通国际运作惯例的复合型管理人才。

看来，无论从什么角度看，上海乃至中国、亚太地区，都需要一所真正的国际化商学院！如果这时候，上海借助欧共体的援华项目，在最短时间内创办出一所一流的国际化商学院，就能强有力地支撑将来的发展。在这个意义上，这次与欧共体的谈判不是一般的谈判，而是为一个城市的未来谈判，为一个民族的复兴谈判！

在李家镐的引荐下，杨亨与徐匡迪在外滩的市政府大楼里进行了半小时的交流。杨亨回忆道："上海市政府不简单，我一说明情况，他们马上就能理解，而且马上表态支持。他们的态度非常明确，上海必须有这所学校！这与交大李家镐、张国华的前期工作分不开！"

在李家镐的推动下，上海市政府为学院项目一路开"绿灯"，市领导当机立断，作出决定：同意在资金、土地上给予支持，并指示交大和上海市相关部门立即与欧共体进行正式接触，对创办学院的构想进行论证。

别人的嫁衣，做不做

上海市政府的坚决态度，让交大对这一项目的重视进一步增加。在市政府的支持下，资金、土地等主要障碍已经解决。欧共体的官员惊讶地发现，在北京多年未决的问题，在上海不再是问题。杨亨两年多来经受的失望和冷遇一扫而光。

在与欧方接触中，我们没有忘记介绍上海，上海独特的城市魅力也是一种"加分"。这个开埠一个世纪的大都市，具备国内其他城市没有的开放和包容，而且上海的空气里已经蕴涵了讲竞争、讲规范、讲诚信、讲服务的商业精神。在这里设立国际化的商学院，软环境无疑是十分理想的。

在全国的名校中，交大也是特别的。这所学校历来有对外交流的传统。不论是赞助、基金会，还是校友会管理系统，都是比较先进的，而且与国内外企业、政府有着广泛联系。仅合作办学一项，交大就与44所海外大学建立了合作关系。得益于这一传统，管理学院的谈判很快上了轨道，且越来越深入。

或许应了那句老话：好事多磨。就在中、欧双方的了解不断加深时，交大的态度却突然冷淡下来，就连市政府也摸不着头脑。

随着谈判深入，交大发现：外方的最终目的是建立一个独立的学院。也就是说，费了那么大的劲儿，谈判、出钱、出人、出力，到最后，交大只是董事会的一个成员，任何意见只能放在董事会讨论，不能直接掌控学校运作。辛辛苦苦，到头来是为别人做嫁衣，交大很忐忑，也很失落。这也是欧共体与北京名校迟迟谈不下来的最深层原因。

不过，校长翁史烈没有一棍子打死这个项目，他在内部会议上要求管理学院想清楚利弊。关键时刻，李家镐和张国华坚持做下去。理由很简单，这毕竟是一个值得骄傲而又富有远见的项目，这是为整个国家建立一流的商学院，他们俩希望开创这个新事业。既然上海市政府出了钱、出了地，交大就理应出份力，为上海做一件好事。未来的中欧国际工商学院不仅是交大的中欧，是上海的中欧，也是中国的中欧，乃至亚洲的中欧、全球的中欧。

反过来，就算如交大所愿，把这所商学院作为二级学院放在中国的高校内，难保不是穿新鞋走老路，无法突破原来的体制束缚，无法以全新理念培养高级管理人才，也就不可能成为世界一流的商学院。

最终，交大同意了。北方一些高校没法做到的事，交大做到了，这就不简单，体现了一所名校的风范。如果交大有丝毫的利己或本位思想，就此停手，那么所有的努力就付诸东流了。但交大站在更高层面来看这个问题，突破了传统的价值观，突破了每个组织根深蒂固的本位思维。正因为交大的历史贡献，让地球上多了一个优秀的组织，为全球的商业教育带来一股清新的风气。

交大的“思想问题”刚解决，新的问题又产生了。这次，阻力来自国家教委，他们坚决反对商学院的“独立法人身份”。各种说法开始出现：有人说欧共体来华搞商学院，就是“和平演变”；有人则提出，欧共体要求独立的法人身份，这是侵犯中国主权。

这时，中欧管理中心学术委员会主席吴敬琏来到上海。他亲自拜会了汪道涵、徐匡迪，希望他们支持这个新项目。随后，上海市政府开始和国家教委协商，讨论建校的可能性。时任国务院副总理的李岚清、对外贸易经济合作部部长吴仪，以及外经贸部国际联络司司长龙永图等领导也开始重视这一项目。在他们的支持下，国家教委点头了。

在上海，除了市领导支持，教委主任王生洪也大力支持这一项目。他一直参与谈判，到后来几乎成了上海市政府的代言人。杨亨感慨地说：“如果王生洪要反对，谁都做不成。”

由此可以看出，中欧项目从立项到艰难谈判，再到创业……从无到有的每一步都来之不易。中央的支持，使中欧得以呱呱坠地，顺利诞生。中欧虽是交给地方操作、在市场中运作，但其最初的创立是中央的决策。没有中央政府的支持，没有外经贸部（现为商务部）和上海市政府的强力支持和贯彻，无论我们怎么坚持谈判，这个项目都无法创立。

选址：为何舍近求远?

走过了谈判的历程，越过了种种沟坎，上海的阳光是如此明媚。当所有障碍都扫除后，接下来的问题就是选择校址了。上海给我们两个选择，一是漕河泾开发区，另一个是浦东的金桥开发区。

中、欧双方筹备成员拿到这两个选项，第一感觉是金桥太远了，那周围都是荒凉的农村啊！而漕河泾靠近市区，又在浦西，大家期待把学校建在那儿。谁知，我们一大群人到漕河泾一看，那块土地正好在高压电线下面。李家镐和张国华两人面露难色，一开始就觉得不好："这里建工业企业还可以，不适合当校园啊……还是去金桥吧!"

其实，学校周边的环境无所谓，关键还是自己的组织优秀。中欧这个项目能成功，是因为每个方面都看得很远。金桥当时还没形成规模，都是农村，晚上黑灯瞎火。奠基的时候，周围的农民还来看热闹。但现在看来，中欧太明智了！10年之后，荒凉的农田变成了国际水准的生活社区：有别墅、有医院、有教堂、有足球场以及休闲中心，这可是真正的国际中心，它的功能是完善的，与中欧校园的定位是一致的。如果选在漕河泾，一抬头四周都是嘈杂的居民楼，那是什么感觉?! 那注定和传统的、平庸的单位没有区别。

这当中，离不开朱晓明的大力支持。他当时担任金桥开发公司总经理、浦东新区副主任。他给了中欧一块土地，是规划中的国际社区，不同层次的国际项目都在此落户。此外，朱晓明在金桥土地价格上，给予了足够的优惠。在后来的奠基仪式上，他也亲自指挥。

朱晓明做了一次高明的决策，在关键时刻推动了一个国际项目的发展。这个项目在未来开创了中国管理教育的新纪元。

事后，张国华院长多次和我提及金桥公司在中欧项目上的支持，包括开工典礼的准备、筹备工作等一系列环节。这是出乎我们意料的，因为当时这个中外合作项目的前景并不明朗，但金桥公司的态度让我们受宠若惊。现在看来，金桥公司真是独具慧眼。

办一所不出国也能留学的学校

“办一所不出国也能留学的学校”，这是前国务院副总理李岚清为中欧开工典礼题的词。这句话寄托了他对中欧的厚望：要达到国际一流教学水平，使得中国人不出国也能享受到国际水平的教育。这里面，多多少少也暗示了海外留学不归的难言之隐。

15年来，特别是80年代中后期到90年代初，中国政府向外公派了大量留学生，只有少数归国，大部分人成为外籍公民。而在自费出国的人当中，大部分人的目的就是为了成为外国公民。说起来，在一个封闭几十年，生活水平低下、物资匮乏的国家里，为了改变自己的生活而出国，也无可厚非。但由于大部分人不愿回国，国家希望改变管理人才缺乏的努力也随之泡汤。因此，与其从观念上改变留学生，不如从结构上改变现状——办一所不出国也能留学的学校。

在此后几章里，我将向读者展示，建立中欧这所立足本土的国际化商学院，其意义是多么深远。它源源不断地把现代西方管理的理念和方法传授给学员，填补了我国对高层次管理人才需求的缺口，加速管理人才本地化，改善投资环境。更重要的是，它启动了一场对中国教育改革的大胆探索，建立起高等工商管理教育领域的一个特区。中欧证明了，教育领域也能与其他领域一样，可以迈过传统体制，用实实在在的举措来创新。

这十几年来，中国管理教育领域几乎所有的创新，都是中欧引领的。难怪很多官员到中欧后感叹，洋务运动在中国历史上成就不大，中欧却是“新洋务运动”的成功典范。它向世人展示了，成功不是狭隘的，全球资源是可以共享的。今天，我们说世界是平的，十几年前，中欧的创新就证明了这一点。它的内涵和结构，从第一天起，就是全球化的。

十几年来，中欧培养的人才，参与了一个民族的复兴大业，为国家创造了价值，为最具活力的亚太区域经济发展作出了贡献。

在今天看来，中欧的决策是英明的。而这一切，就连最富想象力的创始人也始料未及。

第二部分

艰难时世（1994~1996）

第三章　从梦想到现实

上了“贼船”

今天的中欧国际工商学院，不论是社会评价、品牌声誉、校园建筑，还是内部环境、清洁卫生程度、员工状态，每个因素都很到位，足可称之为令人羡慕的组织。但在始创阶段，加入中欧是需要勇气的。

我原是交大的青年教师，做过班主任、辅导员、专业课教师，1992 年曾被评为“包玉刚青年优秀教师”。杨亨到上海之后，我就参与了谈判以及所需的文字和协调安排工作。我至今还记得李家镐说：“以后所有的会议和谈判纪要，汉语要客观朴素，以便日后翻译成英语时不会产生歧义。”我不仅遵循了这个要求，还拿出我这个社会科学专业研究生吃奶的力气，努力做到尽善尽美；有时涉及到法律概念，还查阅法律书籍，向法律专家咨询。领导甚至劝我不要进办公室，安心在家撰写。

在谈判进入尾声时，上海市政府最高领导层给予了积极肯定。不久，市政府指示计委准备资金、划拨土地。这意味着市政府给予了允诺，项目就有了关键的支持。消息传来，我们都很振奋，尤其是李家镐院长，沉浸在兴奋中。

李家镐在他家附近找了一个小餐馆，请张国华和我吃了顿晚饭。三个人心情舒畅，畅谈了对商学院未来的美好构想：员工要有团队精神，一流教授要有一流的待遇，教学设施要现代化，我们还要有国内高校所没有的体制，拥有自己的独特性和创新性……我们三人在项目实施之前，已经陶醉不已，尽情地作着天真烂漫的想象，激动之情难以抑制。

小餐馆烧的几个小菜，没什么特别，但创业的激情让我们陶醉其中，就连两位不喝酒的院长都喝了点酒。酒足饭饱后，李院长掏出信用卡，让我去结账。此情此景，现在想来还记忆犹新。这次晚餐是对一个初创组织核心成员的认定，也暗示着我成为筹备小组的一员。我上了“贼船”！

说中欧是“贼船”，并没有夸大，因为交大先后派出5位青年教师参与筹建，但其余4位都在半年之后就离开。当时几乎没有人看好中欧。首先，工资没有吸引力，和交大差不多；其次，上班地点在闵行区，办公条件差，路途也遥远；第三，国内没有成功的先例，谁也不知道它能搞到什么程度。

5位青年教师中，只有我留下来。说起来，并不是我没有去处，我有三个选择：一是去通用电气，对方很有兴趣，派香港的人力资源总监来上海面试我，一周后就给我口头的录用通知，且开出来的工资是交大的七八倍之多；还有一个选择是出国读书，出国考试都考好了，成绩足够上美国的州立大学；另外，我在管理学院的表现也不错，院领导曾暗示我，愿意送我出国深造。在那个年代，能走出国门，是多少人的梦想啊！

但我选择了中欧，选择了最看不到前程的一条路。这可能有几个原因。

一是我的家庭原因。我家里有哥哥是“老三届”的，从小就影响我的价值观。读中学时，又是“老三届”的代课老师给了我人生指导。到了管理学院之后，张国华、张维炯也是“老三届”，都可以称为老大哥，别看李家镐比张国华大二十多岁，张国华比我大十几岁，但在工作以外的聊天中，我发现几个人的价值观、愿景都非常接近。归结起来，“老三届”的特点就是：知识面宽，价值观正，对事业执著追求。

促成我留下的另一个原因是我的个性。我对历史上没有过的、未知成分较多的东西感兴趣。我骨子里就喜欢从无到有，从模糊到清晰，让不可能成为可能。中欧正好对了我的胃口。

国际商学院项目在中国还是第一次①，国外经验未必能够照搬，一切都意味着探索、创新。它真正的是一个机会、一个战场，成败就在于我们，在于这些创

---

① 此前虽然中外合作举办了中欧管理中心和中美管理中心（即大连项目），但都是短期项目，而不是建立一所学院，其规模、时间都极其有限。

业者的雄心、野心。中欧项目的魅力就在于此。所以我选择了它。如果一个项目有清晰的未来，我反而不感兴趣，因为我已经看到了结果。

虽说当时一点都看不到未来，但我还是隐隐约约感到有希望：欧盟和上海市政府大力支持，而且两位中方院长决心很大。他们吃够了体制内办学的苦头，体制僵化，做一点小事都讨论来讨论去，学校也要掺和，都快累死了，所以他们想出来干。我敢说，李家镐的价值观决定了他不是为了物质利益，而是为了人生的愿望。中欧给他开了工资，多年之后我们才发现，他一分没拿，而是把工资捐出来，作为学生赴海外实习的奖学金。所以我也被“感染”了，到了后来，中方院长刘吉同样如此。

从我在交大管理学院任职以来，尤其是与李家镐、张国华两位院长的共事中，他们都以个性化的方式传递了相似的思想，他们对这个项目的信心无可比拟。面对中欧，这个我将要投入其中并付诸努力的项目，我都想清楚了。既然如此，我就会坚持到底。

一句话，别人觉得这是“贼船”，可我觉得，这个组织从一开始就注定会优秀。

和院长一起当“民工”

梦想如此诱人，可等待我的现实，是无数琐碎而又辛苦的工作。

1994 年 3 月初，中欧管理中心从北京迁到上海。三四天之后，张国华因为交大管理学院与新加坡南洋理工学院合作办 EMBA 的事，去了新加坡两周，所以我就是中方唯一留守的人。中欧管理中心从北京移到交大后，各种鸡毛蒜皮的苦差事都交给了我。平时上下班接送员工的大众面包车，一次从北京开往上海时，半路上出了车祸，我像救火队员一样赶过去，与当地警察谈判……至于外方员工去食堂吃午饭、交通、住宿、北京中欧管理中心的设备南移等等事情，都是我来主管和打理。

中欧管理中心刚搬到上海的时候，带来了 200 多个纸箱子，有教材、计算机。我和张国华当起了民工，和其他临时工一起搬货物，从交大学术活动中心大堂，搬到留园饭店地下室，足足搬了三天。我印象最深的就是一台荷兰欧西牌的复印机，要把它从学术活动中心的一楼搬到二楼。这台复印机的核心部件完全是铁制的，比现在的复印机重 10 倍。我们用木桩撑住楼梯，十来个人一起搬。短短一层楼距离，居然花了一天时间，就像把一辆卡车搬到二楼！

中欧在过渡阶段落户交大闵行校区，办公条件很差，院长都是两人一间办公室。从院长到一般员工，使用的办公桌椅都是交大的校办工厂做的，很粗糙。每次检查桌椅质量，都是我和人事行政经理、法籍女士李宛荷一起去校办工厂，现场我要给他们当翻译。另外，为了借教室、借临时图书馆，张国华不知道和我跑了多少行政部门，砍价格，谈条件。

一流的组织善于抓住核心，办公桌椅和办公条件的好坏，不是一流组织的绝对条件。中欧在最初的两三年里，就处于这种境况中。后来，我与外方院长拜访了许多跨国公司，马上就找到了同感：美国、德国一些企业的总裁办公室并不大，桌椅也和一般员工没啥两样。可见，优秀的组织在抓住商业核心的问题上，是极其一致的。他们不在乎表面的豪华，而注重内在的素质。

一个组织的诞生需要能干的人才。交大过来的5位青年教师，在帮忙的时候都很热心，但涉及到留下的问题时，他们都很犹豫。谁不喜欢清晰的未来、收入稳定的工作？可中欧看不到未来，收入也不理想。刚搬到上海时，中欧管理中心给中方员工的临时工资从任何角度看，都没什么吸引力。所以5位青年教师中有4位离开了。仔细一问，不外乎三大原因：出国留学，到跨国公司任职，或者回交大读博士然后继续当教授。

我也在抉择。我的特点是喜欢看到未来，如果空白多，我正好去填满它。我喜欢拥有愿景，愿景不会随着市场、时髦、潮流的变化随波逐流。一个人有梦想和愿景是件好事，它激励我们不断进取。我所崇尚的愿景，是那些不随市场变化的恒定事物。它们能应对竞争，但又不随意改变，特别是不会随着当前流行的趋势变化而变化。

待遇和物质上的对比永远是山外有山、楼外有楼，但决定你去留的是价值观，价值观高于一切！想到这些，我的心已经跟随中欧了。我比较率直，一直说我会留下。但张国华还是很担心，怕我不喜欢这个工作，多次找我谈。这也从侧面反映出，加入中欧项目是需要眼光和勇气的。

说到愿景，不得不提现实。企业里总有人说："如果你给我这样的工资，我也会做到这种质量和水平。"其实，他们不懂得付出才有回报。试想，如果人人都这么说，都不努力贡献，企业怎么会发展壮大，企业拿什么回报员工？组织都是从无到有、从弱到强，只有员工先为组织作出贡献，创造出组织的价值，个人的价值才能提升。这就是组织价值和个人价值的先后逻辑。

西方的商业组织在创业之初都没有利好绩效。苹果电脑在90年代后期不景气，CEO乔布斯的年薪只象征性地拿1美元。因为他看透了一点：实现组织愿景就等于实现自我价值，工资的多少根本不足挂齿。这个境界完全不一样。多年后，乔布斯真的创造了奇迹：他把苹果电脑带出了泥潭，与此同时，他的个人资产达到了57亿美元。

1美元的工资固然是象征性的，甚至是滑稽的，但乔布斯用这种方式把愿景，甚至生命与一个组织紧紧连在了一起。这一伟大的决定造就了苹果今天的成功，也为他赢得了尊敬。如今，iPod风行全球，连索尼都只能做跟随者。

但凡优秀的组织，都有相似之处。在一流的跨国公司里，职员总是那么敬业。他们为什么甘于贡献自己的时间、精力和智慧？是因为他们的工资高吗，这个答案过于简单了。我想，是因为他们有这种组织文化，它让你感到，你在为组织作贡献的同时，提升了自我价值，所以得到了高额回馈。过去，我们总教育人们一味奉献不讲获得，那只会扭曲人性。一个良性的价值观应该是：你为它贡献的时候也得到了它的回报。但需要注意的是，其逻辑有先后顺序，贡献在前，获得在后。这样的组织才更有生命力。

这个道理似乎大家都懂，但体现在每个人身上时就有了变化。我庆幸的是，在中欧创业经历中，先贡献后回报的价值观一直存在。这种价值观不是金钱能衡量的。从项目谈判时起，李家镐、张国华和我的愿景就是一致的，那就是要办一所亚洲一流的学校。没有这个愿景，李家镐院长不会亲自率领团队长途奔波拜访公司，一位名校的党办主任在留洋归来之后，也不会拎着皮包满大街拉客户，更不用说我这个没什么名气的青年教师，整日忙碌，上门推广课程。

三个创始人如此忘我，其本质与进城的农民工没什么两样。

是什么使我们这么做？很简单，就是我们的价值观、我们的愿景和梦想。

争取免税的制胜一击

虽然欧盟和上海市政府已经决定解囊投资，为中欧输送数千万欧元的资金。但对一所世界级的商学院而言，这些钱还只是涓涓细流。一方面，资金是分批拨付；另一方面，学校需要用钱的地方实在太多。为了降低采购成本，中欧的初创者像居家过日子一样节省。

欧方负责人杨亨在中欧管理中心时代就把家安在北京。在中欧刚刚落户上海时，他时常往返于京沪。那时，北京的文具比较便宜，品种也全，而且中欧的报销手续还留在北京。杨亨就利用回北京的机会，为中欧购买马克笔、记事簿、文件袋等文具用品，然后放在包里带回上海。这样一来，可以省下微薄的差价，也方便报销。记得那个包是一个巨大的黑色滚型运动包，容量不小，杨亨就像个“跑单帮”的，把这一大包背在身上。

中欧高层负责人都如此身体力行、能省则省，可想而知，这个组织的创业氛围多么浓厚。这件事，让我印象太深了。相反，一些传统的国有企业领导出差，谁会做这种事？他们都是有司机接送，有办公室主任、助理陪伴，一大帮人，前呼后拥。一个组织的办事效率可以从形式上看出来。中欧在创业中处处体现出的高效率事例举不胜举。

最初的三年，中欧院长的车是租来的廉价旧车。后来学校可以进口工作用车了，中欧又规定，最高档次的品牌是德国大众，不能用更奢华的奔驰、宝马之类。欧盟驻华大使有一辆旧奔驰，本来想低价卖给中欧，但考虑到它毕竟是高档品牌，中欧最后还是放弃了。中欧一直坚持实用、俭朴、节约，最看重的是组织机构的软件，而不是硬件。软件包括组织的能力、创造性、进取心以及高素养的员工，对开什么车、住什么楼根本不在乎。

神州大地上，林林总总有数千万个组织，中欧的身份很特殊。一方面，它是欧盟的援赠项目；另一方面，它的实体又是中外合资企业。说实话，中国根本没有中外合作商学院的相关法规，很多方面都是政策空白。这时，我们就灵活处理。进口报关的时候，都说是援赠项目；但双方具体运作时，又是按照公司化运作，当成合资项目做。虽然两者是矛盾的，但是在不同的阶段、不同的事务中使用不同的身份，这就是中欧在特殊历史阶段的创新，否则将寸步难行。

在资金紧缺的情况下，利用援赠项目是最合理的选择。但最无奈的却是，1994年秋天，商学院的进口汽车刚刚批下来，还没来得及领，国务院机电办就发文：在全国范围内停止实施进口车免税项目，援赠项目也不能免。就这一下子，中欧就要增加300万欧元开支。按照批下来的时间，中欧正好卡在时间点上，既可以算是，也可以算不是，胜算概率50%。

作为欧盟援赠中国的一个项目，欧盟大量的钱和物都是通过外经贸这个口进来的。免税，要连过三关：首先需要外经贸部同意，然后再得到国务院机电办的同意，最后，还必须得到上海海关同意。因为按保守政策，他们完全可以不放行。

如果海关和外经贸部双方都同意，那就没问题。如果有一方不同意，事情就不好办。如果坐等政府协调，时间相当漫长。因此，我和张国华院长、同事杜谦一起拜访了上海海关。监管处处长王鸿定很理解中欧的难处。他把这个项目当做上海市的重点项目对待。这位处长当即表示，愿意帮我们去北京沟通。

解决了后顾之忧，到机电办审批的任务，落在了我肩上。

那是1995年的冬天，正是天寒地冻的时候，我踏上了北上的旅途。我没带什么像样的礼物，只是带了一个小青铜器。这是上海交大青铜公司制作的，价格很便宜，完全是礼节性的。

到北京的这一天，十分阴冷，我来到国务院机电办审批办公室，接待我的是个四五十岁的高挑女士，形象颇佳。本来她叫我十点钟去，但我性子急，上午九点一刻就到了。

我把中、欧双方的财务协议复印件、相关委办文件递给她。她只看了一眼，就不容商量地说：呀，现在没有免税车，不能批。

我急了，老师的本能表现出来了，马上苦口婆心地解释：这个项目是真正的教育援赠项目。如果不能免税，学校就要负担100%的高额关税。我们是非营利性组织，资金是分批到位的，这个税加不起。

这位女士看了看我，坚持说：你们是合作项目，不能有进口车。要进口车也可以，就要加税，援赠的也不例外，国务院已经发了文。

我赶紧解释：你看，我们有吴仪的签字，而且签字时间就是在新规定出台当口。我们交大为了这个项目足足谈了两年，如果很多倾斜性的政策得不到，是很可惜的。如果没有免税车，我们还要给员工发一大笔交通费，非常昂贵。我们学校在闵行远郊，没有交通车，可能连初级员工都招不到。

我不由分说继续讲下去：增加税收就是增加这个学校的建校成本。如果不给免税，不是损失了一辆车，而是拖累了一个很有前景的项目。

一番道理，加上我的坚持，打动了这位女士。她告诉我，可以帮我试一试，向上报一下。

她说帮我试一试，表明她心里已经倾向于接受我的说法了。在审批办公室，这位女士就坐在主任的外间。按理，机电办的主任一般是部级干部，她的年龄也决定了她不是秘书。如果她说不行，一个项目就被直接否定了，不会再往上报。她答应帮我问，就说明她这一关已经过了，成功的可能性很大，我心中暗自高兴，但还要说服她的领导同意。

不料，机电办主任不在，她让我明后天来看结果。

我想这时候我不能走。短短两天，可能会节外生枝，夜长梦多，什么都会发生变化。到时候我还要重新沟通，或许什么解释都会苍白无力。我留着不走，可以随时解释沟通，也传递出一种必须通过的决心和意念。于是，我请她允许我等两小时，这一等，等到了中午，领导还没来。她劝我还是明后天来看看。

“你们领导是不是下午来?”

“有可能。”

我决定继续等。这时，在上海的张国华院长不时打电话给我，反复询问事情进行得怎么样了，急得不得了。可以想象，对资金奇缺的商学院，一项免税政策是多么宝贵的支持。这也让我深刻感受到，一个组织在最初的创业阶段，每一步、每一个点都要竭尽全力地付出努力。

我到机电办对面一家小面馆吃了碗炸酱面，然后继续等。我想得很清楚，如果批了，我可以马上带走文件。如果不批，我在现场可以再做说服工作，特别是让他们不要落笔、不要“盖棺定论”。我还可以马上找中方领导，和他们协商解决。所以，我无论如何不能走，一定要等下去。

下午，审批办公室人来人往，其他公司也来办事。如果我坐在办公室里，多多少少会打搅人家工作。我主动到走廊里等。我是个急性子，也喜欢和人沟通，但在接下来的几个小时里，我静静地坐在外面，一直没有去催问她。我知道，机关里的工作人员有傲气，凑上去反而不好。

办公室里有暖气，走廊里却是零度以下，冷得不得了。我把两手插在口袋里，在椅子上足足坐了4个小时。其他办公室的人进进出出，一直看见我在等。我也观察着进进出出的人，揣摩着哪个是审批的主任，反复寻思着那位女士会如何解释。主任对项目不了解，他会不会反对？我不走，估计女士会记住我，能解释得清楚一点。我心里有种强烈的能够成功的感觉。我想，万一成了，肯定是我赖着不走的举动起了决定性作用。

千头万绪之时，审批室的门开了。这位女士向我招手，我一看她的神情就知道办成了！果不其然，主任批准了！临走前，我和她握手，握得很重。我至今感谢这位女士，也庆幸我的坚持。态度决定一切，执著的态度产生了巨大的力量。

当我把这个消息告诉张国华时，我听到李家镐院长在旁边说：“太好了！我们又啃下来一块硬骨头!”中欧一下子省了300万欧元，连这位部级领导都兴奋得不得了。

后来，中欧又买过好几批进口车，都是免税的。

看似与办教育无关的每一个环节，都锻炼着中欧的团队。类似对进口车免税待遇的争取，我们还遇到过很多次。几乎每次都是靠我们的激情和努力，化解了各种麻烦。

在这里，我突然想起一位哲学家的一句名言：没有经历过炼狱般的生活，就无法体会到天堂般的幸福。

借钱办事，抢先启动

从中欧国际工商学院挂牌时起，创业者就有一种紧迫感——我们的目标是5年内做到亚太一流，这个目标很大，难度更大。5年时间看起来长，其实一晃而过，时间不等人啊！虽然学校已经成立，但中国和欧盟的资金还没有到位。张国华的理念是，不要一味等钱，而要在缺资源的情况下，先干起来。如果等人力和物质资源到齐了再做，可能5年、10年都过去了。

中欧国际工商学院的创业者把时间看做金钱，所以我们宁可借钱办事，也不愿意浪费时间。在欧盟与上海市政府签约后，由于要设立账号、审核用途等原因，资金要半年之后才能到位。于是，在张国华的建议下，学院主动向欧盟和交大借钱，购买必需的设备，刊登招生广告，发放员工工资。这为中欧抢得了时间。这一思路让中欧及时起步，并且快速发展起来，也影响了此后很多外援项目的操作理念。这无疑是很有前瞻性的战略眼光的。

由于我们资金紧缺，靠借钱过活，中方创业者对预算的控制非常苛刻——专款专用，绝不奢侈浪费。比如院长办公室在内的所有桌椅只花了几千元；我们去拜访客户，都是坐公共汽车，舍不得叫出租车。此类事例不胜枚举。

在院长身上省钱，这是其他组织里极其罕见的。按照财务协议规定，院长出差可以乘坐公务舱。但只要能坐经济舱的，院长肯定不坐公务舱，这种文化也影响了外方高层管理者。另外，按理说四位院长都可以配备司机，但在张国华的带动下，中欧的司机很少，中外方院长都自己开车。

欧盟给了中欧2亿元，2亿元算多吗？德国大众给一汽大众建一个培训中心就花了1亿。我们曾经去参观过，一汽大众的培训中心拥有全球最好的设备，黑板是电子的，桌子都是可变换形状的顶级产品，价格十分昂贵。羡慕之余，我突然有一个想法，台湾和韩国善于仿制，他们有没有仿制这些产品？我问了一位德国专家，他说，好像有一家韩国企业做类似的设备。

回到上海，我马上就查找这家公司，他们居然在上海设有代表处！我们赶紧去看货，他们的产品是比德国差一些，但价格只有德国的1/4！原本预算300多万元，结果只花了140多万。两个院长笑得合不拢嘴！

这种节约的精神，得到了中国和欧盟的赞许。中欧项目进入第5年，欧盟和中国政府组成了专家小组来进行审计。他们惊讶地发现，中欧用一点点资金，居然做了这么多事儿。他们惊叹于中欧建校两年采购的设备总价竟然如此之低，而中方管理层和员工的薪水也低到了不可思议的地步。对资金的节约程度，中方甚至超过了财务协议的规定。欧盟官员感叹："这点钱，如果在别的地方建学校，恐怕半个学校都建不起来。"

"人定胜天"不是没有道理。同样的工程，有的2亿就足够了，有的5亿还不够。比如，菲律宾马尼拉AIM（亚洲管理学院）、日本庆应大学国际项目，都获得了巨大资金，但远没有中欧发展速度快，也没那么成功。说到底，还是人的因素在起作用。

未雨绸缪，提前拉赞助

1994年年底，中欧国际工商学院MBA、EMBA、EDP三个部门同时建立。按照国内传统做法，往往是等到拨款花得差不多了，要自负盈亏时再去拉赞助。但欧方院长富有远见，他们决定，在全部资金没到位的时候就要着手拉赞助，凭自己的力量建立学校在战略发展上所需的各项发展基金。

我敢说，这不仅是思想方法上的先进，也是战略结构上的先进。三个部门同时成立之后，政府给的钱还没怎么花，我们就开始拉赞助。这种先发制人的理念，在商业竞争中屡试不爽。中欧的伟大就在于，从诞生的一开始，中、欧双方就把学校看做一个市场化的公司，而不是一个项目。两者的区别在于，公司是没有生命终点的，政府投资之后，这个组织必须学会造血，机体才能长久地生存下去；而项目是有期限的，政府投资之后，期满就结束。

拉赞助，就是市场化理念的体现。这个思路让中欧得以在后来领先国内所有商业院校，恐怕比欧盟2亿元的资金更值钱。由于"中西合璧"的独特背景，中欧用不着慢慢摸索，直接用了国际上成功的经验，吸取了别人失败的教训，短期内就站在他们的肩膀上思考问题，预见未来。

一个项目的起步，不能太强调先后的逻辑关系，因为外部因素不以主观意志为转移，不因固有的逻辑而演变，我们必须同时考量各个因素。人们最容易忽视的一点是：在人力资源、资金资源之外，还有一项转瞬即逝的重要资源——时间资源。为什么有的组织5年做到最好，有的组织却10年、15年都没站稳脚跟？

原因就在于此。欧盟在华援助项目已经留下了无数教训，都是外方资源没到齐，中方一直在等。殊不知，白白损失了时间资源，也就丧失了先机。

于是，中欧在初始阶段就迈出了拉赞助的步伐。这就必须提到一位至关重要的人物——学术委员会主席佩德罗·雷诺（Pedro Nueno）。雷诺教授总是让人觉得一脸严肃，但接触过他的人都知道他特别平易近人。平日里，他的衣着十分考究，作为一名享誉世界的大学者，他永远是重要论坛最受欢迎的主旨演讲者。他担任过国际管理学会的会长，现在是该学会的副会长和西班牙 IESE 商学院的创业管理学教授。他自始至终都把真心交给中欧，设身处地为中欧想办法、做实事。在召集国内外著名学者组成学院第一个学术委员会之后，他又急中欧之所急，毅然去拉赞助，为中欧解决资金问题。

在 90 年代中期，国内的民营企业还不发达，雷诺教授就带头去香港拉赞助，那里有很多跨国公司的亚太区总部。中欧的赞助商里面有香港浙江第一银行、英美烟草、德国拜尔，都是雷诺和杨亨拉来的。他们几乎每个月都要去香港，与这些公司的亚太区总部沟通。因此，香港也成为中欧前 5 年赞助商的主要目标地。

在各种赞助中，中欧不拘一格，既有公司赞助，也有教席赞助、校园设施冠名权赞助、发展基金赞助、奖学金赞助、研究中心赞助和物资捐赠赞助。有的公司没那么多钱，没办法做公司赞助，但又想以公司的名义支持中欧发展，那么就可以选择一个比较窄的范围，做一个专有项目，例如赞助一名教席教授。

所谓捐赠教席，就是企业捐一笔钱专门用于教学和研究，他们会请一些在教学和研究方面非常杰出的教授来担任教席教授。而这个教席教授研究的领域，往往与赞助商高度相关。学校可以用赞助商赞助的教席资金的利息来资助教师的科研，支付管理助理研究人员的聘请，以及与科研相关的所有成本。这是欧美学术机构与赞助商之间常用的一种方法。

说到这儿，有个人不得不谈。在中欧的创业时期，他是个不可不说的人。他是一个美国人，门奥·欣里克斯（Meo Hinrichs），在 20 世纪五六十年代建立起一家公司，名叫亚洲资源（后更名环球资源），总部设在香港。作为创始人，他一直在为自己企业的生存而忙碌。当他了解到中欧的项目，毅然拿出 150 万欧元支持中欧，冠名赞助了中欧信息中心，成为中欧第一个大赞助商。我们在中欧新校园落成仪式上相识，2002 年我去深圳出差，在机场提行李时，一眼就认出了欣里克斯，他也记起了我。

欣里克斯问起中欧的近况怎样，我作了简单的叙述。我也很关心地问了环球资源的情况，他告诉我，全球信息爆炸，网络公司如雨后春笋，竞争只能用“惨烈”来形容。网络已经威胁到了他们这些亚洲工商业信息提供商的生存。他很执著地说，要抓住为数不多的机会，所以他不得不亲自奔忙……

望着他的背影，我也很感动，他赞助了那么多教育项目，自己还在拼搏。这就是一种价值观：他是为了回报社会，为社会而作贡献。这是企业家的境界，一种对社会的责任。现在，他的公司更名为环球资源，中欧校园内也永远有“环球资源信息中心”。

在中欧员工的努力下，截至2008年，学校拥有的赞助伙伴已经达到68个，支持了71个赞助项目。

表3-1　截至2008年5月，中欧国际工商学院设立的教席

教席名称	捐赠方	设置时间	教授
英美烟草市场学教席	英美烟草	1995年	朴胜虎（Park Seung Ho）
西班牙经济学教席	西班牙政府	1999年	
巴塞罗那港物流学教席	巴塞罗那港	2000年	任杰明（Jaume Ribera）
米其林领导艺术及人力资源管理教席	米其林公司	2001年	忻榕
飞利浦市场学教席	飞利浦电子（中国）	2001年	杨国安（Arthur Yeung）
宝钢经济学教席	宝钢集团	2002年	吴敬琏
荷兰银行风险管理教席	荷兰银行		张春
西班牙巴斯克自治区政府竞争力研究教席	西班牙巴斯克自治区政府		待定
拜耳市场战略教席	拜耳		柏唯良（Willem P. Burgers）
英国劳氏船级社安全文化及战略风险管理教席	英国劳氏船级社		待定
成为基金创业研究教席	成为基金		佩德罗·雷诺

除此之外，环球资源、汉莎航空等15家公司赞助了中欧校园基金；而ABB、阿尔卡特等24家公司赞助了中欧发展基金；宝钢、博世（中国）等9家公司赞助了中欧奖学金基金；西班牙桑坦德银行、西班牙萨瓦德尔银行等16家公司赞助了中欧研究基金。

表3－2 截至2008年5月，中欧国际工商学院设立的中欧研究基金及赞助商

赞 助 商	中欧研究基金
西班牙桑坦德银行	中欧全球管理研究中心（CEIBS Center for Global Management）
西班牙萨瓦德尔银行	
西班牙电信国际集团	
西班牙对外贸易发展局	中欧国际创业研究中心（CEIBS Center for International Entrepreneurship）
西班牙政府	
西班牙坎塔布利亚自治区政府	
拜耳医药保健	中欧医疗保健政策及管理研究中心（CEIBS Center for Health Care Policy & Management）
银城实业	吴敬琏学术研究基金（Wu Jinglian Academic Fund）
欧莱雅亚洲	欧中企业领导力与社会责任研究中心（CEIBS Euro-China Center for Leadership and Responsibility）
上海陆家嘴（集团）有限公司	中欧陆家嘴国际金融研究中心（CEIBS International Center for Financial Research）
上海银行	
上海浦东发展银行	
西班牙对外银行有限公司	
迈瑞公司	
研祥集团	中欧中国服务外包研究中心（CEIBS China Outsourcing Research Center）
陶氏化学	中欧市场及创新研究中心（CEIBS Center for Marketing and Innovation）

第四章　教育特区的艰难起步

完善而又独特的组织架构

欧盟与中国政府联合办学的独特背景，让中欧得以在建校之初就站在巨人肩膀上，学习欧美一流商学院的一切长处。早在中欧管理中心时期，学院就设计了“合”字的校徽，它象征着中、欧合作，中西合璧。

在中欧建校时，欧盟委员会副主席列昂·布里坦爵士（Leon Brittan）和外经贸部部长吴仪分别代表欧盟和中国政府签署了《中欧国际工商学院财务协议》(下称《协议》)。这是中欧最重要的一份文件。《协议》对中欧的法律地位作了明确规定：中欧国际工商学院是一个具有有限责任的非营利性教育机构，享有充分的法人资格，具有在学术、财务、人事、外事等方面的决策自主权，能够执行所有财务、行政和契约活动。

该协议的签署，从法律上赋予了中欧独立法人地位和高度办学自主权，这是国内任何一所商学院所没有的，中欧成了中国管理教育的一个特区。

紧接着，1994 年 11 月 8 日，中、欧双方代表签署了《中欧国际工商学院合同》。这份合同在体制上对中欧的运作制定了严格的规范。中欧参照国际一流商学院的惯例，实行董事会领导下的管理委员会负责制：由中、欧双方各聘请 5 位董事组成董事会，再由董事会任命中、欧双方正副院长各一名，组成管理委员会负责日常管理。

由于上海市政府委托上海交通大学办学，为确保办学的自主权，董事会的董事长一职一直由上海交通大学校长担任，第一任董事长是时任上海交通大学校长的翁史烈。

表 4－1　中欧第一届董事会成员

中　方	欧　方
翁史烈　董事长，中国工程院院士	威利·德克莱尔（Willy De Clercq）　副董事长，欧洲议会法律事务与民权委员会主席
经叔平　董事，中华全国工商联合会主席	佩德罗·雷诺　董事，IESE 商学院
王生洪　董事，上海市政协副主席	斯塔芬·伯伦斯坦·林德（Staffan Burenstam Linder）　董事，欧洲议会议员
曹　臻　董事，上海市政府科学技术委员会副主任	赫拉德·范斯海克（Gerard van Schaik）　董事，EFMD 主席
张　祥　董事，上海国际（美洲）集团公司董事长	汤姆斯·萨特尔伯格（Thomas Sattelberger）　董事，汉莎航空公司副总裁

在董事会领导下，管理委员会负责学院日常学术和行政事务。

表 4－2　中欧第一届管理委员会成员

执行院长	院长	副院长	副院长
冯勇明（Joachim Frohn）	李家镐	张国华	苏史华（David B. Southworth）

学院的教学和研究由学术委员会负责督导，成员来自德国、法国、西班牙、意大利、瑞士、荷兰、美国、加拿大，以及我国的一流学府和学术机构。学术委员会对学院的教学和研究进行定期评估，努力建立世界一流的教授队伍，并在中欧与世界各地商学院之间架起交流与合作的桥梁，促进学院成为世界一流商学院。学院第一届学术委员会主席由在西班牙乃至全球管理教育界享有盛名的佩德罗·雷诺担任。

表 4-3　中欧第一届学术委员会成员

佩德罗·雷诺　学术委员会主席	西班牙 IESE 商学院
吴敬琏	国务院发展研究中心
杨锡山	上海交通大学
佛朗哥·阿米贡尼（Franco Amigoni）	意大利博科尼大学 SDA 商学院
吉尔·麦克威廉（Gil McWilliam）	英国伦敦商学院
谢家伦（Kalun Tse）	荷兰奈尔洛德商业大学
多米尼克·特平（Dominique Turpin）	瑞士洛桑国际管理学院
马丁·威尔奇（Martin K. Welge）	德国 USW 大学
温伟德（Wilfried Vanhonacker）	法国 INSEAD 商学院
杨国安	美国密歇根大学商学院

国家教委主任在上海市政府报告上的批复是：中欧是“国家教委对外改革开放的一面旗帜”。中欧国际工商学院的使命是创办“不出国也能留学”的教育特区。在“合”字的主基调之下，我们大胆地获得了充分办学的自主权、与世界接轨的组织架构，以及全球的教授资源。1994 年 11 月 8 日，中欧在金桥出口加工区举行了成立典礼暨新校园奠基仪式。我们热切地憧憬着，中欧要扎根中国、放眼全球，创造一所一流的商学院。

MBA：一枚印章的两难抉择

人常说，有选择是幸福的，但选择的过程往往是痛苦的。新生的中欧国际工商学院面临着第一个选择：办学，该走怎样的路？产生这个问题的根源在于，中外管理教育方面的差异太大了。

在中欧成立前的 3 年，也就是 1991 年，国内院校就开始举办 MBA 教学了。9 所院校得到了国务院学位委员会批准，在原有的企业管理专业（经济学门类）和管理工程专业（工学门类）之内尝试工商管理硕士教育。在中欧正式成立的 1994 年，国内已经有 26 所院校获得了试点资格。

国内高校的工商管理硕士、MBA，与国外的 MBA 差别很大。先说入学考试，MBA 的学员必须通过全国统一的研究生入学考试，内容包括政治、语文与逻辑、英语、管理学和高等数学，而且以笔试成绩为主。这意味着，大部分身处企业的管理实践者被拒之门外，而一大批毕业时间短、工作压力小、擅长考试的年轻学生却“长驱直入”。

可以肯定，这样的生源太缺乏实践经验，毕业之后在公司里难有作为，在市场上的价值也不大。而国际一流的商学院，向来是走市场化道路——从市场里、实践中出来的教授亲自培养来自管理一线的学员。两者结果截然不同。

课程内容也不同。国内的 MBA 教育必须使用全国统一的教学大纲。毕业时，国内 MBA 教育要求学员撰写硕士学位论文，通过后获得国务院学位委员会统一印制和管理的证书。

国外商学院却不一样，他们更多的是采取小组研究项目，解决现实的管理问题，从而丰富经验，达到企业需求的目标。

对管理学这样的经验型学科而言，唯分数论十分有害。管理学需要与时俱进，不断创新，不断变化，从而体现价值。北美之所以能超过欧洲，因为北美更注重市场：不论劳资关系、工资福利还是国家政策，都以市场检验为准绳。国家的法规和措施不能过于偏离市场。如果市场变了，按照国家政策培育出来的人才就没有价值。

那么，有没有兼收中外的折中办法呢？国家规定，如果不参加全国统一的 MBA 入学考试，不遵照全国统一的 MBA 教学大纲设置课程，不撰写硕士学位论文，学员就不能获得国务院学位委员会的 MBA 学位证书。

于是，中欧面前就摆了截然不同的两条路。一条是遵循惯例，归入教委体制，一切按照教委的思路办学；另一条是按照国际惯例，紧跟市场需求，获得市场的认可。显然，前者是一条没有风险的康庄大道；而后者完全是拓荒，无异于在崇山峻岭中开山凿路，但兴许能开拓出一片天地，达到理想的境界。

学位证书上的教委印章，让中欧陷入了两难。

冲破体制的大胆尝试

摇篮里的中欧国际工商学院选择了后者，选择了市场化道路。张国华院长等初创者参与创建中欧，就是要建立一所按国际惯例运行的商学院，而杨亨也正是带着这样的理念来到上海。为此，中外双方一拍即合，宁可让文凭上少一个国家教委的印章，也不愿违背市场的价值判断。现在谈来如此轻松，但在当时，一个新创立的学校在得到市场认可之前就迈出这一步，需要多么大的勇气。

中欧在成立之后的短短10多年里，高度市场化，以市场为导向，让市场来引领未来，引领课程设计的方向。因此，中欧从信息、组织资源到价值观，都来自市场。中欧后来的成功也证明了一点：尊重市场，以市场价值为导向，通过市场竞争来生存，自然就具有无限的生命力。中欧抓住了事物的本质和规律，也就把握住了市场的发展趋势。

中欧的目标是做世界一流的商学院，当然要有办学的独立性，要办出自己的特色。中欧就是中欧，要走出一条自己的路。

丢掉“拐杖”的最初挑战

在今天看来，市场化之路已经被证明是成功的，各方毫不吝啬地大加赞誉。但在20世纪90年代，作为这一路线的实践者，中欧要为自己超前的举动付出更多的艰辛。

MBA有什么价值？今天，大家公认读MBA有三大收获：一是学到了管理知识、管理技巧和管理意识；二是可以拿到一张MBA文凭；三是可以交到一些朋友，建立朋友圈和信任圈，商业就是围绕契约和诚信运转的。

在十几年前，很多人不知道管理是门学问，社会对人脉的意识还没那么强，那么，读MBA基本就剩下一个理由：文凭。但中欧缺的，就是这个。学位得不到国家承认，它就没有市场价值。在建校初期，作为没有品牌和文凭的昂贵学校，中欧背负着难以克服的“硬伤”，大大增加了招生的难度。

学费，是另一个不利因素。尽管中欧收取的学费还不到自己办学成本的一半，最大限度地做到了优惠，但还是比国内绝大多数院校高出一倍以上。中国人向来是价格敏感型消费者，对一个毫无品牌知名度的学校，多少人愿意慷慨解囊？

不过，任何事物都有两面性，中欧要生存下去，只能实打实做出业绩，获得市场认可。这种最不利的局面，反而激发起中欧员工的拼搏精神。

中欧“一反常态”地采用了英语教学。如此安排，有其独到考虑。中欧培养的学员都是长期处于计划经济之下的企业管理人员，他们的管理经验丰富，但是迫切需要西方管理思想的滋润。既然中国的企业要走向世界，企业管理者就要懂得国际惯例，懂得跨国经营。因此，一方面，中欧的责任是引入国际化的一流师资和一流教材，但与此同时，更要把学员送出去，让他们去海外商学院汲取原汁原味的养分。

中欧的另一个特点是全日制授课。企业的高级管理者都承担着繁重而又琐碎的领导工作，为了实现既定目标，只有通过全日制 MBA 才能做到。因此，在全国高校都忙于筹建在职 MBA 的时候，中欧却推出了全日制课程。但这一选择意味着学员要放弃两年的收入，全脱产学习，其机会成本是非常高的。

用心良苦，可市场未必认可。有谁会为了一所不知名的学校，停下工作耗费两年的时间外加支付高出一倍的学费，去拿一个国家教委不承认的学历？

独特定位炒热中欧 MBA

1995 年，中欧国际工商学院的 MBA 部门只有 4 个职员，李六珍是第一个职员，后来成为 MBA 部门副总监。在她的记忆中，中欧 MBA 在招生之初，先声夺人，不惜重金在《中国日报》以及国外的高档杂志上做广告。这在教育领域还是首创。

广告一出，前来报名的人络绎不绝，他们看中的恰恰是中欧的国际化：全英文教学、国外著名商学院教授授课。很多人了解到中欧的独特背景，把中欧的 MBA 当成跳板，希望打开去外企的道路。那时的外企，大家挤破头想进去。中欧的文凭得到欧盟认可，产生了“不用出国就能留学”的独特效果。

中欧形成了自己的特色，第一届的生源非常好。与其出国，很多人宁肯花 2 万元的天价学费，也愿意来中欧读。至于文凭问题，中欧 MBA 的职员只能笼统地解释说：“这一点学校正在争取，估计会逐步解决。”

进入中欧后，来自世界各国的知名教授为学员带来全球最新的管理思想和理念，学员使用着世界一流的英文教材，中欧每年还从哈佛商学院等世界著名商学院引进数以百计的原版案例。课堂上，互动式教学让学员们打开思路，课堂讨论和小组案例研讨让中国学员摆脱了过去听老师讲课的习惯，第一次参与教学过程。

1996 年，中欧第一届 MBA 的部分学员到英国和西班牙，开始与伦敦商学院、西班牙 IESE 商学院两所世界顶尖商学院交换学习。中欧向两所学校各派遣了 3 名，共 6 名学员，对方派遣了 5 名学员到中欧。中国学员兴奋地进入了世界最有名的商学院，增加国际化体验，还可以加入海外商学院的校友会，这对他们未来的职业生涯很有好处。这些举措，让他们对中欧的评价非常之高。

除了学生交换，中欧还与沃顿等世界著名商学院举行各种学术活动，进行学生交流，为学生提供国际化的实习和实践机会，包括《财富》500强跨国公司、国际机构等等。

互派学生的合作一直持续到今天。中欧已经与欧洲最顶尖的10所商学院和美国前20名的学校建立了长期关系，包括伦敦商学院、INSEAD商学院、西班牙IESE商学院、康奈尔大学商学院、达顿商学院、加拿大Ivey商学院、RSM鹿特丹管理学院、博科尼大学SDA商学院、UCLA商学院等世界著名商学院。这些举动，赢得了学员的认可。

到了第二届，基本上还是同一批人来报名，因为想出国的年轻人基本上就这么多。于是，中欧在第一届未入学的人里面挑选，MBA教学逐渐步入正轨。到了第三届时，第一届学生已经毕业，分配的情况非常好，进而带动新一轮的招生。

回过头来看，采用英语教学，其实也是中欧营销的策略。跨国公司在中国投资，最大的障碍不是土地和水、电、煤，而是能用英语工作的人才。中欧用英语授课，满足了跨国公司的需要，增添了跨国公司投资中国的软因素，也顺利吸引到一大批跨国公司的订单。

上海市政府雪中送炭

当中欧国际工商学院还是个呱呱坠地的婴儿时，肩头就背负着品牌不足、学费昂贵、全日制教学这“三座大山”。

中欧诞生之后，前教育部部长、国务委员陈至立，全国人大副委员长成思危都来过，他们给了中欧很多关心。不过，中欧的崛起，不能不提上海市政府的积极态度。当时主管组织人事的上海市委副书记孟建柱，在1995年、1996年两次来到中欧。

此后，上海市政府专门发文，规定上海各级政府以及各企事业单位承认中欧毕业生的学历。中欧的学员甚至可以领到落户上海的蓝表。

市政府的支持大大增加了中欧文凭的分量，这是宝贵的、强有力的、实实在在的支持，中欧至今感激。这就好比文学巨匠、艺术大师不管日后多么成功，对当年第一个刊发自己作品的编辑，对第一位相中自己的导演都会感激一辈子。

按照以往经验，上海市政府对自己投资的项目总会特别关注，不仅会派专人管理，还要设定它的发展路线。然而，或许是因为中欧国际工商学院的独特背景，上海市政府对它格外放手。除了派了一位领导，几乎不指手画脚，也不干涉具体运作，而是让它以市场为导向，进行市场化运作。在孟建柱的影响下，上海每年都有大量的市政府官员到中欧，亲自关心它的发展，询问办学遇到了什么困难。

2001 年时，孟建柱到江西省担任省委书记，但中欧与他的缘分还在继续。他对江西经济干部管理学院的全体员工说：你们要有梦，你们要办成中欧这样的学校，至少要向中欧学习，向中欧靠拢，加强交流。

既然孟建柱到了江西还提及中欧，张国华院长指示，中欧也应该为江西做点什么。很快，张国华院长、柏唯良教授和我两次来到江西，拜访了江西经济干部管理学院。我们签下了意向性合作，一年固定做三到四个班，费用不能免，但尽量多给优惠，中欧保本就行。

具体说来，这种合作有两类项目：一方面，允许江西经济干部管理学院的师资来上海中欧的 EMBA 课堂免费全程听课，每次 2 个名额；另一方面，中欧为江西经济干部管理学院撑腰，每年分 2 次把优惠课程带到江西，让经济干部学院与中欧联合招生。此外，中欧还为江西的著名企业，如江铃汽车、草珊瑚等企业做公司特设课程。

中欧通过各个方面回馈江西经济干部学院，不论是经验和教训，还是思路和观念，都是为了给它指明努力的方向，促成这个学校成为高质量的教育机构。双方的合作，一时传为美谈。

除此之外，中欧还得到了欧美名牌院校的支持。1995 年，很多学员申请到瑞士、德国、美国读博士，这些国家都承认中欧学历。如今，手持中欧文凭的人到欧美出差，老外对他们特尊敬。在外国人眼中，中欧的文凭值钱。2005 年，英国政府甚至规定，获得中欧学历的人无需申请即可赴英国工作。这说明中欧办学的严谨、课程的质量得到了广泛认可。这些支持和认可令每个中欧创业者感动。

第五章　热血遭遇冰封市场

EMBA：巨额广告石沉大海

经过一番辛苦繁杂的筹备，中欧国际工商学院开始正式运营，其标志就是三个主要部门都开始招生办学。除了 MBA 之外，EMBA 也开始招生了，早期 EMBA 的招生由 EDP 部门负责。这一方面是因为我所在的 EDP 部门招生能力较强，推广的课程种类多，有专门的销售团队；另一方面，EDP 和 EMBA 的目标群是一致的，都是高级企业管理者，招生过程中的信息和价值可以共享，营销预算也可以共享。中欧第一个 EMBA 招生广告就是我去办理的。

1995 年初夏的一个下午，晴空万里。吃过午饭，大约两三点的样子，我乘交大闵行校区的班车到徐汇校区，再骑上我破旧的自行车，赶到汉口路《解放日报》报社。

到报社后，一位负责广告业务的女同志接待了我。这是中欧创建以来的第一个广告，我们决定砸下血本，选一个最醒目、最好的位置。于是，我看中了头版的报眼位置，就在“解放日报”四个大字旁边。这笔广告费贵得惊人，足足花了 2 万元人民币，3 天后见报。虽然价格不菲，但中欧这个未来领头羊的自信和霸气，已经展露无遗。

花巨资登了招生广告后，反馈不少，但合适的对象并不多。眼看着招生要结束了，还有一大半学员没着落。我们的第一感觉是，花的工夫不够，必须再想想办法。

当时中欧的人力资源经理叫布丽吉特，是一位工作狂热、富有进取精神的法国女士。她之前曾在一家大型石油公司担任高级经理，有丰富的人事和行政经验。根据多年的经验，她提出了一个大胆的建议——主动上门拜访客户："过去石油公司做 B2B 生意，要把产品卖给经销商和客户，都是客户经理亲自上门去拜访客户。既然中欧的 EDP 课程也是卖给公司，那么客户经理就该像分销商一样，主动出击。大家都是 B2B 业务，为什么不能主动拜访客户呢?"

开会时，她这么随便一说，张国华院长和我很惊讶。拜访客户，说白了不就是上门推销吗？1994 年的中国，上门推销是很丢脸的事。很多家庭在门上贴着一张纸条——"谢绝推销"。虽然我们面对的是企业，但堂堂一个外援项目，作为一所中外合资学校的职员，竟然要用这样的方式工作，真是难以想象。

不过，穷则思变。面对打不开的局面，我们不得不去尝试，这毕竟是个办法。在市场沉睡的阶段，我们不可能守株待兔，如果不敢主动出击，羞于推销自己，我们就没法生存。想到这些，张国华院长和我毅然决定，马上尝试。

主动拜访连吃闭门羹

要拜访客户，首先要寻找客户。李家镐院长亲自给各委办打电话，让他们提供企业名单，然后吩咐我："小李，你去找某某处长，向他要册子。"一次，上海市经委那边不愿意提供名单，李家镐院长抓着电话就吼："这是不行的！要让他拿出来!"

张国华院长也在想办法，他太太王维勤女士时任上海市胸科医院副院长，他就对太太说："帮我联系合适的企业家，我们要去拜访。"由此可见，中欧的两位院长都把这个项目看成自己的事业，将其成败和个人命运联系起来，不惜动用一切私人关系来帮助学校。

此时已临近夏天，我和张国华院长作好准备，主动出击。我们俩穿着质量普通的西服，拿着并不入时的皮包，顶着烈日，从外滩南京东路开始。这里汇聚着很多大型国企，我们一路往南京西路方向走，逐一拜访客户。我的心情，兴奋而又担心。作为一个交大的老师，我从来没有想过，自己会像推销员一样，拎着皮包去敲人家的门，推销一个教育产品。那时候中国连推销员都很少。我心里也没底，不知道此行能否顺利招到学员。

我们拜访的第一家企业是上海食品进出口公司，然后是上海五金公司，最后是第一百货商店。我们走进国有企业的总经理办公室时，每家公司的领导都很客气，对方最喜欢问的问题是："你们是干吗的?"那个年代的培训机构屈指可数，而且高等院校的管理学院从来不会登门拜访。所以，中欧反倒成了一个难以理解的"怪物"。

我们只能先"扫盲"，作普及介绍，先讲什么是商学院，再讲中欧怎么成立的。企业的领导听完之后，觉得中欧太超前了，把西方最好的东西带来了，不住地说："你们做了件大好事啊！"但和他们自己的企业联系起来，就觉得似乎没什么关系。他们并不认同西方商业教育的价值，可能不知道 EDP，也不知道 EMBA，就算知道，他们也不认为对企业有作用，觉得根本没必要去学。

或许，这不能怪中国的企业。那时候，中国企业靠两条就能生存：一是广告战。靠广告狂轰滥炸，各类口服液企业靠广告卖出了数十亿的销售额。另一个是价格战。价格战可以让一个企业从全国数百家、上千家企业中脱颖而出，还可以抵御跨国公司。

中国最有名的企业都在做最简单、最初级的事情，更何况其他企业?！中国还处于管理教育的严冬，一切还太早了！这就像对一个刚刚告别饥饿的农民大谈帕瓦罗蒂的男高音如何棒，对于还停留在大口吃肉、大碗喝酒阶段的他们而言，根本欣赏不了这些。

另一个让企业震惊的是学费。两年的学习，学费很贵：中资企业每人 4.5 万元，外资要 10 万元。这个数字在今天来说也不便宜，在 1994 年就更是天价了！那时读完一个 4 年制的本科，自费也才 5 000 多块钱。我们整整贵了 10 倍。老实说，对方能从容听完这个数字，已经不容易了。他们怎么也不相信，一个课程能卖那么贵！

更何况，中欧在当时根本没有品牌。这些老总们心里肯定纳闷，人家交大、复旦都没那么贵，一个根本没听说过的学校居然这么贵。如果不是李家镐院长打过电话，张国华院长亲自上门，估计人家会把我们当成骗子、诈骗犯。

这其实包含一个培训意识的问题。说实话，虽然中欧的学费贵，但国有企业并不缺钱，在 90 年代中期，竞争并不激烈，正是国有企业容易赚钱的时候。这些总经理只是不明白为什么要在培训上投资。

工商管理教育的成本居高不下，而当时经理人对课程价值的认识又远远不足，两者一个天一个地，差距太大，没有交点。历史把中欧推到了一个无比困难的境地。作为中国管理教育的先行者，中欧面临的不仅是物质上的紧缺，更是观念上的挑战。中欧肩负着推动管理教育发展的重大历史任务。

我们一连走了几站路，又顺道去上海市教委补办了一些合资办学文件，一天下来疲惫不堪，第一次体会到“扫楼”的辛苦。后来，我和张国华又去拜访银行。不过，这次我们先请李家镐写了信，然后再登门拜访。这位原经委主任的信确有作用，各大企业的总经理、董事长、党委书记亲自接待我们，非常热情，但其实也是过过场。他们看不到课程的价值，对我们也就不屑一顾。

碰了一鼻子灰，我才意识到，整个世界只有我们自己热情高涨。我们自认为这个项目对民族有价值，认为它足以改变中国商业的理念，让技术员、工程师转变为企业家，认为这是中国经济不可或缺的。但出乎我们意料的是，企业们冷淡得可怕。我们不知道吃了多少闭门羹，不仅身体疲惫，而且心里受到了巨大打击，连我们自己都怀疑市场的反应。

推广晚宴大会国企老总

很多人形容一件事情难，会说“只能看到曙光”。可事实上，中欧国际工商学院连曙光都看不到。广告投了，人也拜访了，但学员就是招不够。第一年几乎没什么人来报名。虽然 EDP 和 EMBA 是一对难兄难弟，但 EMBA 的学费比较贵，显然更困难一些。面对这样的局面，李家镐院长把他的声望和能力发挥到极限，背水一战，索性把上海所有重要的金融、工商企业的一把手找来，准备搞一个 EMBA 推广晚宴。

交大学术活动中心前，停满了一辆辆轿车，都是各大企业一把手的专车。很多老总看在李家镐的面子上，都来了。学术活动中心内人声鼎沸，大堂内，整整齐齐摆了 12 桌，坐得满满当当。

李家镐面露喜色，信心百倍，作了一番热情洋溢的欢迎词。杨亨也用洋腔洋调的汉语，对中欧国际工商学院和 EMBA 作了介绍。但这些国企老总还是不能切身感受到 EMBA 的价值。准确地说，改革开放初期，国有企业几乎没有经历过市场经济的考验，还带着浓重的计划经济思维，他们很难理解发源于市场经济的商学院课程。本身理解不到位，再一问价钱，与他们的心理价位差距太大，就更难接受了。

我们精心筹划了推广晚宴，还为每人准备了一份礼品——交大青铜器公司生产的铜镜，但得到的反馈很冷淡，与会者根本就不感兴趣。我们这才真正体会到，向社会推广一个全新项目、全新理念有多难，创业有多艰辛。

我们的心里涌动着伤感。学校经历了那么多波折，终于创立了，却招不到学员，这无疑是最让创业者寒心的事。但我已经想清楚了，市场与潜在客户的反应冷淡是正常的。过去中国封闭得太久，对新事物总是久久观望。我们没有过多地责怪、抱怨市场，而是认为我们自己的市场推广工作还没做好。市场是需要培育和教育的，如果市场不成熟，我们理应唤醒它、拓展它。有了这个积极的态度，就没什么可以阻碍我们，没什么可以难倒我们。

想到这些，我们只能咬咬牙，继续攻坚。

院长护航，EMBA 完成招生

李明书是第一批加入中欧国际工商学院的员工之一。她个子不高，伶牙俐齿，精神抖擞，之前在跨国公司工作，该公司一位高管是中欧管理中心的毕业生。所以，李明书比别人更熟悉中欧，而且对中欧心存向往，算是结下了缘。1994 年，她如愿以偿来到中欧。真正进来才发现，这所学校虽然独树一帜，但物质条件和想象中的还有点距离。

在 EDP 部门干了一年之后，她的肩上又加了个担子，负责 EMBA 部门的招生。指标看起来并不高，只是每年招一个班 50 个人，但执行起来压力不小。首当其冲的问题就是，国家教委不承认这个学校的学历，只有欧洲承认。所以中欧的毕业生可以去欧美企业，而国内机构都不承认。其次是当时根本没有培训的风气，企业的高管不愿意利用业余时间去读书。外资企业的职员都不太接受，更别提国有企业了。让他们参加 4 天的 EDP 短期课程还算好，要让他们投入整整一年时间，学一个国家不承认学位的教育，而且需要支付巨额费用，简直是无法完成的任务。

EMBA 只能玩命干。李明书从 EDP 部门调来 100 多家客户的名单，他们都参加过中欧 EDP 项目，对中欧有所了解，她就动员这些企业派人来学 EMBA。她几乎一天到晚抓着电话，美其名曰“Tele-Marketing”（电话营销），不停地推销。同时，中欧的院长们纷纷出马，帮 EMBA 想办法。

曾是上海市经委主任的中方院长李家镐，给上海的大企业发文，努力引起大集团的重视。张国华院长则带着职员，亲自拜访企业。上海家化就是其中之一。

一番接触，上海家化的董事长葛文耀却很冷淡。他认为商学院不可能培养出市场需要的人才。也就是说，人家不是对某一所学校不认可，而是对整个管理教育没信心。为了证明中欧的管理教学的价值，哥伦比亚大学市场营销学教授伯德·施密特（Bernd Schmitt）专门为家化的化妆品品牌写了案例。葛文耀发现自己的企业上了“教材”，这一传统企业不敢想象的事情让家化一下子感觉到，眼前这所商学院，并不拘泥于书本上的概念，而是与实践结合，是一所全新的国际化商学院。

就这样，上海家化的大门被一份案例叩开。在接下来的10年里，家化持续不断地派高管过来培训，而且很欢迎中欧的MBA学生加入他们。在与家化的接触中我也感觉到，家化的职员很有危机感，很渴望了解新的知识和理念，也努力跟踪行业领头羊的策略，这是一种组织文化。而伯德·施密特教授写的案例，后来还卖给了哈佛商学院。

另一方面，外籍院长也频频露面，说服外企来培训。虽然跨国公司的中国分公司没有培训的惯例，但国内有高级管理人才的供应，他们求之不得。几番接触，中欧与ABB这样的欧洲企业打得火热。ABB刚刚在国内招了一批技术人员，还需要管理人才，特别是既熟悉跨国公司理念，又懂得中国实际的本土人才，而中欧的理念特别符合他们的需求。于是，他们也派出了学员。

在20世纪90年代中期，外资企业都是老外做人力资源总监，如果让中国人去说服他们，连语言这一关都过不了，更不可能销售一个看不见、摸不着的产品——课程。所以，当一所欧盟和中国合办的商学院外方院长出马，勤奋地拜访企业，亲历亲为地解释说明，自然能打动外企的心。在中欧内部，院长亲自拜访传递出这个组织独特的服务精神，也触动了中国员工，从而形成了一种服务文化。环顾四周，今天中国的高校依然是面南而坐。

按照中欧办学双方的规划，招生目标是50人。在各位院长的鼎力相助之下，第一届EMBA（1995届）成功招到了42人，开了个不错的好头。在国内并不认同EMBA教育的情况下，这第一批学员花了巨资，选择了一个没有办学经验的新学校，读了一个国家不认可的文凭。这42人是第一批吃螃蟹的人，在其他人眼中，他们傻得邪乎、傻得离谱，花天价买了一个看不到未来的东西。

仔细分析，这一届学员可以分为三个群体。

42人当中，一个重要的群体就是国企管理者。中欧切准了国有企业发展的“35岁提拔”现象，第一届学生里有好几个是35岁的总经理助理。周波是代表性人物，原来担任上海氯碱化工股份有限公司的总经理助理，后来成为英雄股份的老总，现在已经是上海市外经贸委的主任。中欧对这一批国企中坚力量的培养，功不可没。

另一个重要群体是外企职员。他们数量不少，而且刚一开课就提要求，希望听纯英文的课程，不要翻译。那时正是中欧经费最紧张的时候，但既然学员提出，中欧就把它当做客户的意见来处理，毅然把一个班分为两个，一个中文EMBA班，一个英文EMBA班，投入了两倍的成本。此举足见中欧从一开始就重视学员的反馈，崇尚尽心服务的理念。不过，成本加倍，且为了吸引外方教授，开出的工资较高，所以第一年中欧吃了大亏。

毕竟，这是为了打品牌的需要，也是中欧以客户为导向的最佳见证。唯一鼓舞我们的是，学员听了课以后相当满意。他们认为可以大力推广，将来大有市场。

学员中，最不引人注目的是第三类群体——政府官员。第一届只来了1个人，是上海市外资委的主任秘书。

到了第二年，EMBA部门意识到，政府官员也是重要的生源，所以拜访政府的力度加大了，EMBA职员几乎跑遍了政府相关委办局的人事部门。这时候，时任金桥开发区总经理的朱晓明先生，刚被任命为上海市政府副秘书长兼市对外经济贸易委员会主任。一到任，朱晓明先生就鼓励干部加强学习，不断提高自身素质。他要求外经贸委所有领导和干部（包括自己）国内出差一律坐经济舱，并以身作则，带头执行，节省下来的费用用于支付干部的学费。当中欧李家镐院长、张国华副院长上门介绍相关课程时，朱晓明先生非常支持，召集了上海市外经贸委所属所有外贸公司的总经理和有关负责人开会，要求推荐总经理、副总经理、机关处级及处级以上干部报考EMBA。朱晓明在市外经贸委工作8年，外经贸委处级以上的干部基本上都达到了研究生的水平。政府官员乐意去尝试报考陌生的MBA、EMBA，无疑是令人振奋的信号。

或许是从一开始就与中欧结下“善缘”，朱晓明先生后来成了中欧国际工商学院的院长。从很多方面看，他都是院长候选人中的首选。这一结局如天造地设。

EDP：员工“逼上前线”

如果把EDP业务比喻成一棵大树，客户拜访量就是根基所在，一切业务都建立在这个根基上。通俗地说，大树在地下的根系越是繁茂，地面上的树冠就越高大。这里隐藏着一种逻辑关系：约访量决定拜访量，拜访量决定销售量，这样层层递减，最终的成功率打了好几个折扣。当然，拜访量越大，成功率肯定越高。

EDP 的业务难以打开局面，我和同事们固执地认定，是自己努力不够。我们拼命给自己加压，发疯似的扩大基数来提高成功率。作为一家商业教育机构，我们的本质依然是勤劳。勤劳能致富，勤劳肯定能改变局面。

EDP 部门的员工大部分是客户经理，主要负责销售课程，日常工作就是主动出击，积极拜访客户。客户按照地域和行业划分，每个客户经理都有自己的明确目标和范围。职员的个性必须是积极主动，充满活力。如果一个人不愿意沟通，胆小自闭，那么他很难在这个组织中表现优秀，更不能撬开一个新市场，把中欧推销出去。

具体说来，不管刮风下雨，客户经理每月必须拜访 20 家客户，全年拜访 200 家客户。从数字来看，任务并不很重。因为一些跨国公司创造了更高的纪录，每人每月可以拜访 40～50 家客户。但他们的计算方法是不同的，假设去一家医院，可能他要拜访药房主任、后勤采购科科长、院长甚至某个医生，由于这些受访者来自不同的职能部门，见 5 个人就算 5 家客户。我们不是这样，见一个企业的人力资源总监、培训经理或者财务总监，都只算一个客户。

为此，我们设计了相应流程和制度。我们要求员工先发传真、Email 预约，确认之后上门拜访，甚至上门之前先把材料发过去，让他们有初步了解再登门拜访。回到学院之后，员工要马上写《接触报告》，记录整个过程：接触了谁，谈了些什么，从什么角度跟进，要提供些什么材料，什么时候再沟通等等，把有价值的信息都记录在案。每个员工要拜访那么多客户，如果不加以记录，就会导致效率降低，忘记或者混淆具体情况。

EDP 部门规定，以拜访报告为准统计员工的工作量，如果拜访了三家只写一家，那就算一家。如果在某次会议、论坛上遇到了客户，谈得不错，那么也可以写入《接触报告》，因为确实接触过了。

有趣的是，在 90 年代中期，国企和民企似乎都不需要培训。

国有企业的老总常常认为，他们有自己的管理模式，用不着西方那一套。企业日子挺好过，干吗要学习老外的东西？“你们搞的（东西）不太实用。”某国企老总说。

我们的客户经理顶着烈日，冒着大雨，一家一家拜访。跑了十几家企业，可能只有一两家有所反应。一次不成，客户经理就跑两次，或者一遍遍打电话，说到电话听筒都烫手。人心都是肉长的，很多国有企业碍于面子，购买了我们的课程。

而民营企业这边，“中国制造”刚刚找到感觉，生意好得来不及做，产品大量出口。曹淑溧是部门里最得力的客户经理，也是EDP的金牌销售冠军。她挨个给企业打电话，上门拜访。对于民企，她的第一感觉是：这些老板的身家都几个亿了，却不知道管理为何物，也从来没听说过国外有专门研究管理的商学院，不知道管理已经成为一门重要学科。所以他们接待曹淑溧时，首先问：你是干吗的？中欧是什么？在听完我们的普及知识后，他们会惊讶地说：“管理还是门学问？还用得着专门去学？”

这样的现状，逼得中欧的员工自己摸索了一套方法。首先，中欧的客户经理仔仔细细地介绍中欧的背景，介绍管理学科的发展，无偿“传道”。第二步，针对企业所处的行业来谈。比如对一个生产型的企业，客户经理就介绍生产类课程，分析生产中的各个环节。在这个过程中，必须让老板意识到，只有那些拥有几十年制造业经验的教授，才有资格给他们讲生产。之后，再挑选一到两位最有名的教授，逐一介绍他们的资历，让民企老板们感到：中欧教授的资历是世界级标准的，是国内其他高校无可比拟的。

很多时候，纵然费尽唇舌，对方的感觉还是中欧太“阳春白雪”了，带着西方的高贵血统，自己“高攀”不上。很多客户只是礼貌地把中欧的员工送出门。

了解中国企业发展脉络的读者可能知道，企业有一个发展的过程，对培训的需求不是一蹴而就的。简单说，在90年代，下海是“做生意”，其意思就是转手买卖。中国的老板还没有变成企业家，还不能像一个企业那样，为顾客创造价值，提供产品、服务、体验。他们没有长远规划，谈不上战略，更不会考虑用创新来实现产品和服务的差异化，还处于一种极其初级的阶段。于是乎，老板们对管理没兴趣，也不会想到完善智力结构、建立制度、保障企业高效运转……

不过，在企业家心里，已经埋下了中欧的种子。多年后，当他们遇到发展的天花板，他们会想到中欧。我曾惊讶地发现，这些企业家会不由自主地吸收我们的思想。比如，遇到其他培训机构时，他们会学我们的语言，问教授是什么资历，教授有哪些组合。也就是说，中欧的销售人员已经给企业家树立了一种标准。

疯狂客服的别样惊喜

在最初的5年里，我们梦寐以求的是订单。只要EDP部门刊登了招生广告，接电话的同事都会主动加班，直到晚上10点才下班。市场上能体会到中欧价值的人如此之少，我们巴不得24小时值班，等候这些宝贵的电话。

付出总有回报，我们总能接到一些姗姗来迟的电话：一些跨国公司的客户知道中欧的服务很好，喜欢在忙完一天的工作之后，很晚才打来。但他们总是得到超期望的惊喜：真的有人接电话！而且态度很好，回答清晰。短短几分钟之内，他就觉得这个组织不一般。

组织的成功，就来自这些细小的地方。我们事后作了问卷调查，问他们为什么选择中欧。有客户反馈说："只有你们让我觉得我是客户，别的大学可不这样。"或许，我们已经习惯了某些组织的慵懒，比如，中午打电话过去，对方会说"我要吃午饭了，你两小时后再打来"。我们不禁要问，难道准时吃饭比客户服务更重要吗？

在90年代，国内高校的管理学院不论是办学理念还是师资，都只能用"落后"来形容。但他们毕竟扛着名牌大学的金字招牌，而且处在一个绝大多数客户都不识货的管理教育市场里，当然有资格高高在上。中欧虽然提供了世界级的管理教育，却苦于没有名气，又身处培育期的市场。于是，我们只能从点滴入手，珍惜每一个机会。

对中欧的员工来说，客户的一切问题都无比重要，一切拒绝客户的理由都不存在。中欧的客户服务中，永远没有"不"字。

除此之外，每当广告刊登之后，中欧还会专门培训客户服务人员，开预备会议，规定接电话的逻辑、方式、如何记录客户信息等。中欧EDP、MBA、EMBA三个部门都配有客服人员，分别有两三个人。虽然每个客服说话的特点、习惯、声调都有差异，但这不重要，重要的是他们回答的内容必须规范、专业、高度一致，可以用中英文回答客户的任何提问。碰到客户有挑战的问题，回答不能令对方满意的，马上讨论，第二天统一口径。这是中欧头5年建立品牌最基础的方法，也让中欧在最初的招生中占尽先机。

最初的5年，中欧面临着最挑剔的考验。很多企业家把企业做大了，越发注重专业。他们很习惯地用自己企业的标准来衡量未来要对他们进行提升的组织的服务，结果远远出乎他们的意料！中欧的服务让这些挑剔的企业家欣喜万分。试想，如果到一个要提升自己水平的组织，客户服务却很差，客户的第一感觉会很不好，就算这个学校有100年历史，也吸引不了他。

外籍员工成为“加班族”

中欧国际工商学院的创业者视加班为天经地义。虽然中欧并不倡导为了加班而加班，但当天的事情完不成，员工会乐于加班。毕竟，完成当天任务比下班更重要。

1997 年冬天，中欧北京代表处开设了人力资源管理课程，会场设在希尔顿酒店。前来授课的是中欧最挑剔的教授——顾凯诗（Keith Goodall）。

在课程开始的前一天，课程助理要布置好教室。谁料，希尔顿酒店之前的一个婚礼弄到很晚，翻台子翻得晚了。顾凯诗从英国伦敦飞来，夜里 12 点才到北京，但他在 Email 中曾表示：“授课前一天一定要亲自查看教室布置，再晚也要看。”

那一天，北京飘着大雪。夜色中，顾凯诗乘车来到酒店。课程助理周艺和代表处经理杨小燕耐心等这位大牌教授看完，再按他的要求作完调整后，已经是凌晨 1 点多了，马路上积雪很厚。我在临走前让周艺打车回去，学校报销。谁料，她没回去。这个女孩子作出了一个惊人的决定：当晚就睡在教室里！

事后我才得知，周艺回家要花 1 个小时，第二天早上六七点就要赶来，她担心迟到。所以，她主动向酒店借了毛毯和被子，在教室里睡了四五个小时。为了让课程达到最佳状态，员工付出了太多太多。这都是发生在中欧员工身上的小事，虽然琐碎，却体现了一个组织的文化。

不为人知的是，在中欧的最初阶段，中方员工的薪水只有外方员工的几分之一。按照当时的水平，只是比国有企业稍微高一点，比合资企业都低。而中方员工这么勤奋，这一点让我感动。

在这种氛围下，外方员工也开始加班。我记得我们 EDP 部门有个中国外籍经理人课程，一周的课程需要 1 万美元，招生难度极高。原本预期招收 25 人，结果眼看就要开班了，报名人数只有 16 人。

负责招生的加拿大小姐萨拉很着急，她知道很多学员是海外经理人，电话从国外打来，会有时差问题。她就天天加班，通过拉长工作时间来解决。只要收到别人的 Email，她就马上回电话。那是开班第二年，招了 28 人，远远超过预期的 25 人，这与她辛勤的工作分不开。

当老外也开始加班时，就说明他们也认同了中欧的“拼命文化”。

中欧是一家特殊的商学院，没有寒暑假，而是采用公司制。MBA 是全日制，EMBA 是业余制，EDP 部门就更是一年忙到头，总有做不完的业务。学校里没有忙和不忙的分别。在几个部门中，EDP 部门的拼命精神更加强烈：客户经理长年累月的高强度拜访，课程助理一年要管理 40 多个课程，其间为了满足学员需要，还要住在学校。此外，课程助理要作年度推广和“路演”，一年多达 6 次，平均 2 个月就要往全国不同的城市跑一次。这也注定了，在中欧创业者的心血之下，一个冰封的市场会被逐渐唤醒。

多年后，2008 年春节前的一天，我听到一个 2002 年加盟中欧的同事对别人说：“我刚进中欧的时候，上海的出租车司机都不知道中欧。现在，他们都知道金桥红枫路有一个中欧国际工商学院了。”听完这话我笑了，其实即便是 2002 年，中欧也已经很有名气了。但在 1994 年和 1995 年，中欧的知名度为零，可以想象创业者要默默忍受多少煎熬。

从 1994 年建校，第一年、第二年的艰苦，中欧的同事完全是熬过来的。账面亏损很厉害，士气也受到影响。一些人开始怀疑、迟疑，他们都是很优秀的人，但却因为个人的职位、空间，而放弃了、离开了。但更多的人很坚定，他们坚持了下来，一句话，就是为了一个愿景，死撑，拼命做。EDP 部门销售不好，我睡不着觉。外方院长也找我，对我的能力不信任。这些压力，都要创业者独自面对。

市场的开拓者总是要加倍付出。到了 1996 年，情况稍有改善。此后，一年比一年好。

商学院的市场化运作

中欧国际工商学院在创建之初，像海绵一样快速地汲取国外商学院的优良经验，而且几乎是一用就成功，没走回头路。

MBA、EMBA、EDP 三大部门的招生，都是公司化运作，主动出击：广告、“路演”、免费演讲轮番上阵，吸引客户，这都是中欧最早尝试的；另外，客户经理和营销人员主动拜访公司，每月有指标要求，提交全英文短期报告，描述客户情况，如何跟进，怎么行动，发给院长并抄送其他部门。这样做，既提高了效率，又分享了信息，把学校内部资源整合起来，共同支持客户经理，突破销售瓶颈，获取客户。这在当时，都是国内商学院闻所未闻的。

不仅如此，中欧在市场营销上建立了严密的体系和构架，每个推广活动都有计划。比如，刊登广告之后的电话跟踪服务，招生手册的分发，数据库的建立……一切纯商务公司能用到的手法，我们都用了，而且很多手法比当时的商业公司更创新。

这些手法，离不开顶尖商学院的智慧支持。中欧第一任学术委员会的成员来自法国 INSEAD 商学院、美国密歇根大学商学院、西班牙 IESE 商学院、英国伦敦商学院、瑞士洛桑国际管理学院、意大利博科尼大学 SDA 商学院、德国的 USW 大学等，无不是经验丰富。其中 INSEAD 和密歇根大学是中欧着力学习的榜样。

在管理上，中欧坚持"管理外派"。重要的管理人才，都外派到国外顶尖商学院学习，想方设法搞清楚人家是怎么运作的。中欧坚持一两个月的短期外派，回来消化一段时间之后，再进行下一轮的外派。我们渴望把国外商学院的好方法在短期内拿到中国来。短期培训部曾外派了 5 个课程助理到美国、德国、法国、西班牙，让他们在相近的岗位上工作，进行工作交流。

我的员工一个去了德国的 USW 大学，两个女孩儿去了西班牙，还有一个去了美国密歇根。他们从国外回来后，自豪地说："李先生，在教学、行政管理和服务上，我们一点都不比一流的商学院差!"我听了很高兴，一些大牌的外国教授也有同感。他们甚至拿自己的母校和中欧作比较，结果中欧让他们觉得更愿意为之服务。

在人力资源上，中欧彻底按照公司化运作，而且更为大胆。中欧的理念是：学历不代表一切，但员工过去的公司文化和组织文化、市场地位，很可能代表了这个人的价值观和发展潜力。中欧在挑选员工时，很注重其过去的工作背景。商学院和企业的本质都是为客户服务，为客户创造价值。所以，中欧喜欢挑选跨国公司或专业性很强的公司的员工，哪怕他们没做过商学院，但实质是一样的。所以，这些员工在基本纪律、做事标准、诚信上，无须中欧花太多时间培养。这是中欧的战略选择，也是战术方法。因此，普通职员也好，高层管理者也好，都来自一流大公司。这些员工让中欧如虎添翼，迅速地变为成熟的优秀组织。

"一根筋"和拼命文化

困境中的中欧国际工商学院要发展，需要良好的运营模式，更离不开强有力的组织文化。一个艰难创业的组织，需要什么样的组织文化?

中欧国际工商学院面临着高强度的压力，背负着高标准的目标——5 年内成为亚洲一流，这决定了它无法通过常规的人、常规的组织形态来实现。怎么办呢？只能超常规。超常规就需要非正常，非正常就需要一些非正常的人和组织，像傻子一样固执地延长工作时间，靠发疯似的加大工作强度来弥补市场的不足。中欧的文化基因从一开始就走上了这条轨道。

汤姆·彼得斯著有《疯狂的时代呼唤疯狂的组织》一书，他在书中写道："当今经济舞台的旋律已不再是华尔兹，而是伴着街头急促脚步的霹雳舞曲……如果你不觉得疯狂，你就没有跟上时代的步伐!""在这个疯狂的世界里，需要的是疯狂的组织和员工，更需要瞬息万变的组织和产品，以此来满足瞬息万变的市场。"

中欧的成长历史完全符合了这一点。作为创业者，我还要加一句，疯狂的组织呼唤疯狂的人。英特尔的安迪·格鲁夫、思科的约翰·钱伯斯、苹果的乔布斯，都是这句话的追崇者。安迪·格鲁夫曾说，只有偏执狂才能生存。这是优秀组织的外在表现，只不过他用一种比较特别的语言来表述。

很多人会问，中欧的员工为什么这么拼命？这股激情从何而来？辗转反思，原因有三。

第一是价值观。中欧在招聘时，对员工的语言能力、知识、工作背景都有严格要求，他们本来就很优秀。而中欧的创始人李家镐、张国华和我，都是没日没夜地干，感染了更多的优秀同事。同时，创业的煎熬让中欧的员工深切感受到，只有认真负责，把每个环节做好，客户才会认可你。中欧从零开始，最迫切需要客户的认可。为了以最快速度拿出高质量的东西，中欧的员工已经习惯了这一点：项目不完成，今天就不下班。

这种"一根筋"精神，在上海人看来，傻乎乎的。但靠小聪明、小精明，怎么能成大事业呢？所以，在创业阶段，有一些比我们更能干、更精明的人，早已离开了中欧，反倒是一群"傻子"坚持下来，而且获得了成功。对创业者来说，价值观决定一切。

第二是有愿景。1998 年，一本名叫《亚洲企业》的杂志前来采访，客观报道了中欧国际工商学院，评价非常积极。他们搞了一个评选——"亚洲商学院五强"，中欧入选前五强。中欧刚刚成立三四年，就已经入榜，这大大提高了我们的士气。另外四家亚洲领先商学院是：马尼拉亚洲管理学院、香港科技大学商学院、台湾政治大学 EMBA、新加坡国立大学。其中，马尼拉亚洲管理学院是美国政府和哈佛大学在 20 世纪 60 年代就重点扶持的学院，其他几个学院也都有几十年历史。但中欧只用了短短 4 年，就与他们一同入围。

第三点是给中国人争气。1994 年，还在交大闵行校区办公的时候，我和张国华去餐厅吃饭，当时有两个欧盟官员坐在我们邻桌，一个是德国人，一个是西班牙人。他们用英语轻声交流着。其中一个问："你觉得这个项目会成功吗?"另一个耸耸肩，一脸无奈地说："欧盟在中国的奶牛项目、牧草机械项目都失败了，而且毫无交代……"

这种消极的态度，让我们一阵羞愧。我们并不反感这两个人，我心里一直问，为什么中国人做不出世界一流的东西，总被人笑话？我们就是要去拼一把。欧盟对中国的援助项目有很多，但成功的不多。不能怪时代、怪物质，归根结底是人的原因。欧洲人怀疑中欧商学院的项目能否成功，我们就得有这个气度，一定要成功。

这种种因素，让中欧形成了自己的文化，就是"一根筋"文化、"傻子"文化：只要认准一个东西，一门心思干到底，不往两边看，一个组织就成功了。这就好比德国、日本的家族企业，代代相传。一家德国家族企业掌握着全球缝纫机钢针 70%~80% 的市场，也掌控着诸多专利，别人根本进不来。他们不会去做房地产，不会去搞时髦的东西，就成功于"一根筋"。中欧也具备这种精神，直到后来我自己创业，也愿意用那些在中欧工作过的人。

对中国这样一个 20 世纪下半叶才开始觉醒的国家来说，要追上已经发展了一两百年的国家，必须没日没夜地干。甚至，这都不够，一定要专业、敬业，追求卓越，把一切都做到极致。这个世界没那么多捷径可走。

中欧的伟大就是最初的一批人玩命地干。说中欧的成功是因为有智慧，这并不正确。中欧的成功来源于勤劳。为了一个信封的设计，中欧的员工都要讨论到深夜，这绝对说不上是明智之举，但这是为了追求一流，为了自己的愿景而勤奋工作，最终做成了一件事。

第六章　打造卓越基因：教授

继承无价财富

商学院没有一流教授，就如同金碧辉煌的音乐厅里，没有一流的乐团，将失去存在的意义。摇篮里的中欧国际工商学院，同样面临这个问题。

张国华院长认为不能等一切硬件具备了才开始，一流商学院的本质是一流的师资队伍。中欧在连校园都没有，“寄人篱下”的情况下，优先考虑教授资源，这个逻辑非常成功，踏准了战略之路。

要吸引一流的学员，必须有一流的课程，而一流的课程取决于一流的课程生产者，这个生产者就是教授。如果能得到一流的教授，商学院就能迅速建立品牌，树立自信，打开市场。不过，要聘请一流教授，谈何容易。如果商学院已经有了顶级品牌，当然追随者众多。然而，对于一所没有名气、没有品牌、没有设施的商学院而言，教授、员工、课程、生源，每一个环节，都是从零开始。创业者唯有靠自己的雄心壮志和聪明才智，才能打破僵局。可以说，任何一环的建立，都不是一蹴而就的；任何一环的突破，都需要花费血本。

对于教授这项商学院最值钱的资源，单纯用钱买不来，更要靠行政管理者的工作效率、对市场的前瞻性把握，以及他们灵活使用资源、广泛营销及公关的能力，才能吸引到优秀的教职队伍。中欧国际工商管理学院一直在摸索。在教授身上，中欧下了很多工夫，形成了一套自己的教授管理系统。

比起其他商学院，中欧最幸运的是，成立之初就拥有一些珍贵资源，那就是中欧管理中心的核心教授。中欧管理中心在1984～1994年的创业过程中，曾经有91位访问教授从英国、德国、法国、意大利、比利时、丹麦、荷兰、西班牙、希腊、爱尔兰、葡萄牙加盟进来。在中欧成立前夕，还剩下一二十位核心教授，包括来自剑桥的顾凯诗，来自沃顿商学院的马克斯·博伊索特，来自曼彻斯特商学院的霍华德·沃德（Howard Ward），来自INSEAD的温伟德，来自荷兰的奈尔洛德商业大学的谢家伦和安德烈·威尔茨玛（Andre Wierdsma），西班牙IESE商学院的佩德罗·雷诺和任杰明、白思拓（Alfredo Pastor），哥伦比亚大学的伯德·施密特，德国汉堡大学的方伟翰（Wilhelm Pfahler），德国的彼勒费尔德的冯勇明，美国加州大学洛杉矶分校的霍斯特·本德（Horst Bender），美国新奥尔良商学院的柏唯良，巴黎第三大学的居伊·奥立维·福尔（Guy Olivier Faure），以及后来加入的密歇根大学的杨国安，来自南加州大学的忻榕，来自中国的吴敬琏、江平等教授。

尽管他们数量不多，但绝对是教授中的精英。他们分布在各个主干学科，如市场营销、战略、人力资源管理、公司财务、生产与运营、管理概论等，每一个人都有看家本领。

这些教授非常热爱中国，对这个飞速发展的国家充满了好奇。他们在中国教学的同时，亲身经历了中国改革开放的巨大变革，也提升了自己的学术价值，形成了“中国背景”，即便西方商学院的教授也不具备这种竞争力。同时，这批教授也深知这种竞争力在中国未来的巨大潜在价值。所以，他们义无反顾地选择了中欧。

继承了中欧管理中心的核心教授，中欧如同含着金勺出生的婴儿，无比幸运。欧方代表杨亨回忆说：“中欧国际工商学院为什么会成功？一个重要原因就是有现成的队伍，拿来就可以用。这些人一待就是十几年、二十年，他们不是为了钱来的，为了钱就不会来中国。他们对中国有一种情结，对中欧国际工商学院也有了感情。所以其他商学院开高价挖他们，他们都不为所动。”

10年后，中欧的教授数量已经翻了几番，但审视一番就会发现，这批来自中欧管理中心的教授依然是教授队伍的核心。他们在中欧创立之初，作出了不可磨灭的积极贡献。

霍华德·沃德教授情牵中欧20年，是在中欧执教时间最久的教授。早在1984年，来自英国曼彻斯特商学院的霍华德就在中欧管理中心为中国最早的MBA

学员教英语课程。他曾饱含感情地回忆说："1984 年 9 月 1 日，我走进位于北京西郊的教室，这里四壁徒墙。欧盟给我们提供的每一样教学物品：白板笔、电脑、复印纸、复印机……都被卡在城市另一边的海关仓库。那天早上，坐在我面前的是 36 位渴望开始 MBA 学习的学生。这就是中欧管理中心第一届 MBA 学生开学第一天的情形，他们正是我们最早的校友。"几年后，霍华德亲自介绍了另一位重要教授——顾凯诗来到中国，让他也结缘中欧。

顾凯诗不远万里来到中欧，是中欧国际工商学院执教最久的教授之一。这位拥有世界顶尖学府剑桥大学博士学位的英伦人，从 1990 年开始，就在北京中欧管理中心为中国最早的 MBA 学员讲授组织行为学。他经常骑车环游北京城，并对我说："在北京市中心骑自行车又快又安全，汽车很少!"1994 年，顾凯诗与他执教四载的中欧管理中心一起，来到上海，成为学院第一位长期教授，继续为中国管理教育传道授业解惑的事业。在他来到中欧之后，我亲自给他取了中文名字顾凯诗，他逢人就夸，非常喜欢这个名字。17 年过去了，中欧的校园中，他身影依旧。回忆起当年他上课的场景，最早的中欧管理中心学员仍赞叹不已。

拥有相似经历的还有安德烈·威尔茨玛，这位教授是访问教授队伍中最钟情中欧的代表。1986 年，安德烈·威尔茨玛教授开始为中欧管理中心第一届 MBA 学员讲授组织行为学等课程。到现在，安德烈教授仍然是学院的访问教授。

这一大批优秀的教授，自学院创立伊始就一直在中欧执鞭。他们长期扎根中国、扎根中欧，把自己的人生和智慧倾注在中欧国际工商学院及中国管理教育的发展进程中。

在中欧，有一位中国的经济学泰斗，他就是吴敬琏教授。从 1985 年开始，他在中欧管理中心做"中国经济"讲座，中欧成立之初就成为学院学术委员会成员之一。1996 年，吴敬琏教授成为学院的核心教授，2002 年成为宝钢经济学教席教授。吴敬琏教授为学院的 MBA 和 EMBA 学员讲授中国经济改革课程，受到全体师生、员工的极大尊崇。他以渊博的知识，正直、谦逊的人品深深影响着中欧的师生们，成为学院的"镇院之宝"。

表 6－1　中欧管理中心教授来源概况

国别	教授数量	学校（举例）
比利时	6	鲁汶大学、安特卫普大学、根特大学
丹麦	3	哥本哈根经济与商业管理学院
法国	18	HEC-ISA、ESSEC、欧洲管理学院、INSEAD、索邦大学
德国	12	彼勒费尔德大学、科尔伦兹合作管理学院
希腊	3	雅典经济学院
爱尔兰	5	都柏林大学
意大利	6	博科尼、都灵大学
荷兰	6	奈尔洛德商业大学、鹿特丹伊拉斯姆斯大学、特文特大学、格罗宁根大学
葡萄牙	2	卡托利卡大学（里斯本）
中国	3	清华大学、中国人民大学
西班牙	9	IESE、EADA、巴塞罗那大学、卡洛斯三世大学（马德里）
英国	18	剑桥大学、伦敦商学院、曼彻斯特商学院、牛津大学、克兰费尔德大学
合计	91	

放弃假期吸引一流教授

中欧管理中心的教授是无价的财产，但这远远不够。中欧工商管理学院还得四处“挖教授”。

中欧的思路是：想办法吸引海外的教授来上课，先做短期访问教授，如果效果好，就发展为长期访问教授。这是筛选教授的好办法，也是伦敦商学院、法国INSEAD、西班牙IESE商学院、香港科技大学商学院运用全球资源最成功的做法。

同时，中欧注重发展具有国际背景的华人教授，争取让他们留下来。由于中欧的师资、课程都是中外结合，所以中欧有“最国际的中国商学院、最中国的国际商学院”的说法。在中欧最早的10年，“Learning Interface”是中欧的口号，其内涵和外延包括了国际化和本土化的双界面融合，你中有我、我中有你。今天全球化的核心和本质就是Learning Interface，中欧不仅掌握了这个基点，而且起步较早，占据了优势。中欧的Logo“合”是一位法籍华人设计的，也暗含了中西合璧之意，体现了中欧一贯的理念。

在邀请教授方面，中欧还有体制优势——学术委员会功不可没。10位德高望重的成员都是全球管理学领域的重量级人物，他们利用自己在商学院圈子里的巨大影响力，大力邀请知名教授；另一方面，欧盟也很支持中欧国际工商学院，鼓励教授来中欧上课。不过，一系列“利好”都遇到了瓶颈：那就是时间问题。

著名教授的时间表，就是教授和学校获取收入的最初资源。但一个教授要达到如此水平，少则一二十年，多则二三十年，甚至更长。曾经有著名教授造访中欧，此时我与EDP的欧方主任已经对市场有了感觉，市场把握度也在不断增加，想试用一下全球著名教授，比如彼得·威廉森（Peter Willamson）、加里·哈默（Gary Hamel）等。当他们把全年的日程表展示给我们时，我们惊呆了。这些教授的工作日程已经提前一年就被预订了90%，剩下的时间都是不容易被客户选中的。我深刻感受到，大牌教授是稀缺资源，也是全球商学院争夺的焦点，他们分身乏术，根本抽不出时间来中国！

这个问题很棘手，让中欧上下冥思苦想。经验丰富的外籍院长们注意到，教授在学术假期（Sabbatical leave，此休假时间可长达一年）和寒暑假比较空闲；另一方面，教授们在学术假期可以到本国和本国以外的商学院任教。

这就是突破口！中欧的院长和各部门总监开了不下10次会议，讨论如何合理安排时间表，统筹管理课程安排，真可谓是费尽了心机。最终，中欧创造性地提出：在假期开课！用这种办法把全球的一流教授吸引过来，为我所用。

作出这一决定，也就意味着中欧要放弃寒暑假。但为了一流的品牌，中欧毫不犹豫地舍弃了假期，从而成为国内唯一没有寒暑假的高等学府。中欧找到了全球最优资源的缝隙，把整个地球看做一点，成功争夺到一批宝贵的教授资源。可别小看它，这是一项复杂的系统工程，中欧摸索了两年才逐渐成熟。

在邀请教授时，中欧有自己的标准。第一，教授必须拥有海外著名大学的博士学位；第二，教授必须有丰富的跨国公司顾问及教学经验，我们称之为“公司经验”，其重要性怎么形容都不过分。在中欧，四五年的公司经验都不能称得上丰富。柏唯良教授曾在飞利浦、美国的托利多衡器公司（Toledo Scale）工作了9年，才称得上丰富。只有实战经验丰富，才能准确把握管理的实质，才能提供一流的课程。比如霍斯特·本德在巴斯夫（BASF）的北美分公司担任了10年营销总监，教授销售队伍管理……

在这里，恐怕不得不提到中国管理学师资的结构性落后。中国的教授有高学历，发表过文章，但他们缺少实践性经验。我不能想象，一个教市场营销的教授，从来没有做过市场营销。哪怕他拥有一流的博士学位，在一流杂志上发表过文章，都无法弥补这一结构性缺乏带来的遗憾：他们与实践结合的能力几乎为零，因为他们对企业实际一无所知。如果对现实都一无所知，他们怎么能指导现实的革新呢？

商科是经验性的学科，需要时效性、实用性“两条腿走路”。缺了这两者，其研究的意义就不大。国外教授不一定都是一流大学毕业，但拥有丰富的实践经验。公司实践背景的重要性甚至超过了他们发表的文章。所以，他们为学员带来了方法、带来了工具、带来了思路，自然受到学员的好评。这种教授才是真正的商学院教授。国外商学院评价教授，实践时间必须达到一定标准，达不到就逼他们去走访企业、搞研究、作咨询。因为任何与商业有关的学科都必须精通公司运作。

国外教育的先进是由其先进结构决定的。中国商学院的师资是结构性的落后，我最反感的就是中国教授说我们是给你思想方法和战略，不一定与实践结合。吴敬琏教授说，不能空谈战略，也要讲“战术”，我很赞同。一个教授能提供思想方法、战略思想固然对，但如果能提供与实际结合的具体方法、实施方法的工具，不是更好更完美吗？我们做任何工作，就是朝着完美的方向迈进，而不是寻找无法达到的理由——那是赖皮，是一种极其落后的心智模式。

我理解的商学院的一流教授，不仅要有一流的博士学位，更要有实践经验。这当中，只有企业咨询经验还不够，更要有企业管理者的经验，从事多年的企业管理工作。在成为教授后，常年与企业保持密切联系，并与一定数量的优秀经理人来往密切；文章在一流杂志上发表如同家常便饭；有机会去一流商学院授课，有相当数量的短期培训课程……在中欧的10年经历告诉我，凡是具备以上标准的教授，他们具备结构上的先进，其教学和研究质量才能称得上一流。哪怕他到一个陌生地方授课，学员的反馈也会很不错。

同时，教授除了能胜任中欧的教学研究工作之外，还必须对中国有兴趣，喜欢中国。这可谓是中国特色的教授筛选标准。但我们惊喜地发现，很多教授对中国的历史文化、经济发展，都有特别的感情，所以他们来到中欧，长久地留在这里。

以中欧管理中心的教授为例，他们原本在北京安了家，却愿意跟随中欧，到一个全新的城市去工作，这既是教授的中国情结，也是中欧的魅力所在。在这之后，陆续有世界各地的其他教授加入，他们愿意亲身感受中国经济发展的脉搏，愿意在中国完善他们的科研视野。据统计，从1994～2004年的10年间，超过330名来自世界各地的教授到中欧讲学，无形之中创造了商学院的世界之最，拥有最多的管理类访问教授。中欧还创造了很多世界之最，在后面会一一介绍。

给教授一个来中国的理由

在中欧的MBA、EMBA、EDP三个业务部门，教授资源都优先让MBA和EMBA使用，EDP部门只能用剩下的，论资源排第三。但在销售额和利润上，商学院的院长们又期望EDP比学位班贡献更多。这明显是一对矛盾——学校要靠MBA和EMBA打品牌，但从财务上看，MBA在理论上是亏本的，而实际上亏得更多；EMBA理论上可以赚钱，但要保证师资；赢利的重担压在EDP身上。

吸引教授策略是整个中欧的策略。但在最初几年里，好的师资就那么十几个人，两类学位课占用了大部分资源，EDP只能自己想办法，另辟蹊径找教授。

中欧需要大量聘请海外访问教授，肯定会涉及到报酬问题。如果放到世界范畴，与海外商学院比，中欧的薪酬可能不算低，但肯定算不上高，只能说中等。教授们都很实际，有薪水拿就愿意来上课，问题是，我们的校园并不在纽约或者加州，也不在欧洲某个城市，而是在大洋彼岸的上海。光是从美国飞过来就要十几个小时，长途旅行很遭罪，到了中国还要忍受时差问题。单凭这些，以中等的工资就没法吸引到好教授。

没有教授，短期培训部就得喝西北风。怎么说服教授忍受长途跋涉之苦，来中国赚一点“稀饭钱”？我冥思苦想，认为还是得强调优势，打“中国牌”。我精心写了一封Email：“你不能忽视一个崛起的市场，一个世人关注而且高速发展的经济体。中欧国际工商学院有着严谨的学风和挑剔的目光，诚邀你加入。如果你来过中国最优秀的商学院任教，有一段中国经验，回到美国一定有市场。毕竟，从华尔街到企业界，‘中国概念’如雷贯耳，企业趋之若鹜，北美的商学院也迫切希望打开中国市场。”

这封Email曾经被发给许多教授，很多人冲着“中国概念”来到中欧。我想补充说明一下，或许这些教授在美国不是最有名的，但他们确实符合中欧要求的素养和品质。中欧从一开始就志在“亚洲一流”，不会随便降低标准，但也不会盲目追随大牌教授，而是信奉自己的标准。

教授愿意飞到一个发展中国家，这是中国市场的魅力，我们用市场换取了人才。后来，有的教授干脆留在了中国，有的教授则不厌其烦，几十次飞到中国。中欧目前还有很多访问教授，但从他们出现的频率来看，俨然就是中欧的长期教授。在中欧组建足够的固定资源之前，用流动的资源来满足学员需求，这是很成功的。

聘请市场营销课程大牌教授柏唯良的过程，就十分典型。

1996年，柏唯良在学员心中还很陌生。那时候，他还没有获得美国新奥尔良商学院终身教授资格。中欧只是聘请他做MBA教授，由于职称限制，他还不能为EMBA和EDP上课。但是我能感受到他的热情和梦想，安排他为短期培训课程试讲了一次。出乎我意料的是，学员对这位年轻的教授印象良好，反响颇佳。

考虑到市场营销课程的需求量很大，跨国公司、民营企业都需要，我对他备加留意。几个月后，我在上海开了两个公开课，请他主讲，学员们觉得很到位。这就进一步增加了我对他的信任。事实上，EDP部门付给他的工资是短期培训部教授中最低的，只是稍微比MBA高一点。作为反馈，我们当年就给他调高了报酬。这下子，柏唯良更加卖力，在北京的一个公开课又博得了满堂彩。

正当我们准备把他的"档期"排得更满时，柏唯良却告诉我，他要回新奥尔良写论文，申请终身教授资格。我只得让这位"票房高手"离开。在大半年时间里，中欧虚席以待，我也一直与他保持联系，关注他的动向。到了1997年，他如愿以偿获得终身教授资格，却打算回香港科技大学教书。

当头一棒。我急了，我承认香港科技大学的薪酬比我们高，但它的市场比我们小，课程量少。我问他："你是看工资还是看市场？这是个战略选择问题。"

柏唯良微一迟疑，回答说："当然是看市场。"

显然，对短期培训部的教授来说，上一节课，拿一节课的钱。今天工资高不代表未来好，如果一个地区的市场潜力巨大，那么教授未来的待遇一定会好。

他很清楚这一点。接着，我向他强调了中国市场的美妙前景，有市场就代表有未来。我对他承诺说：EDP每年都会加薪，中欧真诚地希望他加盟。

这个充满战略思考的问题，说服了柏唯良，他这一待就是14年。他的收入确实每年在增加，其增幅肯定超过了另一个选择。

EDP：以情动人请教授

名牌教授就像明星，满世界飞。而且教授比明星更厉害的是，他们都是高智商。中欧国际工商学院有一句话，当教授成为商人，他们比商人还商人。如果用硬邦邦的制度来约束他们，恐怕院长出场也没用。教授是否愿意来上课，还得以情动人。

我每年要在自家草坪上搞两次 Party，每一次都请季诺餐厅送餐。举行 Party 的那一天，草坪上架起太阳伞，季诺餐厅的服务员穿着西装打着领结，为我们摆上自助餐，倒上啤酒、葡萄酒，然后在现场炸牛排。外籍教授们都来，乐呵呵地聊天喝啤酒。这一天，我部门的员工也会来，他们坐在门廊的台阶上、客厅的沙发上，吃喝玩乐。各种肤色的小孩子在草坪上跑来跑去，兴奋得不得了，我女儿也在其中。

这样的 Party 很热闹，确实拉近了我们与教授的距离，但搞一次要花几千元。张国华和伯特·博纳德院长听说后，知道我不是为了娱乐，而是为了工作，于是主动表示："你的花费学院来出。"听罢，我笑了笑："有你们这句话，我就满足了。"两位院长愿意买单，这是中欧务实的文化，也说明他们真正理解我、支持我。而我之所以谢绝，则是中欧创业者的价值取向使然。

在 Party 之外，我还会按照西方礼节，赠送给教授一些小礼物。它们并不值钱，但却让教授知道，我们尊重他、重视他、时刻想到他。这些小礼物，有时单位出钱，有时我来掏钱。比如，我曾经给一个大牌教授的孩子买了双球鞋，他感动得不得了，每次见面都会提到。之所以给他孩子买礼物，是因为这位教授每次来中国，都会在电话里和太太谈孩子的成长、考试成绩、钢琴……特别爱孩子。

同时，我在乎教授的感受，为他们着想。

有一位教授是某个领域的权威，他在全世界上课。很多名校对他翘首以盼，不仅给他买商务舱机票，还派礼宾车在机场接他。但是中欧不同，所有经费都是省着花，坚持只能给他提供经济舱。我也急了，这样的话怎么能请得动这位教授呢？他们刚刚走出欧洲的商学院，马上要乘坐十几个小时的飞机，这种滋味可能每个出过国的人都体验过。如果提供商务舱机票，教授就可以躺一躺，能休息得好一点。

我向院长介绍了这位教授在海外受到的待遇，指出他们的待遇是由市场价值决定的，建议还是要提供商务舱。院长被我说服了。而教授们挺感动，他们知道中欧很严格，很少在待遇上让步。

此外，我总是尽量满足教授的尊严。最初，教授来 EDP 上课，和我这个总监见个面，上完课就走了。后来，在博纳德院长、张国华院长的支持下，只要是大牌教授，我都会请他去见院长。这样一来，即便是访问教授，也觉得受到了关注，见到了商学院的最高领导。

付出了这么多，当我再开口请这些教授上课时，他们很难说不，都很愿意帮忙，甚至会为了EDP的课程而挪动MBA或者EMBA课程的时间。首任外籍院长冯勇明发现了这个问题，严肃地问我："你怎么能让他们改动学位班的时间，这会打乱教学秩序。"我这才意识到教授悄悄做了什么。我坦然告诉院长：我确实不知道，我询问他们是否有空时，教授的回答都是"有空"。

一流教授也遭"黄牌警告"

中欧国际工商学院追求卓越的性格，注定了它对教授的要求十分苛刻。不论多么有名的教授，都不能简单信任他的背景，而是需要在中国土壤里检验。

不过，我心目中的一流教授不会因为他第一次去东欧或者非洲就影响发挥，变成二流教授。事实上，哪怕他们第一次到某个国家，也能在首次站上讲台的三四个小时内找到准确定位。虽然教室里的学员层次不同，有不同需求，但这些教授能迅速摸清不同人群的需求。一堂课的成功，就是让课堂上最多数的人得到满足，讲授的层次既非高端也非低端，而是从需求最宽的地带下手，不为少数人服务，也不自我陶醉，这是一流教授的独特魅力。而二流教授往往找不准需求，这正是差距所在。

把教授请上讲台并非就万事大吉了，相反，这只是一个开始。商学院要对教授进行管理。中欧的想法很清楚，一流的课程质量离不开教授管理制度的建立，学员满意才是最高目标。如果教授与这个目标发生冲突，那么我们会毫不犹豫地与一流教授"交锋"。

教授在开始一段课程之前，就面临一个特殊的测试——试讲，通常，中欧的德国院长冯勇明会将它安排在晚饭后。我参加过哥伦比亚大学的一位德国教授伯德·施密特的试讲——关于品牌。在一个大会议室里，大家围坐在一起，被请来的教授要在两个小时内，讲述他在未来几个星期内如何讲述这门课程。中欧并不是要求他把所有的上课内容展示一遍，而是听他谈思路，谈准备怎么上这门课。学术委员会成员出面亲自试听，表明中欧管理者对课程质量的严格要求。

在每个课程模块之间，都会举办这种会议，而且欢迎各部门的总监参加——可不是白听，要提出建议。有时候，某些建议还相当尖锐。比如，教授在介绍授课计划的时候，如果过于强调他的主张，就会受到院长、学术委员会专家的挑战。问题的对错是其次，你主张一个东西，要能够论证，要经得起争议。有了反馈，他日后上这门课，质量就有了保证。

而当一个教授上完一期课程之后，学术委员会还会针对他的教学质量进行评估、总结，并决定下次是否继续聘用。对教授的教学反馈和评估来源于三个方面：学员、行政管理人员、学术委员会专家。缺任何一方，评价就难以客观。评价结论决定了教授的去留，也确保了中欧能保持高质量的教学质量。这当中，学员是我们的客户，他们的评价最为重要。如果他们给教授打分不高，我们就换人。

EDP 的每一门课程，都有一位课程助理、一位替补助理。课程助理非常负责，只要看到学员对教授的反响不太好，马上会通知课程运营经理，或者直接通知我，甚至会极其负责地说："再这么下去，课就没法上了。"对于一个市场化的商学院来说，学员的满意度决定了未来的订单数量，我必须干预。

问题反映给我后，我会先看看教授的学术、业绩，判断一下他们的水平。通常情况下，教授都有傲人的简历，不应该上砸一门课。上砸的原因可能有几种情况：第一，他对中国的情况不了解，对学员的情况不熟悉。这样一来，他的课程与中国实际或者学员需求的结合效果就不好，特别是如果他的学术水平不是一流的，这一缺陷就更加暴露无遗。第二，进入课程时的定位偏了，要么定位过高，要么过低，使得大部分人不满意，整体评价就低了。

不管什么原因，都需要立刻调整。第一步是沟通，把情况反馈给教授。我不会以非常正式的方式告诉教授，说"我现在通知你学员的反馈情况"之类的话，那样，教授会很反感。我有自己的一套办法，那就是借助咖啡茶点和午餐时间，这可是交流的好机会。

只要我找教授谈，课程助理就会默契配合，在餐厅留一个位子给我，就在教授旁边。共进午餐时，教授会主动问：今天上午的课程，学员对我的反馈如何？这时，我会先说："很好，不错。但是……"几乎每个教授听到"但是"两字，都会紧张起来，眼神里流露出几丝不安，死死地盯着我。这很尴尬，但我不得不把话说出来：学员反馈有些问题……听到这儿，有的教授会表示在课堂上已经感觉到了，有的教授则会很惊讶。但在第一时间，他们往往会抛出一堆客观理由。教授们都有自尊，他不会保证会改，不会答应你达到什么效果。但我发现，每次和我交流之后，教授上课时会明显有所改变。当我们再次调查学员满意度时，发现评价已经大幅提升。

曾经有一次，某美国名校短期培训部教授来中欧教战略管理课程，中途，有个别学员强烈不满，认为教授讲的内容太简单，完全不是他们期望的。这个棘手的问题，虽然是少数学员提出的，但我还是准备出面交涉。

中午吃饭时，我坐在教授身边，把反馈娓娓道出。我的分析比较客观，先肯定了他的水平，肯定他在这个领域的地位，肯定他为课程作了认真准备；接着我指出：你的重点过分简单，案例也不够充分，而且没有互动交流。别看这些大牌教授嘴上不承认，但第二天上午，他就作了重点划分，增加了案例和交流，可以说完全接受了我的建议。

和教授之间到位的交流，换来了他们到位的调整，保证了中欧的课程质量。我是“管”教授的高手，因为我的个性就是敢说话。中国人和老外在一起交流，不在于你的英语好坏，关键在于你敢不敢说，敢不敢挑战老外。很多人不好意思说，其实只要自信、有道理，老外就会服你。

有时候，某些教授听到我的反馈，会和我争得面红耳赤，毕竟人家是某个学科的全球顶尖人物。他的理由听起来很充分，好像比我有道理，其实我很清楚，不管他接受不接受，我的目的已经达到了：只要我表达出来，他们就受到了挑战，接下去就会加倍留心，作出调整和改变。如果我回避问题、拐弯抹角、藏藏掖掖，就是挡住了客户的意见。说实在的，根本不需要过于维护教授的面子，但组织的利益却必须维护。如果强调个人的面子，那么这个商业组织就没有竞争力。相反，坚持挑战自我，一个组织就会优秀。在我的经验中，这一点相当重要。

我欣赏一本书，名叫《关键时刻 MOT》。问题的解决不在于急于寻找方法，而在于正确且客观地把问题描述出来，然后再对症下药。对问题的客观描述，是解决问题的基础所在，描述得过于夸大或缩小，都不利于问题的解决。我和教授的沟通，就是在关键时刻说了客观的话，指出客观存在的问题，然后再寻找解决的方法。

教授被“红牌”罚下场

国内很多商学院把教授看得比学员更重要，就好比二流剧院好不容易请来了当红明星，唯教授马首是瞻。对这些商学院而言，因为学员不满意而得罪教授，简直是匪夷所思。而中欧从建校一开始就严格要求，让不合格的教授“卷铺盖走人”，打破了中国随处可见的“一团和气”、“面子文化”，建立起一套师资的快速反应系统、质量调整系统。这充分表现了中欧以客户为中心的市场化办学机制：以学员为导向，以市场为导向，而不是以教授为导向。

中欧的学员就是上帝，哪怕教授有100个理由，也不能和上帝的满意度相比。如果学员反应强烈，那就不是找教授谈话的问题，而是“红牌”罚下场，然后让其他教授临时“救场”。这在中欧并不是稀罕事。

1996年，北美一家顶级商学院的大牌教授来中欧上课，他是中欧另一位重要教授介绍来的，拥有漂亮的简历，而且在全世界的“生意”都很好。奇怪的是，学员们上了他的课，反映十分强烈，甚至不接受他继续任教：全体学员聚集在餐厅里，坚决不进教室，以示抗议。

德国院长闻讯，当即决定终止这位教授的授课，由推荐他的那位“介绍人”上场，把剩下的课上完。中欧那位“救场”的教授内心肯定不高兴，但他接受了学员不满意这一客观事实，也接受了中欧的理念，接受了院长的解释和安排，马上走进教室。

看到这一幕，我觉得是情理之中。被“红牌”罚下的教授对中国国情不了解，对学员层次不清楚，准备不充分，对中欧的课程有点主观臆断、想当然，所以让学员无法接受。而学员毫不客气地群体爆发，也是因为中欧在创业和创品牌的初期，起点高，学费贵，学员高度敏感。其二，学校在招生时就放话，承诺“以客户为导向”，这也给了学员一个暗示：学校会满足一切合理要求。于是乎，学员的期待很高，对教授越来越挑剔。

亲眼目睹教授走人，学员非常满意，他们觉得中欧对自己的任何反馈都有积极回应。中欧的品牌，就是在学员的挑剔和一次次危机中创立起来的。

在我执掌EDP部门期间，“救场”事件发生过几次。全球一流商学院的教授来上市场营销，可是学员反馈不佳，最终让他提前“退场”，这已经成了中欧的“招牌”做法。对MBA学位班来说，一般是上完一个合同期，效果不好就不续签。而对于EDP部门和EMBA部门，由于教学周期短，一些教授被提前结束课程，由更好的教授来“救场”、“救火”。这看似临时补救，质量上会有缺陷，但中欧的学员对这种做法很敬佩、很认可，也很满意。这种过程，恰恰是中欧这个优秀组织最了不起的地方。

学员的反馈就是最高指令，这一点，中欧做得淋漓尽致，连很多国外商学院都无法匹敌。国内某些学院长期让不合格的教师授课，中欧却坚定地调整，这是品牌内涵的体现，也是中欧的品牌塑造之路。结果，教授高度关注满意度，课前准备高度认真，务求让学员满意度达到最高状态，从而实现了良性循环。

如果院长与客户导向原则冲突，院长也要让路。中欧某位外方院长有一辆奔驰车，总是把车停在学校大门右边第一个位置，这里停车进出最方便。后来，EDP部门的曹淑溧发了封Email给我，反映院长把方便留给了自己，把麻烦留给了客户。我在总监会议上直接提出，外方院长当即表示接受。从此，中欧不设院长车位，也不允许放在最佳停车位，因为最好的位置要留给客户。可见，中欧志在建立基于客户导向为首要价值观的文化。标准高于一切，这是西方管理最可贵的地方，让我印象深刻。

准备，准备，再准备！

教授要成功，不能只为钱，而要有自己的定位。比如，中欧请国外一些大牌教授来授课，开价不菲，教授固然能赚到钱，但如果这门课不是他的强项，那么，不同的教授会有不同的情况。有一类教授会认为，这一科目不是他的专长，临时备课效果不好，他就不愿意上。这时候，中欧会尊重教授的意愿。

另一类教授认为，他能上好这门课，事实证明，效果也确实不错。

还有一类教授，他们来上了课，但授课效果不佳。这主要是由于他们准备不充分，或者学院没有和他沟通好。

多年与教授打交道，我深感准备工作是一堂课成功的关键，因为每堂课的学员不一样，课程的侧重点、深浅把握、案例准备也就不同。过分自信往往会把一堂课搞砸。中外那些大牌的教授往往容易出现这种落后的心智模式：自己的底子好，无须认真准备。这恰恰是某一次课程失败的根源。

可见，无论“大牌”“小牌”，都要准备。在中欧，如果一位教授明天有课，今天很难看到他们去酒吧，去朋友家聚会。哪怕一门课已经准备好了，而且上了两天，只剩第三天的课，这时候，再好的朋友拉他出去，他也会说一声“对不起”，不会去喝酒聚会，而是打车先走。在客户与朋友之间，客户总是被优先考虑。有的教授突然想到某个案例放进去会更好，他就会让助手去找这个材料，甚至临时翻译。这就是一种职业精神，任何从事这一行业的人都应该具备。

一流的教授不会让课程质量有丝毫降低，他们应该是完美主义的追求者，我认为有的人甚至是轻度的“精神分裂”。但就是这种“精神分裂”，让他们高度专注、排他，沉浸在他个人的愿景和目标中，有时为了让课程翻译做到极致，他们甚至大发脾气。我能理解，这是用一种非正常的执著去对待他的事业和工作中的一切。中欧有这样的教授。或许同事会觉得他不可理喻，但他把不舒服留给同事，把最好的东西给了客户，赢得了学员的欣赏。

留住一流教授

中欧的教授有好几种，按照中欧的习惯叫法，分成访问教授（Visiting Professor）、核心教授（Core Professor）、长期教授（Permanent Professor）、兼职教授（Adjunct Professor）。

最初，我们只能邀请到访问教授，如果遇到很满意的，就变成核心教授，最后是长期教授。

经过一段时间的磨合，中欧确实遇到了不少优秀的教授。中欧的创业者深切感受到，“所谓大学者，非谓有大楼之谓也，有大师之谓也”。教授队伍是决定能否建立一所世界一流商学院的根本性资源。因此，要实现创办一流商学院的梦想，就不能完全依赖客座教授，他们满足不了学院长期办学目标的需要，必须组建一支属于自己的大师级长期教授队伍。

为了得到教授，中欧想了很多办法，以情动人，下真工夫，用真诚打动教授。中欧的成功是由一流的内部客户管理带来的。一句话：细节决定成败。

从接触教授时起，哪怕双方还未见面，中欧就已开始注重细节。如果教授同意来上课，课程助理会与他进行密切沟通：课程要求是什么，学员的数量、层次、所在中国公司的背景等等，全部用 Email 发给他。可以说，除了面对面之外的沟通方式，其他的中欧都用上了。哪怕只有两天的课程，中欧也这么认真准备。因为沟通彻底、对学员了解充分，教授上课就有的放矢，学员就满意，中欧的课程销量就好。

中欧的细致，在于无可挑剔的沟通与衔接。当教授还在万米高空，课程助理已经等候在机场，酒店、行程也都已经安排妥当。接待他的课程助理都是一口流利的英语，沟通没问题。教授入住酒店后，他自己会设置酒店唤醒，但第二天早上，他还会准时接到课程助理的提醒电话。如果教授订了车，车到了之后，课程助理会打电话或发信息，告知车已经到了。这些细节，看似琐碎，却是教授对中欧的第一感觉。

如果教授第一次来，我们会先让他看看教室，安排与课程助理和翻译见面。我敢说，所有在课程前他需要熟悉的，我们都想到了。这些操作规范，已经被编写在中欧的《欢迎手册》里，要求每个员工遵照执行。

作为短期培训部的主任，我对下属的要求是：如果教授不断地提问，问某个东西方不方便、准备好没有，就说明我们的工作没做好；只要教授有问题，就说明我们的管理有问题。我们的工作目标就是让教授无可挑剔，而且比他期待的更好。

开课的时候，教授走进教室，会发现桌上铺着干净的台布，上面还插着绽放的鲜花。这是中欧 EDP 的特色，每次上课都要放花。教授看了，先是惊讶，随即绽放微笑。要知道，国外商学院都很少摆放鲜花！教授的心情一下子就很舒畅。

世界各地的教授有时候来得匆忙，连院长都没见到。但因为行政教务管理人员良好的服务，他们相当满意。有一次，一位土耳其教授来上课，到了午餐时间，餐厅专门制作了穆斯林食品。这是细心的 EDP 职员安排的。当我们了解到他是穆斯林，在饮食方面就作了特殊处理，严格按照穆斯林标准做。这位教授感动不已，说："我自己都没提出来，但你们想到了。过去我到其他学校做访问教授，几乎没有一个学校注意到这一点，我只能坐在普通餐厅吃点素菜！"其实，别说是教授，就是普通学员，我们也会留意民族和饮食习惯，妥善安排。

很多欧美教授对中欧的评价相当高，他们觉得我们的服务比国外一流商学院的服务还到位。事实证明了这一点：教授们来过一次之后，又第二次、第三次来中欧。这就是最好的答案。

波兰、捷克等东欧国家的一些商学院，他们提供的工资明显比西欧商学院差一截，有时 1/3 都不到，但教授愿意继续去那儿，一个重要原因就是院方会安排旅游。这是第二任美籍院长传授给中欧的秘诀，中欧马上就借鉴，积极为教授安排旅游活动。

在教授的课程模块之间，有时候会有几天的空隙时间。外籍教授语言不通，对环境不熟悉，留在学校又很空闲。这时候，中欧会派车，并且让课程助理或者教务办行政人员陪同，带教授去上海郊区、江浙一带旅游。每次行程一到两天，费用支出由教务办公室负责。中国的景色，让教授们流连忘返，印象非常好。回到学校后，他们的上课积极性更高了。

说感情投资也好，人文关怀也好，中欧用自己的魅力提高了教授满意度，赢得了教授的认同，一下子缩短了与教授的感情距离。如果教授还不太情愿，我们会用中欧独特的资源来吸引他们：中欧的创业史，中欧在中国的发展前景等等。有时候对教授说一次、说两次还不够，我们就不厌其烦地说，最后他接受了我们的道理。只要是答应来中欧的教授，很难不来中欧第二次、第三次。

截至 2008 年年初，中欧的教授队伍大幅扩充，已经有 50 位长期教授，而访问教授的数量越来越少。中欧有 250 名员工，员工和教授比达到 5∶1，也就是说，5 名员工服务和支持 1 位教授，在全世界看，这个水平也是数一数二的。

在《金融时报》的全球商学院排名中，"师资国际化"一项，中欧连续 3 年位居全球前10名。12年来，中欧源源不断地吸引着全世界的教授，而且很少有来了又走、跳来跳去的。这说明中欧对自己优秀资源的管理非常到位，也是中欧的魅力所在。

表6－2　1994～2006年中欧国际工商学院教授来源概况

国家	学校	教授数量
阿根廷	IAE商学院	1
澳大利亚	澳大利亚管理研究生院，新南威尔士大学，莫纳什大学MBA学院	8
比利时	Loeff Claeys Verbeke	5
加拿大	大不列颠哥伦比亚大学，西蒙弗雷泽大学，加拿大Ivey商学院，维多利亚大学	15
中国	中欧工商国院学院，北京大学，上海交通大学，香港科技大学	74
丹麦	哥本哈根商学院	1
英国	伦敦商学院，剑桥大学，曼彻斯特商学院	22
法国	INSEAD商学院，HEC商学院	17
德国	彼勒费尔德大学	5
爱尔兰	都柏林大学	4
以色列	特拉维夫大学	1
意大利	博科尼大学，都灵大学	6
荷兰	奈尔洛德商业大学，爱因霍芬科技大学	11
新西兰	奥克兰大学工商管理学院	3
新加坡	南洋科技大学，新加坡国立大学	8
西班牙	IESE商学院；ESADE商学院	22
瑞典	斯德哥尔摩经济大学IIB学院	2
瑞士	洛桑国际管理学院	6
泰国	亚洲理工学院	2
土耳其	比尔肯特大学	1
美国	沃顿商学院，哈佛大学，密歇根大学，耶鲁大学，麻省理工学院，斯坦福大学，芝加哥大学	121
合计		335

第七章　炼就最严格的商学院

坚决不降低招生标准

生存压力之下，中欧国际工商学院的职员做梦都渴望更多的人报名，但志在一流的目标，始终让中欧保持严谨的作风。对 MBA、EMBA 学员的入学申请，中欧筛选得非常严格。学校对诚信、质量、标准的追求，达到了极致。中欧管理层一致认为，品牌的建立要从根子上开始。学员的质量关系到中欧“最终产品”的质量。哪怕中欧处在“等米下锅”、“揭不开锅”的阶段，也要坚守原则，不仅追求外在的高标准，更追求内涵和实质的高标准。

所有参加学位班报名的人，中欧都要考查，这是第一关。首先是检验学员的学历。中欧会派人到教委去调查学员的学历是否真实，如果是外地高校，就通过电话或信函证实核查。中欧曾多次发现有人以专科冒充本科，有人冒充名牌大学学历。

最难忘的是在 99 级 MBA 招生时，招生主任和经理们发现有 10 多份申请材料上的公章是伪造的。中欧索性把通过面试、已经录取的 120 多名考生的申报材料、成绩单全部发回他们的母校进行核实。很多院校头一次遇上核查毕业生成绩单的事！经查，在已录取的考生中有 9 人的成绩单与其母校档案记录有明显出入。中欧毫不犹豫地取消了这 9 名考生的入学资格。这意味着，这一年中欧将损失 50 多万元的学费收入。

MBA 是商学院的品牌，张国华院长一直认为："中欧优秀，是因为我们的学员优秀。在招生的时候，就要筛选出最优秀的学生，然后通过最好的教育系统、服务系统，让他们得到社会上最好的工作。"

有一年，为了筛选申请表，张国华院长亲历亲为。他利用周末加班，太太王维勤也来帮忙，两人一起对报名者进行评分。比如，大专学历是 1 分，本科是 2 分；总监、总经理职位也分别对应不同分数。院长夫妇一份一份地看，手工进行筛选、评分，忙活了整整一天，终于确定了报考名单。

其次是对英语能力和经验的要求。拿全日制 MBA 来说，中欧对报考者的英语要求近乎苛刻，必须具备适应高强度英语教学的能力。据了解，国内某些商学院的中外合作 MBA 课程只要求 GMAT 总分 550 分以上，而中欧的门槛是 620 分，被录取学员的 GMAT 平均分高达 650 分。同时，中欧要求报考者必须有足够的工作经验，以便使学员有独特的经验与同学分享。这样的高门槛，最终让一批打算出国的人接到了考试通知。

报名者通过层层核查，才能走入考场。等待他们的，还是严格。中欧是国内第一家自行组织 MBA 入学考试的商学院，考试过程也带上了中欧烙印。中欧会事先安排好各考场的座位表。在开考那一天，中欧员工穿着最好的套装，提前一小时到考场，贴好所有的宣传资料。考生进场后，会有两名员工两次核查身份证，准考证都要用报名时的复印件核对，以防有人替考。在检查完每位考生的身份证后，中欧的工作人员会热情地说一声：谢谢！

如此严格要求，就是为了防止不良现象出现，让诚实的人得到公平的对待。

这还没完。到了面试阶段，中欧会邀请各类企业的总裁或人力资源总监参加，面试的淘汰率高达 60%，远超过国内其余商学院。以 MBA 为例，中欧筛选的学员必须有适应高强度全英语环境的能力，又要求具有适应全球化经营的领导潜质，还要求学员具有独特的经验可供分享。笔试高分获得者在面试中被淘汰的事例屡见不鲜！

99 级 MBA 招生时，笔试实行"双轨制"，考生可参加 GMAT 考试，或者参加中欧自己组织的入学笔试。参加 GMAT 考试的考生中，有 3 名以 730 分并列榜首，但最终只有 1 人面试过关；参加中欧自己组织的入学笔试并获得最高分的 3 名考生中，也只有 1 人面试过关而被录取。从此，中欧的严格算是出了名。

大牌企业家被除名

一个优秀组织在最困难的时刻，也不会改变它的信念。中欧国际工商学院自始至终没有降低门槛，没有动摇对学员的高要求，这就是优秀组织的基因。

有人说中国的高等教育是“严进宽出”，美国的高等教育是“宽进严出”，但中欧的信条是“严进严出”。国家教委规定，MBA 课程的最低要求是 12 门必修课（包括英语和政治）加 4 门选修课。中欧的最低标准是完成 16 门必修课和 11 门选修课（不包括英语和政治），而中欧 EMBA 的标准是：完成 22 门必修课（不包括英语和政治）。

更严厉的是，中欧规定，MBA 和 EMBA 的学员，任何一门课缺课超过一定百分比，就算不及格，不及格达到一定数量就无法毕业。至于作弊、抄袭、剽窃等行为，一经发现严厉处分。

1996 年，一位大牌老总考上了 EMBA 中文班。开学第一天，他大清早来中欧报了到，点了名就悄悄走了。当天，中欧要举办开学典礼，按照惯例，这一天是不允许请假的。这位老总没有请假。

没过多久，在后面的课程模块里，他又无故缺席。中欧的课程助理急得直皱眉头，电话也联系不上。正纳闷时，突然接到一个从美国打来的电话，正是这位企业家，他说自己在美国出差，要请假。这不就是先斩后奏吗？

等他回到上海，接到了中欧的通知：你被除名了。

得知这一消息，这位老总无法接受。他马上给市政府领导打招呼，托他们来求情。但中欧上下高度一致，拒绝到底。中欧认为，学员可以投诉，但不应该用这种非常的手段进行干预。

中欧这么较真儿，不仅损失了一个名额，损失了学费，还“得罪”了领导。但中欧认为，这样的学员太随意了，请假的方式违背了学校的基本原则，也违背了“要提前请假”这样一个职业人士的原则。对一个创品牌的商学院而言，对每一个学员都是大企业家的地方而言，教学秩序必须严肃对待，不能考虑太多因素。

我想，这个人应该是优秀分子，否则不可能成为大企业的领导。但他的价值观有问题。或许他从小就是在一个不规则的市场里、一个特殊的环境里成长，总认为一切都可以通过打招呼来解决。确实，在国内高校，如果一个很大牌的企业家来读在职硕士，想请假太容易了。但在中欧，人都是平等的，没有特殊照顾。

纵然一个人有千般理由，中欧还是按照规定办事，严格执行制度。

同一年的同一个班，还有一位来自制造业的企业家——上海日立电器总裁沈建芳。他在第一个模块遇到贵宾来访，7天课程一次没上。在第一个模块结束时，他也收到了中欧的“除名通知”。

沈建芳的态度与前面那一位截然不同。他一下子感觉到：中欧是个负责任的学校，这才是好学校！第二年，他重新报考中欧，再次被录取。这次，他一天都没请假，还担任了EMBA班的班长。他主动给其他同学讲这段经历，让其他老总不要以传统的思维和习惯来对待一个极其严肃、创新、高标准的商学院。毕业时，他成为中欧优秀毕业生。

类似无法毕业的事件在中欧太多了，不止一次传出欧盟各国驻华高级外交官亲属、中国政府官员亲属、大型国有企业老总因为达不到要求而无法毕业的事。中欧也不止一次拒绝高层领导的种种要求，比如，他们的秘书想来读书，中欧欢迎他们，但严格按标准做，不会开后门；领导写纸条过来，中欧也总是婉言拒绝。有一次，一位中央部级领导的秘书没有被中欧录取，这位部级领导打了招呼，结果还是被婉拒。后来这位领导亲自到中欧来，想看看什么学校这么牛，来了之后，就被中欧的氛围感染了。

一次，我在李家镐院长的办公室谈工作时，某位高级官员的太太打来电话，向中欧“推荐”了一位想来进修的年轻人。中欧之前已经核实过，这个人很多方面都不符合中欧要求，于是，李家镐院长当场就拒绝了。

多年来，中欧的中外方管理层形成了一种默契——老外找外籍院长提要求，外方觉得不妥，但又不好意思拒绝，就说中方不会同意；中国人找中方院长开后门，院长就推说外方不会同意。中外双方联手把不合规、不正当的要求挡在门外。

这就是一流商学院的内涵。它不一定拥有漂亮的大楼、崭新的桌椅，而是坚持对标准的严格执行，对学员行为的严格规范，以及对学员认真精神的培养。这才是一流内涵的体现。如果纪律保证、职业意识都不能遵守，就不可能成为一流的商学院。

纪律是品牌的保证。品牌、质量、声誉，就是这样出来的。

中欧用自己的严格要求，培养出一流的学员。当他们走向社会，就成为了中欧品质的最佳广告。

毅然解聘违规教授

在国内培训市场上，人们几乎看不到中欧的教授在第二所学校任教。但对国内高校而言，教授“走穴”的现象相当普遍。如果国内某个大学的知名教授上课受欢迎，他很容易找第二个东家，为另一家培训或咨询公司服务。而这家公司与该大学可能服务同一批客户，两者是替代关系。所以，某些大学短期培训部的人出去销售课程时，竟然听客户得意地说：我们不需要你们了，某咨询公司已经让这个教授来服务了。

这简直是个笑话！但这又是很严肃的一种现象。一位教授在这里拿工资、拿奖金，但他竟然有一半甚至一大半的工作时间是为外单位服务，简直是荒唐！如果在同一个市场内，A 校的教授可以在 B 校、C 校上课，A 校的牌子怎么能做出来？这种“走穴”风气足以让教授本应服务的高校蒙羞。迄今为止中国没有出现一所世界级的传统名校，我认为这是原因之一。

中欧通过很多方法避免这个问题。首先，中欧通过签订合同，约定同一教授不能服务于中国大陆的另一所商学院；其次，一旦发现有人违规，从严处理。

曾经有一位德国籍大牌教授到中欧担任教席教授，同时为美国商会的一家咨询公司上课。这家公司正好是中欧 EDP 的竞争对手。我直接向院长报告，认为学院不能接受这个事实。虽然那一届中欧院长冯勇明也是德国人，但他丝毫没有看在同胞的分上留情面，反而相当刚性，直截了当地对教授说：“你要给跨国公司上课，我就不能给你教席，也不能给你中欧的位子。”

自此，这个教授很听话，没有再服务第二家机构，安安心心在中欧上课，连外出接受采访都要报告。谁料，冯勇明卸任之后，他的尾巴就翘起来，违背了双方的合同。中欧管理委员会经过讨论，毅然决定：解聘，哪怕他很大牌，也得走人。

在中欧历史上，这不是第一次。有的教授在外面私自作一次演讲，只要被院长知道，都会找他谈话，了解情况。既然签了合同，就要有职业精神。这是不容挑战的。而且，一个不遵守约定的教授很难说是优秀的教授。

这事儿一出，其他教授也都引以为戒。它是一种战略，也创造了一种文化，培育了一种健康的基因，使这个组织处于良好的状况。所以我敢说：你不会在中国大陆的其他组织看到中欧的教授。这就是中欧对人员管理的水平。我们应该感谢首任外方院长兼教务长冯勇明，是他奠定了中欧管理的基因。

烙上严格的基因

EMBA 向来有“Easy MBA”的说法。但中欧国际工商学院从起步时起，就从严要求，毫不让步。意想不到的是，标准过于严格，第一届学员吃不消，居然集体罢考。

1996 年秋天的一天，EMBA 进行统计学的考试。学员们拿到试卷一看，不少人傻了眼。一些文科背景的学员数理基础不行，早就蒙了。一些学员以为中欧会像有些学校一样，走走过场就算了。他们万万没想到，中欧的题目这么难。于是，不知是谁挑了头，整个班罢考了。

巧合的是，这一天正好是德国院长冯勇明的生日。他在德国位高权重，是统计学会的副会长，这次在中国过生日，中外方职员自发给他办了个小型生日庆典。这时候，EMBA 的职员火急火燎地找到他，匆匆碰了一杯红酒，第一句话是“生日快乐”，第二句是：“EMBA 学生罢考了。”

“Oh，My God!”冯勇明放下酒杯就要冲到教室去。大伙儿拦住他，一商量，还是由中方院长出面向学员解释。

面对学员，中欧首先指出他们的行为是不对的，然后宣布：换一个时间，重考。

第二年，中欧继续严格要求，每个教室配备两名工作人员监考。只听见学员们“怨声载道”：“考试这么难，监考还这么严!”

中欧要对抗的是一种不良的风气。传统高校里的硕士进修班，学员缺课率高。这些学员遇到领导来访、生意来往，就缺课。中欧 EMBA 每次只有 4 天课程，缺一次都不得了。此外，中欧的考勤也很严，EMBA 是 9 点准时上课，学员准时出席，出勤率非常高。

在 90 年代中期，中欧曾经取消过统计学，但后来又恢复了，因为这是一门不可缺少的学科，且后来再也没有发生过罢考。来报考中欧的人都作好了心理准备。只要标准确定了，学员就不会有怨言，想报考的人越来越多，以至于中欧如果放松要求，居然会有人问：中欧怎么是这样?

由于严格，中欧形成了口碑，很多企业认准了中欧。不少企业的管理层甚至形成了一条规定，读中欧，可以报销；读其他学校，自费。他们觉得，让员工去其他商学院，可能是混一混；送你去中欧，肯定能学东西。

严谨、严格、诚实的文化，已经烙在每个中欧员工心里。比如，中欧每年都要统计 EMBA 学员的构成比率，关键指标之一就是职位：有多少总经理、副总经理、总监，中欧每年都如实统计，从来没想过作假。

某些学校的文化就是“睁一只眼、闭一只眼”，对外公布的一些统计数据都掺了水，学院上下称之为“营销资料”。这些细节看起来没什么，其实问题很大。表面的光鲜，掩盖不住造假氛围的蔓延。于是，这些商学院出现了更多的问题：学员懒得做作业，上课是听故事，考试是走过场，结果越来越难管，质量越来越低。

第八章　在闵行的岁月

在中欧国际工商学院成立后的5年时间里，总部一直在交大闵行校区。这是交大与中欧的渊源决定的，也是中欧捉襟见肘的经费决定的。闵行校区，有中欧最初的回忆。

在田园牧歌中创业

茵茵的绿草，伟岸的大树，亭阁水榭，中式餐厅……在交大闵行校区田园牧歌式的环境里，一群中国人和外国人在这里创业。最初几年人并不多，全体教授及员工在一家餐厅用餐，最多也就坐满三张桌子。

中欧的办公总部设在闵行校区的学术活动中心，那时，这幢两层楼的建筑是校园内最现代化的建筑。圆弧的外形、旋转的玻璃门，都是最时尚的。

学术活动中心的一楼有两个报告厅，是EDP和EMBA上课的地方。1994年第一个EDP培训——大型国有企业外向型人才课程就在这里举行，招了50多个人。二楼还有一个小房间，摆放着比较时髦的长桌子、人造革的座椅，如果招生人数少，就在二楼上课。EDP的办公室也在二楼，另一侧是院长办公的地方。

学术活动中心有住宿区，这意味着办公住宿都在一幢楼里。两位外籍院长和部分外籍教授都住在里面，住宿条件非常普通：标准间，洗手间很小，摆设也很简单，只是有几个咖啡色的柜子、桌子，一台电视，一盏台灯而已。以现在的标准衡量，这一切太朴素了。中欧大牌教授柏唯良评价说："这里没有互联网，没有英文报纸或杂志，离上海市区路途遥远，我们感觉自己似乎脱离了尘世，正在出家修行!"

没错，这就是闵行校区给老外的第一印象，无怪乎不少大牌教授都不愿意住这里，宁可住到市区的希尔顿，天天从市区赶往闵行。但中欧的两位外籍院长并没有抱怨过，一住就是5年。这些在欧洲都很有地位的院长，居然愿意住在闵行朴素的标间里，构想着一个世界一流的商学院，真是不简单。

记忆中，夏日的闵行校区，每晚都要展开"灭蚊大战"。来自加拿大西安大略大学Ivey商学院的艾弗·摩根教授（Ivor Morgan）回忆说："我们的卧室是足够宽敞的，但每晚的捕蚊行动过后，房间里总有一两只蚊子幸免于难。我在北美的夏日别墅里也遇到过类似情况。显然，这条定律也适用于中国：最后一只蚊子总会躲起来等着咬你。"对于闵行，她说："交大校园和许多西方大学的校园没什么不一样，但中欧的工作经历又一次证明了'细节'的重要性。特别要指出的是那个空调系统，总是走在季节前头，要不就是自有主张。夏日炎炎的时候，它疏于发动，老是让我们在教室里挥汗如雨；到了冬天呢，供热系统偏偏又似乎另有想法。"

一幢学术活动中心，还不能满足中欧的发展需要，于是，MBA部门在闵行校区图书馆4楼租借了几个大间，作为教室。后来，交大用中欧支付的房租，在学术活动中心旁边建了一幢3层小楼，专门给中欧使用。3楼归EDP部门，2楼是EMBA和EDP部门合用，1楼是MBA的教室，可以容纳2个班。

中欧与交大共处一地，难免会有理念上的冲撞。中欧EMBA的学员坐着专车来上课，在学术活动中心外停满了轿车。一位交大校领导路过，猛然发现学生居然坐着轿车来，这在90年代中期是闻所未闻，他情不自禁地摇摇头，说："学生怎么可以这样?!"

传统高校的作息时间与中欧的"加班文化"也不相适应。MBA原副总监李六珍告诉我，有一天晚上，她和同事在图书馆4楼加班，准备材料，弄到凌晨才下班。摸黑走下楼一看，图书馆所有的门都锁上了，值班的人也找不到，一阵大喊也没人答应，居然活生生被困在图书馆里！无奈之下，她只得回到4楼办公室，打电话给自己的先生，让他去找管理部门，叫值班师傅来开门，足足折腾了将近一个多小时。

中欧的员工平时都会晚一两个小时下班，真正的加班就是半夜才走。开课前准备教材时，中欧那台欧西牌复印机最忙，铁质的部件发出很大噪声，轰隆轰隆地印到很晚。MBA部门的周萌回忆说，每逢印教材，女职员连高跟鞋都不敢穿，因为一站就要站几个小时。

自行车上的外籍院长

交大闵行校区远离上海繁华的市区，而且离闵行镇还有一段路，中间既没有公交车，更没有地铁。这可难倒了中欧的外籍教授，他们整天待在校园，也没办法去外面看看。算起来，如果有两期MBA课程同时进行，闵行就有8～10位外籍教授，如果加上EDP和EMBA的教授，以及两位外籍院长，至少有十几位外籍教授待在闵行校区。

没有哪个外国人对中国不好奇。苦于经费有限，中欧也没法为每位教授配车。后来，中欧决定为教授配备具有中国特色的交通工具——自行车。据李六珍回忆，考虑到老外都比较魁梧，中欧特意挑选了特大号的永久牌自行车，黑色的车身，亮闪闪的轮圈，在那个年代相当时髦。每位教授美滋滋地领到一辆自行车，周末也没什么事儿，就成群结队骑车去闵行玩。

这当中，唯独漏掉了首任院长冯勇明。他是一位既慈祥又威严的老人，对员工很随和，也不摆架子，但他能让所有的大牌教授服服帖帖。看见中方没有给他买自行车，冯勇明有些较真儿，对职员们说："我虽然是院长，也是正宗的老外，周末也在闵行，凭什么不给我买？"

这时，不知是谁在下面嘀咕了一声："How can you imagine Doctor Joachim Frohn sitting on a bicycle？（有谁能想象冯勇明骑车的样子啊？）"结果正巧被冯勇明听到，他一下子露出惊讶的表情：居然有人会这么想！

在他的坚持下，中欧的同事赶紧为他买了一辆，从此，每到周末，就会看到一位慈祥的老外，一个人在闵行校区骑自行车，就像飞出笼的小鸟，轻快地从身边穿过。甚至大热天里，员工也能看到他骑在车上，在闵行校区的大树底下逍遥地兜来兜去，一个人陶醉其中。

闵行校区的交通，同样困扰着中方员工。很多上海的同事清晨6点多从市区上车，8点半还到不了闵行，在南方商城附近下来吃顿饭，汽车还堵在原地。在这种情况下，很多人干脆搬到交大来住。大家把闵行校区当成了自己的家，一起上班，一起下班，结果一来二去，居然还成了一两对。

李六珍在闵行区红旗五村租了房子。她这人不讲究，席梦思床垫直接放在地上。后来冯勇明和其他教授还骑自行车去她家玩，大家吃饺子、涮火锅，玩得很开心。过了几天，就听到张国华院长说："李六珍居然带老外去她家玩，连张床都没有!"

外籍教授和中方员工，使闵行校区有了一个"城中之城"。在这个没有美国大片、没有繁华购物中心的地方，外籍教授享受着最淳朴的快乐。1996 年，闵行老镇要拆。中欧的老外一得到消息，都找到我，让我带他们去看看。大家骑车前往，所有的外籍教职员工都去了，顾凯诗、马克斯·博伊索特、霍华德·沃德、柏唯良全部到场。看着这些明末清初的建筑要拆，大家都觉得可惜。

有一段时间，外籍教授们还想学汉语。中欧就给他们开设了中文辅导班，正儿八经地教汉语。后来因为事情多了，也就逐渐放下了。

MBA 遭遇"魔鬼训练"

中欧国际工商学院的 MBA 课程学制两年，学员全部住在闵行。交大为中欧的 MBA 安排了两幢宿舍楼，似乎就是当时的研究生楼，MBA 学员全部住在里面。后来，中欧的学员增加了，中欧干脆在交大校外租了几幢家属楼，还稍微装修了一下，两人一间，安装了热水器和电话。

中欧采用全英文授课，单单语言关，就让学员们遭遇了噩梦。中欧第一年、第二年的 MBA 学员特辛苦，他们的外语没有后面的学生好，听全英文的课程就像在外国读书，非常辛苦。读 MBA 需要大量的阅读，学员们每天都要面对教授布置的厚厚一叠英文阅读材料，当时的苦，超出想象。90 年代中期，中国学生的阅读水平哪里能应付国外原汁原味的教材？他们对外国的公司背景、市场背景、产品背景都不熟悉，在缺乏社会文化背景的情况下，很难理解外国的 MBA 案例。打个比方，就像西方人阅读一个中国的案例，里面有党委书记、纪委书记，他根本理解不了。同样，中国的学子也第一次面对西方企业里的词汇，市场营销、运营、战略、市场细分……后来，它们才变成商界人士天天挂在嘴边的普通词语。

一个外籍教授讲公司，必须从社会层面、消费层面、客户心理层面和文化层面来谈，这都需要对西方文化的理解。从某种意义上说，最初的工商管理教育就是语言的交流，让中国人了解西方的商业体系和语言。真正的中西方管理交流是最近一两年的事。

于是，中欧的 MBA 学生发疯似的学习，氛围非常浓厚。看不懂教材，学员们就花更多的时间，有的啃到夜深，有的读到凌晨。女生挤掉了相约逛街的时间，男生放弃了聚会打牌的机会。学员们不断地用英语讨论、交流、学习，反而形成了一个英文环境，从不适应英文学习到逐渐适应，共同进步。中欧考虑到这一点，根据不同的模块，把学员们分成若干个学习小组，男女搭配、不同行业搭配、有工作经验和没有工作经验的人搭配，然后让各组作案例分析。

不过，苦中也有乐，外籍教授带来了一个个课堂游戏，让中国学员津津乐道。哥伦比亚大学的伯德·施密特教授组织了“啤酒游戏”，学生们被分成几组，每组都有生产商、代理商、批发商、零售商和顾客。代理商、批发商和零售商分别根据自己下家的订单出货，然后根据自己的判断订货，相互之间不能讨论，最后看哪一组的效益最好。学生们还是头一次参加角色扮演，像模像样，兴奋不已。最后，获胜的那一组得到了教授的特别奖励——每人一罐啤酒！而其他的组每人一罐可乐。这些游戏让学员领悟了原本枯燥乏味、抽象难懂的原理，而且在实际操作中感悟到诸多细节。

两年“遗忘”传统文凭

中欧国际工商学院从建校时起，选择了市场化的道路，放弃了教委的“印章”，一直发放国家教委不承认的文凭。转眼两年过去，95 级 MBA 迎来了毕业的时刻。虽说中欧做足了品质，形成了自己的特点，但部分 MBA 学员还是希望有一份国家教委的学位证书。再说，中欧在 MBA 招生时，也承诺正在寻找其他补救办法，才让学员铁定心来报考。

这时候，中欧找上了“娘家”——上海交通大学。

之所以说“娘家”，是因为建校之初，中欧是上海交大的二级学院，并没有完全独立，就连学校的铭牌也写着“上海市政府与欧盟共同资助项目——上海交通大学中欧国际工商学院”。中欧找上门去，上海交大慷慨地伸出了援助之手。双方约定：中欧的 MBA 学员如果能通过英语、政治的补考，再撰写出合格的硕士论文，就能申请交大的 MBA 学位。

消息一出，有 14 人向上海交大研究生院提出申请，希望获得交大研究生院的学位。

双方按照约定和国家教委程序，学生补考了英语和政治。中欧是用英语教学，所以英语对他们来说是小菜一碟，轻松通过。政治科目的考试，这批学员经过认真准备，也都通过了。在完成论文之后，14 人全部拿到了交大的 MBA 学位。同时，这一届所有学员都拿到了中欧的 MBA 学位。

用市场化方法培养出来的第一届学员踌躇满志地离开中欧，踏入社会。最讲市场的组织——企业，马上嗅到了这股气息。企业以其独有的方式来迎接他们。第一届学生被跨国公司一抢而空，就业形势好得不得了，而那些没有招到中欧学员的企业只能抱憾而归。

96 级学员中，一位日本籍 MBA 学员铃木提出，他想申请交大的学位。中欧的员工都很好奇，外国人为啥也这么在乎国家教委的学历？不过，不管别人怎么说，铃木很认真，一丝不苟地学习汉语，并且通过了汉语考试，然后开始撰写论文。谁料，他却没能通过最终考试。

这一级的 MBA 学员中，只有 7 个学生申请交大的学位。两年后，到了 97 级学员，已经没有人申请交大学位了。

可见，市场在发展，中欧的品质和名誉在不断增长，人们的观念在改变。当大家看到中欧的第一批学员获得了市场的认可，那么国家教委的学历就不那么重要了。人们开始接受一个观念：去中欧为的不是学历，而是拿一段在中欧的经历，获取市场的高度认可。

从 14 个到 7 个再到 0，这一组数字的变化，体现了观念的转变。数字背后，中欧管理层没有作任何鼓动或者阻止，这完全是学员们自己决定的。MBA 学员们都是聪明人，他们如此决定，说明中欧代表的市场价值开始高于教育主管部门的评价体系。这就是市场化路线带来的魅力。

中欧选择了市场，也盼来了收获。后来一反思，中欧不要政府承认的文凭，其实是把双刃剑。如果过早地获得了认可，或者很容易地得到了承认，那么该组织可能就不会进取，不会如履薄冰，不会耗尽力气获得进步，也不会如此积极地改革，推动组织竞争力的发展。最初的认可就像降生在巨富之家的孩子，如此容易地得到了一切富贵，就很容易养成娇气、不思进取的文化。而这种文化一旦形成，很难改掉。反之，为了获得市场的认可，我们不得不付出巨大努力，而且自然而然地形成了以市场为导向的竞争文化。这种文化建立之后，组织的机体就处于健康的状态。

EMBA 教材风波

1996 年，留英归国的赖卫东加入中欧 EMBA 部门，负责课程运营，EMBA 部门行政管理人数达到 4 个。每逢开课，4 个人不分彼此，什么活儿都干，小到准备茶歇的糖果、咖啡，大到教材准备、课程运营，总之，商学院的事儿就像是自家的事儿，事无巨细，不到晚上 10 点不回家。

在众多的琐碎事务中，最难忘的是教材。起初，学员每个月上一次课，开课前一周，教授把讲义、个人简介发过来。这如同一声号令，让 EMBA 全体开动：翻译加班加点制作中文版，然后印刷、装订，这些都要 EMBA 的员工亲自做。他们把桌子拼成长长一排，摆上一摞一摞的教材，就像印刷车间一样，打洞、切割、塞夹子，每次要忙三四个小时。完成之后，他们还得把教材寄出去。于是，写信封、装信封、粘信封的工作，又落到 EMBA 职员头上。

李明书回忆说："我们从来没干过这些活儿，好在赖卫东过去在印刷厂做过，他教我们怎么加快速度。比如贴信封，不要一个一个地贴，而是把十几个信封铺开，一个压一个，大面积刷糨糊，再贴上。这些办法都是他带来的。"

想象一下，几个海外归国的博士、硕士、学者，在一所中外合资的商学院，居然为这些基础工作忙得团团转，想起来就觉得好笑。这也足见中欧的创业氛围多么浓厚。

不过，学生们还是抱怨：在学校看不到老师，也没有课本，没有预习和复习材料，一点方向都没有。这多少是因为那时候中欧聘请的是访问教授，上完课就飞走了。而中国的学生还不太习惯西方的教育方法，从小到大习惯了照本宣科。

但学员的反馈，中欧非常在乎。EMBA 部门开始联系教授，希望提前拿到讲义。但洋教授都牛哄哄的，他们在全世界上课，还是第一次听到这种要求，很不理解："提前一个礼拜已经够早的了！"

赖卫东只能去书店找参考书，再配上简明的授课大纲，变成一套资料，交给学生试用。没想到，反响出人意料的好。虽然参考书不一定匹配这个教授，但毕竟是同类学科，学员们可以找到一点感觉，听课效果就提高了。最初，这些参考书还得额外收钱，难免又是众口难调，还得分别统计名单。后来，参考书的费用打入学费，每人都有一份。

搞定了学员，还得搞定教授。职员累死累活，教授未必领情。一次，剑桥大牌教授顾凯诗开课的前一天傍晚，专门来到EMBA部门，查看教材准备情况。为了他的课程，EMBA的同事已经整整帮活了半天，辛苦制作的教材飘着墨香，一摞摞地摆在长桌上，职员们期待他的表扬。只见顾凯诗拿起一本，翻了又翻，似乎越看越不对，“啪”地扔下；又拿起一本，只翻了几页就扔到桌上；然后发狂似的，用尽全身力气猛地一推，哗——所有教材都推到地上，纸页飞舞，教材四散……所有员工呆若木鸡，不知所措。

“重新印!”这位剑桥教授怒吼，然后摔门而出。

课程助理一下子吓哭了。办公室里，剩下一地的教材，一个痛哭不已的员工，还有目瞪口呆的职员。辛苦一天的成果就这样毁掉了。

原来，教材的顺序叠放出了问题。当晚，EMBA所有员工没有一句怨言，连夜重印。学校里一片寂静，但EMBA办公室和复印间灯火通明，机器声隆隆。

教材的故事还有很多。

中欧的初创者不仅事无巨细，而且精益求精。国外商学院都是教授自己准备教材，所以印得很随便，教材都是直接从书上复印下来的，每一页都有黑边。但中欧就不会这样，每一页教材都割掉黑边，用3M的半透明胶带贴在干净的A4纸上，然后印刷。看起来非常正规。毕竟，我们收了最高的学费。

中欧的初创者从骨子里追求完美，每一个环节都提供一流的服务。这种精益求精的精神是外籍院长带给我们的，每个人就都认定这是标准，而且一定不能在自己手里“拷贝走样”。教材就是最简单的一个例子，足以证明我们的质量、我们的态度。

吉普争夺战

中欧国际工商学院是中外方合作的产物，交大闵行校区小小一幢学术中心里，也混合了中外文化的差异。在管理的客观性上，中国的管理者考虑太多，一会儿要考虑原有职工的面子，一会儿要考虑平衡，反而忘记了以组织的业务需求为导向。一辆吉普可以说明中外方价值观的一些差异。

罗布·赖克尔特（Rob Reichgelt）是学校的财务总监，他曾经用中欧的进口额度购买了一辆尼桑吉普车。灰黑色的外表，极有男性化的气息，起步的时候发动机会发出浑厚的轰鸣。后来，罗布决定离开中欧，就把这辆车卖给了中欧。但这位荷兰老兄还有半年才离开，就继续占用着这辆车，迟迟不交。哪怕它在法律上已经属于中欧，其他人也不好意思提出。

我管理的短期培训部，一个星期要拜访十多家客户，隔一天出去一次，每次拜访两三家，全年累计要拜访两百多家客户。交通工具对EDP部门太重要了，而且EDP的男职员都会开车。想想，如果部门有一辆漂亮的吉普，让年轻人自己开车去拜访客户，不仅自由度和效率高，而且在工资待遇不变的情况下，对员工的激励是莫大的。EDP的小伙子早就忍不住了，不止一次对我说："李先生，我们把那辆吉普申请下来吧，我们的拜访效率会更高！"

问题是，车原来是财务总监的，而他要半年之后才走，这很敏感。我也知道，车子给了我，财务总监就没车开了。所以他和我争得很激烈，说：等我离开中欧你再用。我们俩互不买账。

但是，我的员工已经表述了他们要这辆车的意愿，我也有拥有这辆车的愿望。我找到中方院长张国华，讲明原委。他心里希望我拿，但觉得不方便发表意见。后勤主任也很尴尬，两位都是总监，谁也不敢得罪。

这时，我的直接上司，英国的外方院长博纳德博士来中欧已经半年了，这位"光头院长"了解中国的情况。我对他说了事情的来龙去脉。

博纳德问："以前为什么解决不了？为什么找我谈？"

我说："以前院长都有这个意思，但没人来作这个决定……"

"院长表明了就应该作决定！"博纳德的目光中，透着坚定。

"因为这辆车原来是罗布·赖克尔特的……"我暗示。

博纳德带着标志性的表情，皱着眉，淡淡地说："我理解你的意思了，没人愿意破这个脸。"略一停顿，博纳德说："好了，我们开个会讨论一下，再作出决定，看看谁最需要这辆车。"

显然，博纳德不想把这个为难的问题放在一个人身上，他要开会解决。

参加会议的有正副院长、财务总监罗布和我，博纳德问："我们先不说把车给谁，我先问问大家，这两个部门谁用车最多？"

所有在场的人都说，短期培训部用得多。

院长又问："两个人谁用车最多？"

显然，相比财务总监，又是我要经常拜访客户。大家都说Mr. Li用得多。

博纳德直截了当地说："这辆车给EDP部门。"

当场就没人说话了。

无论是个人还是组织，都是EDP部门用车用得多，虽然它过去是罗布的，但既然已经卖给了中欧，学校的每一个资源都应该最大化地创造价值，为组织的发展而服务。不论是为了提高效率，还是为了节省成本，这辆车都应该给我。

一周后，我顺利拿到了车，吉普之争告一段落。罗布把他私人花钱在车上装的设备都拆走了。拿到车之后，作为 EDP 部门的总监，我也没有霸着这辆车。每次我用完车，都会把钥匙交给前台的接待员，哪个职员需要用车，就去拿钥匙。轮到我要出去拜访客户，我就提前预订。

一个组织如何分配车，说到底是企业文化问题。按照中国传统逻辑，如果一所学校的总监都有车，那么副教务长理应配车。但是，中欧的副教务长都没有车。

车的用途也显示了管理文化。一个优秀的组织，往往会把最好的资源用于组织和业务的关键点。而差劲的组织，往往把最好的资源用于最高的领导。西方人的逻辑很简单，即组织的价值观决定该组织的文化，进而决定了它的竞争力。

在中欧，我坚持不要独立的办公室，学校每年分批配置电脑时，只要我的电脑还可以用，我就不会把旧电脑交给新职员，这不符合商业原理。我们把最好的电脑给那些需要作客户演示的职员，这是以业务为导向，其实是吉普车文化的另一个体现。

在国内的很多组织里，很多设备是为了待遇而配置，并不是为组织的发展服务。我拜访了无数国有企业，发现桌子是老板的最豪华，电脑是老板的最好，房间是老板的最大，反正最优的资源都围着老板。而那些建数据库、做客户服务的职员却用着很旧很次的电脑。这些老板从一开始就把商业的思路弄错了。一个老板最伟大之处在于把组织做上去，而不是用物质的好坏来体现你的档次。一线人员最需要好设备，就应该为他们输送最好的资源和设备。后来我创立了天翼图书，我用的电脑可能也是全公司最差的。如果管理应该以业务为导向，这种价值观建立了，组织就会强大。

吉普车给了我，罗布忍不住，自己掏钱买了一辆丰田的越野车。他回到荷兰时，把车也带回了荷兰。几年后，一次校庆时，我们把他请了回来。他看到那辆尼桑吉普，依然大声咆哮：“Terrible! Why you make it so dirty!”（作孽啊！你把这辆车弄得这么脏！）

第三部分

初现光明（1996~1999）

第九章　从死亡边缘到大放异彩

在欧美顶级商学院，EDP 与 MBA、EMBA 并列，共同成为商学院的三大课程项目。中欧 EDP 始于 1994 年底，刚开始时参照海外商学院的课程，开设了 6 门短期培训课程，第一年的学员人次也不过 300 人，销售额 200 多万元。而 2006 年，EDP 部门的学员人次突破了 1 万，销售收入突破了 1 亿多元人民币，比北京最有名的两所高校商学院 EDP 项目的销售额之和还多 20%～30%。

作为 EDP 部门的主任，我参与了这个部门的筹建，见证了这个部门的发展，也亲身经历了无数次危机，包括院长下达的关闭部门的最后通牒。这当中的艰辛，难以忘怀。

遭遇沉睡的市场

1996 年，中欧 EDP 部门 2 岁了。在交大闵行学术活动中心旁的三层小楼里，10 多位职员挤在 3 楼的大办公室里，紧张有序地工作着。回顾 EDP 部门成立时，只有 5 个人：斯蒂芬·范·霍伊顿克（Stefaan Van Hooydonk）是部门经理，我是副手，还有李明书、荷兰姑娘安杰莉克、行政管理于萍。

斯蒂芬是比利时人，杨亨的老乡，也毕业于鲁汶大学中文系，会说英语、法语、德语、汉语以及母语荷兰语。后来他到中国语言大学进修，就此认识了杨亨。此前，他曾与几个老外一起，在北京开设了一家小型咨询公司，但不太成功。他在中欧创建的最初阶段加入，担任 EDP 主任，1998 年时离开。

短期培训部一上来就像一个小型公司，完全按照国际惯例，进行市场化运作。简而言之，赢利就是我们的硬指标。但在那个市场尚未苏醒的年代，等待中欧 EDP 部门的是难以形容的艰难。每走一步，都得比中欧其他部门加倍花力气。

1994 年 3 月底，EDP 部门正式开班。在我记忆中，印象最深的有大型国有企业外向型人才课程，课程主任是著名的吴敬琏教授；还有几个课程，分别讲市场营销，讲谈判和跨文化管理，讲生产运营。当时，我们也为跨国公司作了一些公司内训课，或者叫公司特设课程，比如宝隆洋行、AT&T 等。

忙碌一年，结果惨不忍睹：学院原计划当年实现 1 500 人的目标，到了年底，只实现了 240 人左右的培训量。这一年，我们亏了 150 万元。

原因是多方面的。一方面，EDP 部门成立时，市场相当冷淡。企业对短期培训课程的认识相当薄弱。就像当初 MBA 得不到人们的接受一样，短期培训也是如此，甚至更加艰难。理由很简单：MBA 还能颁发学历文凭，多少还有点吸引力。可短期培训课程连学历都没有。中国实行了一千多年的科举制，百姓读书为的就是头衔，但 EDP 天生无法满足这个要求。

另一方面，课程的价格非常特殊。在中欧成立之初，课程定价是双轨制。同样的课程，跨国公司的价格和中资企业的价格差距达 8:1。也就是说，如果外资企业来听是 1 500 美元，中资企业来听只需要 1 500 元人民币，相当于打一折！虽然中欧在价格上已经明显倾向于中资企业。但实际效果是，如此打折，中资企业也不来。

很明显，市场还在沉睡，我们在培育市场。这对任何行业来说，都是最艰难的阶段。我们可以算算，在 90 年代中期，整整读完一个 4 年制的本科，自费也才 5 000 多元。上海最好的事业单位，中级职称每月不过几百元。而中欧一个星期的课程，就要 1.5 万元人民币！我们也尝试给国内企业提供奖学金，以此吸引他们，但企业还是嫌贵。

更糟糕的是，1996 年，中国的国有企业开始大面积亏损，当年就有 6 232 家国有企业破产。国家统计局对 1991 ~ 1995 年“八五”计划期间的国有企业进行了总结，国有企业亏损数量每年以 14.2% 的速度增加，年均亏损超过 500 亿元。国有企业面临着“企业亏损、效率低下、产品难卖、资金紧张”的尴尬局面。而国有企业，正好是中欧 EDP 部门的主流客户。

国有企业处境尴尬，他们没钱读书，也没心思读书。所以，中欧 EDP 部门更尴尬。拜访客户难，拿到订单更难，即便拿到了订单，还有各种意想不到的麻烦：国有企业不是以市场为导向，而是以领导为导向。很多企业把钱交了，但由于出差、开会等原因，就把重要课程放弃了。中欧有时候很痛苦，交了钱不来人，是收他的费还是不收他的费？收，好像不讲道理；不收，他永远处于无休止的逃课状态。

让我记忆犹新的是，大型国有企业外向型人才课程的第二阶段，我们把胸卡、台卡、教材都准备好了，竟然有 1/3 的学员没来。

外方领导杨亨淡淡地说："在中欧管理中心时期，这是经常遇到的事。"作为 EDP 部门的负责人之一，我不甘心。企业开会完全可以协调，既然你交了钱，你就要来上课。一个人决定参加活动，就是一种允诺，怎么能随意改变呢？这给人的感觉就很差。所以，我要求我们的员工一一给客户打电话，以高度负责的精神劝说他们来上课。如果企业的领导不来，我们就直接给他的上层领导打电话。这样，终于催来一些学员。

不过，市场需求的冷淡，也造成培训供给的冷淡。中欧几乎没什么对手，市场上一些欧美的培训公司、自由培训师等，规模都很小，偶尔给西门子、通用电气、杜邦公司等少数企业作一些培训，根本不成气候。

既然市场在沉睡，中欧这头雄狮，就有决心把它唤醒。

论坛露脸荐中欧

在 20 世纪 90 年代中期，广告还是新鲜事物，营销的威力十分巨大。各种保健品如同雨后春笋，争相在电视、报纸的广告里露脸。诸如太阳神、沈阳飞龙、三株、巨人脑黄金等等，都是靠密集的广告轰炸，在短时间内打开市场。中欧国际工商学院卖的是教育产品，同样需要营销。从 1996 年起，我和李明书开始奔走于大江南北，想方设法为 EMBA 和 EDP 营销。国有企业已经困难重重，我们就转向了民营企业。我们想尽一切办法，在各种论坛上发言。所谓发言，说白了就是免费做广告。

1996 年，我们赶往大连的一个私营企业论坛，准备在论坛上发言。不巧的是，万通集团的董事长冯仑是论坛的主讲，他坚持认为：商学院是没法培养出真正的管理者的。在这种没人相信商学院的氛围下，我不管三七二十一，还是冲上台，在众目睽睽下，介绍了中欧的理念。不管有没有效果，总算是给企业家洗洗脑。

具有戏剧色彩的是，多年以后，冯仑自己也来中欧学习了。2002年，中欧为冯仑设计了CEO课程。后来冯仑的太太也来中欧上EMBA。

这之后，深圳又搞了一个“企业与教育的结合”论坛，为期三天。我和同事杜谦赶在最后一天走进会场，要求发言。我走上台，开门见山就谈中欧。没讲几句，台下一群听众就喊：“你们不要做广告！”一个劲儿起哄。这时，我愣是没挪步子，厚着脸皮赖在台上，双方僵持着。

时间一分一秒过去，关键时刻，万科副总裁、人力资源总监解冻喊了一声：“我们要听他讲！”一句话出口，蛮有号召力，其他一些人也开始喊：“中欧的东西很先进，我们要听！”

这几句话是我一辈子难忘的话。有了这样的支援，我厚着脸皮、饱含激情地讲下去，讲了中欧的背景、理念、愿景，同时介绍了中国与亚洲管理教育的差距，以及欧美商学院的近况与发展趋势……

当我说完“谢谢大家”四个字，台下响起一阵热烈的掌声。事后，杜谦佩服得不得了，连说：“真是佩服你，换成我脸都红了，脚底板也要红了，早下来了！”

除了借助各种论坛，在台上拼命露脸之外，在台下，我们也与企业家“混”在一起，总之就是介绍中欧。每次我们一定选择会务组安排的双人标间，这样就可以与另一个企业家住在一起，又可以多一个宣传机会。

在那个年代，没有哪个教育机构会这样作营销。但中欧是市场化的组织，不吭声就是默默等死。我们只能把面子、架子都放下，厚着脸皮拼命宣传。此外，我们也做了很多软文，想办法向社会介绍全新的商学院，促进招生。

部门内的销售竞赛

有个比喻说：“EDP是商学院的引擎。”如果套用成长占有率矩阵分析，EDP业务是“现金牛（Cash Cow）”，因为它能给商学院带来大量现金流。而MBA和EMBA可不一样，它是为了培养未来有竞争力的人，而不是已经很有钱的人，所以他们的学费相对较低。同时，设计课程和高价请教授，成本也相当高，投入非常大。所以，在中欧的起步阶段，MBA和EMBA就是一对难兄难弟。第一年，

MBA 大亏。而 EMBA，投下巨资打了广告、请了最好的教授，却只有 42 个学员上课。而且，为了满足客户需求，中欧还把课程分成中英文两个班，教授要上两遍，成本也翻一番，这注定 EMBA 也掉进了亏损的泥潭。

就在这时，学院上下都乐观地认为，短期培训部肯定赚钱了。就连我们部门的员工，心里也美滋滋的，走在校园里都觉得脸上有光。可谁曾想，经过财务部门仔细核算，才发现 EDP 部门并不赚钱。1995 年，EDP 部门继续亏损 300 万元，亏损额比 1994 年多了一倍，而且财务状况还在继续恶化。我们望着惨不忍睹的财务报表，哭笑不得，心里却非常无奈：教授的工资在增加，但课程销售依旧不太理想。根据测算，每个课程的盈亏平衡点是 14 个学员，要超过 14 人才能赢利。可当时，通常只有十二三个学员，有时甚至只有八九个人来上课。怎么赚得到钱呢？结果，开课越多，亏损越大。

经过一番研究，我们觉得还是要主动出击，由总监亲自带队，加大力度拜访客户。这个重任，落在了斯蒂芬和我的肩上。我们约定，斯蒂芬负责拜访外资企业，我负责中资企业。拜访客户大有文章，我们如此分工，大有深意。在 90 年代中期，中国的管理教育还很落后，远不能和外国相比。而外资企业的人力资源部经理、总监往往是老外。如果让一个中国人去拜访，说服力不够，英语沟通也有问题，课程就卖不好。而让斯蒂芬出马，再合适不过了。

行动开始了，我们分头拜访两类企业。为了营造良性竞争的氛围，我们还在办公室放了一块白板，上面画了两个圆柱，一个是中资企业的销售业绩，一个代表外资合资企业的销售业绩。竞争产生动力，主动出击产生了积极效果，我们果真找到不少客户。

当时中资企业对商学院的短期培训毫无概念。为了让他们了解高级经理短期培训项目，我们想了很多办法。有时允许企业来旁听 3 个小时；有时企业要看我们的教材，我们就给他们看。但我们做得很规范，教材不能带走，以免企业复印，牵涉版权问题。我们把教材整齐地放在办公室，请企业人士前来，他们一本本看完后，都觉得有内容、有方法、有案例，更有解决方案。

推销课程，离不开热情。我们要让别人真心感到中欧的东西对他有利。另外，我们会熟悉他的企业、他的行业，这样就能说到他的心坎里。有时候，这些企业缺什么，连他自己都说不清楚，但我们会提出来，哪些课程对你有帮助。比如，很多企业说：我们想学习如何建立企业文化。其实，商学院并没有专门讲企业文化的课程。但我告诉他们，企业文化就是管理制定的标准、风格，我们的课程就是与这些元素高度结合的，听了课，你能建立一种健康、规范，甚至带有国际化色彩的企业文化。当时我们有门课叫变革管理，与人员、观念、价值观、企业文化高度相关。

在我们的引导下，有的企业开始建立培训部。这时，我们主动教他们设计培训业务流程，让培训符合并支持企业战略的实施。于是，一大批企业开始尝试短期培训。最初砸下巨资“吃螃蟹”的是上海绿碱、上海石化、上海家化、中百一店有限公司、上海永新彩管等企业，他们在中欧最初的三四年里，派大量人员来参加课程。

就在中资企业投身中欧的短期培训时，我和斯蒂芬之间分出了高下。自打一开始，我的销售额圆柱就高出一截，到后来越来越明显，销售业绩远远超过他。这多少是由于中资企业的课程便宜，比外资企业便宜五六倍左右。而我销售的课程在数量上取胜，总销售额就上去了。

看起来，这似乎有点不太公平。其实，这是想当然的说法。想想吧，中资企业处于什么发展水平？跨国公司都是财大气粗的巨无霸，他们对价格的敏感度比中资企业低得多，斯蒂芬做的其实是发达市场啊！不过，在那些外籍人力资源经理面前，中欧的课程价格与欧美中档商学院的价格相当。所以，把这个因素加进去，我们俩的难度其实是一样的。我倒觉得，之所以我的业绩好，是因为我善于把课程介绍给对方，大批量卖出去，这是我与生俱来的天赋。

看见销售额的天平日渐偏向我这边，一个想法自然产生了：我应该多出点力，合资企业也交给我。另一方面，我猛然间意识到，把两人销售额标出来是非常粗糙的，也是不可比较的。这会在我和斯蒂芬之间形成竞争。虽然他是头，我是副头，但这样一来双方就有一种矛盾感，会引起双方的互不信任，甚至还会为了各自的业绩争夺资源。

我主动提出把销售额并轨，斯蒂芬欣然同意。从此，白板上不再分“Mr. Li”和“Stefaan”，而是混在一起。我继续做中资企业，并接手部分合资企业，其实也开始拜访外资企业，直接为老外介绍课程，业绩还是很好。而斯蒂芬还是负责外资企业。这时，我们真正感觉到团结的力量。1995 年最后一个季度，销售额明显上去了。我们都承认，团队精神、团队合作高于一切。

EDP 部门团结了，唯一和我们作对的就是财务指标。1996 年的头 6 个月，EDP 部门继续亏损。那时恰逢年中举办的下半年销售预测会议上，各部门要评估预算和赢利状况。1996 年，我们的指标是 1 500 万元，可到了 6 月底，我们只完成了 280 万元。这意味着，下半年必须完成 1 220 万元。如此悬殊的差距，让外方院长觉得“荒唐”。一场震荡和危机悄然逼近。

外籍院长发出关门令

欧方院长竟然在讨论关掉 EDP 部门!

就在我和斯蒂芬紧密合作、准备大干一场的时候，关门的消息如同晴天霹雳，让我大吃一惊。

告诉我这个消息的不是别人，正是一同出来创业的伙伴——张国华院长。外方院长让他先和我通个气。

尽管我心里有一百二十个不乐意，可稍微平静下来，我还是不怪外方院长。学校有学校的难处。MBA、EMBA、EDP 三个部门都亏，学校运营非常困难。而且在 1996 年，学校要着手建设浦东金桥的新校园。且不说建造费用没有着落，就连设计费都缺一大笔。由此可以想象，中欧当时多么艰难。

张国华还告诉我，外方院长准备让我去做 EMBA 的副主任。但我的第一反应是，我应该回交大了。按照我的性格，做不好，我就承认失败，我不会去 EMBA。但在这之前，我要作最后的努力。如果不给我这个机会，我不会承认失败。

很快，第一任德国院长冯勇明就找我和斯蒂芬私下谈话。他没有说决定关掉 EDP，更没有对外宣布，只是非常委婉地说：EDP 部门第一年亏、第二年亏，第三年上半年还亏，学校需要 “restructure”（重构、调整）一下。当时多亏张国华院长提前告知，我心里已经知道大概，也有了心理准备。但斯蒂芬还蒙在鼓里，不知道在这温文尔雅的谈话背后，隐藏着多么严峻的局面：这个 “restructure” 的意思是关闭 EDP 部门!

离开院长办公室，我赶紧告诉斯蒂芬院长的真实语意，他一下子感觉到大难临头：EDP 到了生死存亡的边缘。回想起来，我和斯蒂芬在一年前刚刚开始合作时，我们意见经常有分歧，常常吵架，激烈时还分别到院长那里告状。但现在，争吵已经无济于事，我们自然而然地走到了一起，深切地感受到：谁都离不开谁，团结是唯一的出路。

我和斯蒂芬都不敢告诉 EDP 的员工，怕他们受不了，更害怕他们情绪波动，提前辞职。这种隐瞒不只是在语言上，更是在行动上。我和斯蒂芬更加积极地投入工作，哪怕我们心底急得像热锅上的蚂蚁，但在外人看来，EDP 部门蒸蒸日上。不过，我也隐隐约约感觉到，几个骨干员工已经觉察到了。

尽管我们离预定目标还差 1 220 万元，但我和斯蒂芬非常团结。我记得那时部门人手紧张，有一个女职员想请假。她要了小聪明，来找我的时候说斯蒂芬已经同意，找斯蒂芬时说我已经同意。但这个时候，我根本用不着打电话给斯蒂芬，直接对她摆摆手，用无比肯定的语气放下一句话："斯蒂芬不可能这么决定。"因为在那个非常阶段，我和他已经形成了默契，哪怕在两地出差，作出的决策也会高度一致。事后，我和斯蒂芬讨论起此事，才发现我们的想法竟如出一辙，都不相信对方会同意她请假。这说明，我们都朝着一个目标努力：把昂贵的课程销售出去，完成销售额！

我们的价值观变得惊人的一致。我们俩检查了 EDP 的账目，账上的预算还有 80 多万元人民币。斯蒂芬作为外籍高管，一个月的房租就要几万元，非常昂贵。要想改变困境，挑战真的很大。

但我们俩的个性都很主动，都认为，与其被动等待学校作出决定，坐视 EDP 被关闭，不如主动出击，最后搏一把。但前提条件是必须说服院长，让他再给几个月时间。由谁去说服德国院长呢？面对这个重大的任务，我让斯蒂芬去，他让我去。推来推去，一晃就过去了两天，如果继续推，结果就是干耗着，说关门就关门。最后，我同意去找院长。

来到院长办公室门外，我伸出手，犹豫了一下，然后重重地敲了敲门。

"请进！"冯勇明院长低沉而又威严地一声吼。

走进去，德国院长端坐在椅子上。我对他说，上半年 EDP 部门的表现不够理想，但不要以上半年的业绩来推下半年，应该给我们一点时间。如果要让我们关门，到年底再关也不晚。

德国院长看了我一眼，然后就带着不满抱怨说：你们上半年只完成了预算的 20% 不到，下半年要完成多少？……这位德国院长曾是德国统计协会的副主席，也是德国一所大学的副校长，还是诺贝尔经济学奖获得者、博弈论教授席尔顿的得意门生。他摆出来的数字铁证如山，根本没法再解释。

我只记得，他口中反复说着"No way，no way."（没门！）我提议把指标调低一点，我们保证完成。但德国院长盯着我，吐出两个字："No way！"

我们的谈话很快就结束了，双方都不愉快。

离开院长办公室，我想了很多。EDP 部门已经团结起来，非常有信心，在关门前，一定要争取到最后一搏的机会。如果得不到这个机会，我觉得我对不起职员，哪怕他们不用辞职，换到别的部门，对这些涉世不深的年轻人而言，在事业上也会有严重的挫折感。

我也想到了我与德国院长之间的关系。在非工作时间，我和德国院长交流蛮多。我是学哲学的，对德国的音乐、艺术、哲学都有相当了解，院长看到我，说话也比较客气。之前斯蒂芬回欧洲结婚期间，是我临时顶替，管理整个部门。而且，我和德国院长一起会见过好几拨重要客户，德国院长觉得我们配合挺好，他应该再给我一次机会……但，这毕竟是我的一相情愿啊。不管怎么样，我决定，第二天再去找院长谈。这是我的个性，如果他不同意，我就回交大，或者回母校华东师范大学读博士。

这几夜，我的脑子里充满思虑，夜不能寐。一清早到办公室，发了个 Email 给德国院长，告诉他我还想谈谈，作彻底的沟通。没想到很快得到了回复，他约我一会儿见。过了中午，他就要去欧洲参加国际会议。

上午 10 点，我再次来到院长室门口，敲了敲门。

“你怎么还坚持要来，你有什么想法，说说看。”德国院长见我这么执著，也微微一笑，语气似乎比昨天温和一些。

“我承认，我们半年只完成了 280 万元，但你看看，我们是从 4 月初开的课。中国总是先有元旦，再过春节、元宵节，而且春节之后过一段时间才能步入正常工作状态。这段时间，怎么做业务？这 280 万元相当于 2 个月做的。再说，业务都是下半年好。我们的销售额曲线一直在往上走，而且账上还有 80 多万元现金……”

我单刀直入，把我的想法说了出来。听了这一番解释，院长觉得有道理，似乎有所触动。我趁热打铁，要求再给 EDP 部门 8 个月时间，到明年春节再看。因为 2 月份是年度预算的调整时间。

德国院长摇摇头，不容商量地说：“No way!”然后他又补充说：“到今年年底还可以考虑。”

“年底就年底!”我立马答应下来。

我心里那个舒坦，这简直是巨大的胜利！心里悬着的石头终于落地了。其实，我最初的想法就是想争取剩下的 6 个月，多出来的 2 个月是谈判的砝码。否则，我直接提出到年底，精明的德国院长可能说：只能到 10 月份。然后他再布置一个新指标，完不成就关门。

离开院长办公室，我急不可待地冲回 EDP 部门，告诉他们这个好消息。接下去，我们更要拼了。这 6 个月，是我们最后的机会。我心里想着，咸鱼也得翻身，就看我们是否真的有能耐。

6个月内“垂死挣扎”

我向德国院长许下海口，也只是争取到半年“垂死挣扎”的时间，但真正要在6个月内挽回颓势，还得靠一个单子一个单子地做。作为EDP部门的领导，我心里其实很忐忑。我决定，上下一心，领导带头，更疯狂地拜访客户。

我手下有几位外籍客户经理，拜访了上海好几个跨国公司，但都没把单子做下来。这些外籍员工没放弃，他们请我出面和外国人谈。我二话没说，带着两个外籍客户经理就去了。其实，我的英语和这些外籍员工相比，肯定有差距，但我把订单谈下来了。这其中有个对客户理解并分析的过程。客户对自身存在的问题分析不到位，如果你能帮他们找到原因，他们就乐于前来培训。这种文化在中欧的EDP部门被广泛推广，老人做教练，帮带新人，然后再开内部交流会推广经验。

我的成功率高，是因为付出了心血：一有时间就看中欧的宣传册，看EDP部门的课程介绍小册子，看教授的简历。我对教授的家庭、个性以及他在教学领域的特性了如指掌！正因为我对课程的结构如此熟悉，对课程为个人和组织带来的商业利益理解非常到位，所以客户不下单也难。

为了提高业绩，我改进了工作方法：昔日，出于成本考虑，我们只拜访上海的客户。这次，我决定走出去。我先往全国各地打电话、发传真，一次次沟通，然后再飞过去面谈。根据我的经验，在电话沟通中，很多外地客户已经倾向于购买课程了。当我亲自来到他们面前，成功率就更高，几乎是十拿九稳。这些客户当年下单的比例占70%~80%。我手下的同事都习惯了，我在敲客户大门之前，就自信地告诉他们：今天ABB会有5张单子，明天朗讯有3张单子、惠普有3张单子……

从1996年起，我们定期举行月度销售会，让部门的客户经理们分享销售经验，互相学习。这是一个组织学习力的表现，是优秀心智模式的表现。

当时，我们的部门团结得像一个人，我们在外面谈判，部门里的员工都忐忑不安，焦急地等待结果。一次，我在北京谈下一笔大单子，打电话给部门报喜，电话里都能听到同事们的欢呼雀跃声。事后还有人告诉我，有些女员工激动得热泪盈眶，我听了很受感动。

当时，我疯狂到什么地步——每个星期去北京一次，每次三四天，大面积地拜访公司，效率非常高。那时北京的交通还不算堵，我在偌大的首都四处奔波，每天拜访五六家企业，每家谈 1 个小时左右。按照北京现在的交通状况，恐怕再也创造不了这样的纪录了。

有时，我们拜访完北京客户，还要去天津见客户。我曾经向中欧校友借了一辆 90 年代初的韩国现代车，开车去天津。那辆车最高时速只能到 100 公里，而且噪音十分大。那一次，我拜访了高乐高、顶新集团、摩托罗拉、天津泰达开发区等企业。工夫不负有心人，除了顶新，其他企业都派了大批员工来培训。

给客户经理“追加投资”

要把课程卖得好，有两个诀窍：先要了解所服务的客户，还要了解自己的产品。于是，我和斯蒂芬制定了一系列举措，在客户经理身上下工夫。

这一年，我们专门招聘了四五个客户经理，EDP 部门人数达到十几人。我进行了创新，让他们根据区域和行业来划分。在作课程推广和销售时，我接触了很多跨国公司，除了对他们的人事、培训有所了解，对他们的业务模式、分销模式也进行了了解。我和医药企业的总裁、总监交流后，知道了他们销售医药的模式。罗氏、辉瑞、施贵宝都是让医学学士、硕士甚至博士来销售药品和仪器。他们既是销售代表，又是顾问，要告诉客户如何用药，如何协调，如何进行培训。这批受过良好教育的销售代表对提升公司业绩作出了贡献。

他们的成功模式对我很有启发，我决定借鉴。首先我们从形式上学习跨国医药公司，先按区域分，把中资企业分为北区（又细分为北京、非北京）、南区，分别安排客户经理并设置指标。这就好比把军队分成军区来管理一样。然后，我们根据课程经理的擅长来划分，有的人销售财务金融，有的人销售市场课程。之后，我们又划分行业，让每人固定负责一个行业，使其领域知识、关注度、前瞻性都更为专业，成为相对资深的信息专家。这样一来，无形之中，销售课程的成功率提高了。

我们的很多客户经理都有洋学位，都是可以去高校做老师的料，但到了中欧就是行政人员。他们本身基础就好，经过行业细分，其素质更是高了几个层次。我可以说，国内高校的教授可能还没有中欧一个销售人员熟悉某个行业。

在这个基础上，我们对客户经理进行了“追加投资”。

首先，强化先期准备的理念。我和斯蒂芬亲自作培训，向职员传授经验，经常弄到很晚。针对90年代中期很多跨国公司的人力资源总监和副总裁都是老外的情况，我们要求客户经理先浏览这些跨国公司的英文网站，然后搜索相关的媒体报道和评论，最好也是英文的，全面、彻底地理解这家公司的现状、面临的问题和发展方向，遇到不熟悉的地方还要向他人咨询，尤其是请教业内的专业人士，最后形成观点性的东西。这样，与企业家交流时，就游刃有余。哪怕你当时表达的语言不顺畅，但你有你的思路和判断，他们还会觉得你的观点和见解有价值，让他们眼前一亮，不敢小觑中欧。

中欧的客户经理，与其说是卖课程，不如说是卖知识产品。英国有句老话：You sell knowledge products, you should be knowledgeable.（你要卖知识产品，你就要知识渊博。）在这方面，我要求员工能深刻理解课程介绍，倒背如流，然后再现场发挥。

其次，让教授与客户经理深入交流。教授到中欧来，要对客户经理作一对一的培训，总量必须作足6小时。教授会介绍课程设计理念、内容，课程的特点，对企业有哪些帮助，而且还会传授如何针对不同企业使用不同的介绍方法。此外，教授要重点介绍自己的简历。在宣传册上，一个初级的培训师也能被描述成大牌教授，但教授个人的经历、经验、职业发展的历程是无法炮制的。比如，他给多少跨国公司作过培训，有什么咨询行业经验，发表过什么成果。这番内容，能让信息量大大增加。

工夫做到这一步，没人比我们更懂得课程营销了，好像客户经理是教授一样。于是，很多客户在短时间内就能建立对中欧的信任。

商学院有一个环环相扣的关系：课程是教授生产的，教授的质量决定课程的质量，课程的质量决定客户的满意度，客户的满意度决定了课程未来销售量。在教学环节，中欧对课程设计的合理性、教授的质量把关很严格；而在销售环节，客户经理必须把这些内涵完整地传递给客户。

中欧EDP部门的客户经理达到什么水平呢？我可以举一个例子。

曹淑溧是EDP最出色的客户经理之一。她的自信和对职业的忘我，让整个组织为之惊讶。比如，要推销董事会管理课程，她居然把这门课的教材通读了一遍，后来又旁听了一遍课程。她不是为了卖课程而卖，而是去真正理解这门课。所以，她和广东、浙江的民营企业接触时，和老总完全是“聊天”，平等地对话。

步步高的老总段永平和她聊资本运作，聊公司价值，聊当时郑百文的公司被“ST”，聊银行管理。和企业家如此深聊，她能说得头头是道。在她的叙述过程中，企业管理者已经学到东西了。事后，很多客户打来电话：“中欧真不简单，你们的客户经理都是年轻的专家!"

她最终的销售境界是：国内企业把自己的报名表、预算额度表交给她，请她来决定，培训什么人，上什么课。这等于是把公司的培训大权交给了她。她对企业的了解和对课程的了解，赢得了企业的信任。很多客户问她："小曹，你给我们建议，该选什么课?"而且她在得到这个特权后，认真为企业考虑，赢得了更大的信任。

这是真正的顾问式销售，真正为企业着想，为企业找到解决方案。我要求客户经理就要达到这种水平。我还力图在部门内形成读书的氛围，以懂得多为荣，鼓励大家掌握细节。懂细节者是内行，只有内行者才能是专业者，最终成为专家。

培育出这样一批顶尖的客户经理，是 EDP 部门对学校的一大贡献。

大限将至，成绩单揭晓

这 6 个月是中欧 EDP 部门最难忘的 6 个月。连我自己都不敢相信，这 6 个月我们做到了 1 000 万元的销售额，使得当年总销售额达到 1 280 万元，一举把 1994、1995 两年的亏损额全部填平，还略有盈余。我成了短期培训的英雄。虽然没达到 1 500 万元的指标，但院长能感受到，EDP 部门在生机勃勃地发展。到了年底，德国院长只字不提关门的事，EDP 部门闯过了"成人礼"，终于站起来了。

1996 年，我们创造了很多纪录。这一年，EDP 部门的总销售额突破 1 000 万元大关。我们拿到了很多大订单：外资企业的最大订单是马士基，80 多万元人民币；合资企业的最大订单是迅达电梯，5 天 40 万元。二者都是内训课。

回想起来，在这 6 个月里，我和斯蒂芬大部分时间不在上海，通常是轮流出差，也可能同时出动，一起去北京。到了目的地，我拜访我的客户，他拜访他的客户，忙碌一天，我们晚上碰头，一起去痛快地喝啤酒。我们一人握着一瓶啤酒，各自把一天的收成拿出来。通常，我们每天各自拜访 4 ~ 5 家公司，两人加起来就是 8 ~ 10 家，每家只要买 2 个课程，就是十几张订单，30 多万元人民币。1996 年的翻身仗，赢在频率高。高频率的背后，就是艰辛。

这场 EDP 部门的保卫战，让我感触良多。我第一次那么深刻地感受到：坚持，才能胜利。如果你被竞争对手打败，这是失败，但只是暂时的失败。你还可以爬起来，再去战斗，扭转败局。但是，如果你自己承认失败，自己放弃，那就是真正的失败，今后再也得不到获胜的机会。

EDP的胜利在于没有放弃，这也是我们EDP的坚持。德国院长找我们谈话前，几个院长都认为EDP部门可以赢利，可以赚钱。但具体怎么操作，怎么赚这个钱，没有一般规律可循。据我所知，国内名校的短期培训都做得很辛苦，有的连基础工作都没做好，要么管理不行，要么招生不行，还没达到国外商学院10年前的水平。所以，EDP部门需要专业的业务流程、系统，还需要有重要因子——那就是能执行一切规划的人。

好几次去海外参加欧美商学院短期培训部主任年会，我发现，别看那些大名鼎鼎的商学院EDP业务每年都在增长，可部门主任次次都是新面孔。EDP总监走马灯一样换，做一年就“bye-bye”。人员变换如此频繁，就说明这一行不好做。我了解了一下，有的是自己不想做，放弃了；有的是想做但做不好，被老板赶走了。这都证明，EDP需要用加倍的心血去浇灌。

痴迷完美，追求完美

销售过程的质量决定销售业绩，而售前、售中和售后的服务同样对销售结果有影响。有一句名言：产品就是最好的广告。把课程和服务做到最好，我们自然会赢得更多的客户。

中欧国际工商学院聘请了国外一流教授，课程质量有保证。此外，我们力求在服务上做到一流。来参加短期培训的人，可以吃到一流的咖啡茶点，中午的午餐也很精致。那时，国内其他高校不会提供这些，就算是吃饭也是大食堂，比真正的饭店来得差。可以说，中欧开一代风气之先，让企业管理者们觉得物有所值。

课程结束后，每位学员还会得到一张反馈表，调查课程质量。难能可贵的是，学员会很快收到反馈结果。对一门课而言，可能有些人对课程评价并不高，但他看到更多的人打了高分，就会找自己的原因。如果他打了很高的分，发现别人的评分要低一些，说明他的要求还不够高，他也会调整。这种集体的评价，是对课程的真实评价，而且让学员可以与更多的人分享在中欧的体验。

中欧每个短期培训班结束后，都会发一张结业证书。之前，我们曾经和美国密歇根大学商学院合办课程，他们带来了一些美国路易斯安那州生产的精美镜框，硬纸质的，但外面涂了一层膜，像亚光的牛皮，非常漂亮。我们把纸质证书印刷出来，发给每个学员留念。

后来镜框用完了，我们又从美国进口了十箱，一年之内也用完了。从美国进口的成本高、时间长，既然我们每年要用掉几千个，何不找一家中国企业生产？

当我们把样品交给国内企业，几乎每一家都拍胸脯说：我们能生产。可产品出来之后，质量差了一大截，实在没法接受。我们尝试了中资企业、合资企业，都达不到要求。

小小一个镜框，体现的是中欧对完美的追求。用差一点的镜框，客户也不会说什么，但我们自己不能忍受。我们很纳闷，美国人能做到的事，为什么中国人做不到？后来，中欧一个校友帮我们找了常州中美皮革公司，勉强达到我们的标准。但我们就不信这个邪，向外公开招标，最终选定了浦东一家企业，但质量还是比美国产品略差一点。

其实，美国企业在勤勉度、细节把握上，还不如德国、日本的企业有竞争力，这样说来，国内企业真的差了几个档次。国内企业缺乏的是一种精神。日本企业不把产品做出来，就不吃饭不睡觉。而大多数中国人的心态是：差不多就行了。甚至还有极少数人认为，中国的东西就该差一点，这是最愚蠢的民族心理！

镜框一事，看起来鸡毛蒜皮，但它是一个缩影，体现了中欧创业者对每一个环节的认真程度和能力，更体现了中欧争创一流的愿景。当我们把每一个环节都做到完美、极致，甚至为之痴迷、疯狂，比竞争对手高一截，我们自然而然就是一流！这不是大话，这是一种精神，中欧今天的地位已经证明了这一点。

相比之下，很多组织对细节侃侃而谈，真正到了实施阶段，70% 的企业都放弃了。从我们的经历可以看出，做到细节要花费两倍、三倍的时间和精力，很多人不愿意付出这个代价，不愿意吃这个苦。

由于中欧在新意、创意、课程质量和服务上，都是客户在中国大陆没遇到过的，再昂贵他们也愿意尝试，而这种尝试，使我们得到了很好的机会。

第十章 EDP成为中欧发动机

中欧国际工商学院EDP部门的愿景是做到亚太一流，风格是准确、快速、热情、近乎疯狂。在亚太地区，中欧的课程已经是最贵的，销量也是最大的。和欧美一流的商学院相比，中欧与其在价格、质量上的差距已经很小了。柏唯良教授总把我的经历作为案例来讲授，他很欣赏我的一句话："卖得更贵，卖得更多。"这话具有小商贩特征，却也是最直白、最朴素的说法。

在1996年解除"关门危机"之后，EDP部门乘胜追击，外资、中资企业的公开课成功实现了两位数增长，增幅达到30%~40%。在一个管理启蒙的市场，中欧的学费那么贵，还能卖得多，靠的是每一个环节的高质量，靠的是EDP的标准和流程，以及不断追求卓越的信念。EDP部门通过建立标准、严格执行、疯狂推广，成为中欧的利润发动机。

表11-1 中欧国际工商学院成立至今EDP招生情况

年份	招生人次	年份	招生人次
1994	300	2001	4 500
1995	430	2002	5 100
1996	1 200	2003	6 000
1997	2 000	2004	7 000

续表

年份	招生人次	年份	招生人次
1998	2 300	2005	8 000
1999	3 000	2006	11 900
2000	3 300	总计	55 030

“五星级服务”的商学院

业界有句传播很广的话：三流企业做产品，二流企业做品牌，一流企业做标准。在中国管理教育的市场上，中欧无疑是最早树立行业标准的企业。而中欧内部，则是EDP部门最早想到了标准。

标准，首先表现在对外形象上，我们坚持用4A[①]广告公司。得益于外方的品牌意识，中欧在1994年起步的时候，就十分重视形象设计，并开始全球招标。盛世长城、麦肯·光明、奥美、爱德曼等世界级4A广告公司都来投标。最终，那一次盛世长城胜出。EDP部门花了20多万，但宣传册的制作相当精美，每门课就是一本册子，几十门课就有几十本册子，颜色依次递进，共同组成了完整的系列。后来，我去欧洲出差，发现欧洲大牌商学院都有一整套的形象设计。因此，在一段时间里，这几家国际4A公司一直是中欧形象设计的供应商。无论是营销活动，还是搞“路演”促销、公关活动，都得到了他们的协助。

对营销的重视，展示了一般人看不到的、隐藏在中欧内部的教学水平、服务水平的竞争力。或许读者会问，不就是几本宣传册，哪有那么大的作用？实际上，市场营销是为了靠近客户，吸引潜在人群注意你，并让他们成为真正的客户。这个过程对市场化的商学院来说，太重要了。册子是组织素质的外化体现。只要看看哈佛、沃顿商学院的宣传册的质量，就会感受到他们对营销的重视，就会有切身体会。

商学院所销售的课程和知识产品，是一种无形的产品，其营销难度比一般消费品更大。要想卖得好，只能在营销和设计上下工夫，至少不能低于商业企业的水平，一个对培训没概念的新兴市场更是如此。反观我们传统大学的商学院，都

① 4A是美国广告公司协会（American Association of Advertising Agencies）的简称。——编者注

是让校宣传部，或者那些小工作室来做，这是无法满足商学院要求的。

一个部门要快速发展，必须走正规化、专业化的路线，规范每个环节，理顺每个流程。斯蒂芬和我有意物色专业人士，进行指导。1997年，斯蒂芬和我去瑞士洛桑出差，发现瑞士洛桑国际管理学院的各个环节都相当规范，连LOGO的印刷颜色、尺寸大小，都有严格规定。一了解，为了做这本CI（企业形象规范体系）文件，他们竟然花了100万元人民币。

回国后，在我们的建议下，中欧国际工商学院也聘请国际设计公司制作了整套CI标准，从对外宣传册到名片、信封，全部统一。这可不是无谓的“烧钱”，而是建立一种规范的形象，让客户感觉我们很专业。时至今日，中欧在每个学员和经理人阶层心中的形象，依旧是国内最好的，这与CI体系的建立分不开。

在瑞士洛桑国际管理学院，我们请教了专业化路线的问题，一打听，他们也是师从高人，建议我们找一位爱尔兰女士。此人在希尔顿酒店工作了10年，在商学院做了8年，长期负责商学院内部业务流程的设计和实施。我和斯蒂芬一分析，得出了一致的观点：中欧EDP部门很有必要得到她的指点。于是，在学院里有反对声音的情况下，我们毅然付了昂贵的价钱——十几万人民币，把她请来。

在接下来的三周内，她来到中欧EDP部门，与部门二十几个员工一一访谈，询问每个人的工作情况，处于哪个环节，碰到了什么问题，而且还召开了十几次会议。最终，她为我们设计了三大标准：课程运营标准、市场营销标准、形象推广标准，包括职位描述、工作流程图、员工手册、课程运营手册、课程助理手册、课程管理标准手册等一整套规范。每个岗位、每个环节、每个流程节点，她都进行了清晰的定义，使EDP部门的服务焕然一新。

这套标准的细致，无可挑剔。比如，怎么制作胸卡、台卡，格式如何整齐划一，都有明确规范；台面上准备好的铅笔，削到什么程度、摆成什么角度，都有严格标准。而且，她要求我们给客户的铅笔永远是新的。想想，当一个学员付了几万块钱来读书，看到一支半截的铅笔，会是什么感觉？所以，用过一次的铅笔再也不能给客户，只能留给员工自己用。

在标准制定好之后，我们请她到希尔顿酒店开了几次业务培训会，教大家贯彻整套标准。从此之后，中欧的EDP课程俨然是五星级酒店标准。在课程开始后，如果计算机没有接好，影响了课程，这算重大事故。课程一结束，马上开现场检查会，调查是什么原因、谁的责任，并将其作为衡量课程助理业绩的标准，没人敢怠慢。

又比如，学员来参加课程，在“欢迎文件夹”里，有一本中欧精心准备的生活资讯，介绍了他们在这几天的学习中，所有可能遇到的生活、学习以及休闲问题，从交通到住宿、饮食、旅游，考虑之周全，几乎涵盖了任何一个细微之处。我们的目标就是：让学员没有问题，如果他们还要来提问，就说明 EDP 部门的工作没做好。

再好的流程设计，没有执行也是等于零。这位爱尔兰女士走后，EDP 部门的任务就是：百分之百严格要求，百分之百严格执行。

要求严格到什么地步呢？台卡、胸卡、笔、笔记本，都要在开课前一天晚上准备好。我要求负责此事的 EDP 课程助理必须住在学校，或者学校对面的酒店。如果让课程助理第二天一大早再赶来，只要有迟到的概率，就会有质量上的威胁。而且在开课前一晚，有学员从国外或内地其他地方飞过来，甚至深夜到达，如果这时没有课程助理，那将是灾难性的。

课程助理住在附近，至少有两个好处。开课前一晚，可以布置教室到深夜。要知道，很多教室头一天要使用，很晚才“翻台子”。如果保洁员不到位，课程助理还可以处理到位。而第二天清早，课程助理也能在第一时间安排接待。

我有一个同事叫高明涵，是个女职员。2000 年上半年，我们要开一门讲领导艺术的课程。头一天晚上，她布置好教室，住在学校对面的宾馆里。半夜里，她梦见第二天早晨，在距离开课 20 分钟时我突然叫她：“Nell（其英文名），你过来！你别的都做了，为什么教室里一个胸卡都没放？这是事故！”

她猛地惊醒了，是不是学员的胸卡真的没放？她怎么都不放心，强迫自己穿上衣服，从宾馆出来，过马路回到学校。进了教室一看，果真没放！每个学员的座位前空空如也，胸卡全部堆在教室角落里。

后来，她把这件事告诉我，然后对我说：“Mr. Li，我真可怜，做梦都在想工作，还被你批评，可见你的管理之严！”这个“噩梦”传开后，大家既当笑话，又把这件事作为经典案例在新员工当中流传。

在最初的一年里，晚上我都去看教室。德国姑娘克劳迪娅·谢弗（Claudia Schaefer）和李洁会打电话给我：“李先生，一切就绪，您什么时候有空过来检查一下？”挂上电话，我就会抽空去看，总能找出一些问题，比如座椅上有头发，要用吸尘器重新吸；桌上可能有咖啡渍，要立刻擦干净。另外，半自动卷笔刀一定要准备两三个，否则下了课，大家排队摇铅笔。至于教授桌椅的摆放，要尽量考虑每位教授的习惯。

发现少许不足，我就会提出来让他们改。由于我经常说，课程经理的想法逐渐和我统一了。这时，我就不再去看了，因为整个组织的意识和行动标准都统一了。

抉择欧美商学院运作模式

世界各地的商学院，有各自的模式和特点。在欧洲一些规模较小的商学院，他们的流程都是打散的，员工柔性组合，从招生、课程管理到课程保障都由一个个项目小组完成。这一模式的优点是节省人力，但如果课程数量多，员工精力会被分散，而且每个阶段都难以专业，团队之间交流也不充分，达不到最高质量。此外，西方还有像沃顿、哈佛、密歇根大学商学院这样的优秀组织，另辟蹊径，采用流程化的方法：专门有人做课程销售，有人做客户服务，有人做课程管理，有人做后勤保障。从运营效果看，沃顿、哈佛、密歇根的短期培训管理普遍比欧洲商学院好，原因就是流程化、专业化。

在商学院的运营过程中，“谁好就向谁学”，这一理念在中欧 EDP 部门极为突出。我觉得中欧适合用后者，因为中国市场大，业务量大，需要规范化。从洛桑国际管理学院回来的外籍员工坚持采用欧洲做法，其实是作坊式的，我坚决抵制，还吵了一架。后来，我们没有因为中欧是中国和欧洲合办的，就一味采用欧洲做法，而是“谁好就向谁学”。这才是良好的心智模式。事实证明，我们又踏准了一步。

比如，某个课程初期预计招生 30 人，结果来了七八十人，如果按照项目制，这个课程由一个项目小组负责，由于人员有限，他们无法分享到其他小组的资源，根本无力应付。而我们采用流程化的办法，有专业的招生队伍，专业的客户服务和课程管理，客户人数大量增加也没问题。

具体说来，我们对流程进行了梳理。第一块是销售，由客户经理完成；销售出去之后，要有人跟进，这就是第二块——客户服务，包括接电话、完成客户垂询、提供各种资料。之后，进入第三块——课程运营，在传统高校里叫做教务管理，包括课程运营经理和课程高级助理、一般助理等人员。他们是辅助生产者，负责落实教材、安排课堂翻译，以及学员需要的一切生活保障：学员的报名表敲定之后，他们就着手安排每个学员的胸卡、台卡、住宿、吃饭、机票、交通，直至完成课程。最后是第四块后勤保障，负责桌椅、教室卫生、咖啡茶点的安排、设备调试等等。

客户经理和课程服务都是做市场和营销的团队，他们还细分为公开课团队和公司内训课团队。而课程运营、后勤保障是参与课程生产的团队。如此辛苦地细分团队，为的是达到一流的效果。

EDP部门曾经给上汽集团的老总胡茂元作过董事会管理课程的培训。课程结束后，胡茂元大加赞赏。他赞赏的不是课程质量，这个他早就认可了。令他惊讶的是服务，中欧除了教授的能力、课程的内容之外，连点滴服务都这么到位。他很感慨：为什么上汽培训中心不能像中欧这样好呢？后来，他还让上汽培训中心的职员走访我们。

其实，这里面有企业文化的问题。我们每一节课结束，有一位课程助理陪着教授和翻译，以及晚走的学员；另一位课程助理引导着大多数学员去餐厅。因为餐厅里有很多房间，有的学员会找不到，这些细节上的事做不好也会让学员感觉很差。一个付了两三千美元的学员，理应得到最高标准的服务。

为了便于员工操作，在课程管理环节，我为员工总结出8个做事的步骤：

Check List。任务清单检查。不论是每天的工作，还是特定项目，员工都应该开具清单，并且不遗漏每一个细节，做完一个去掉一个，直至完成。

Double Check。双重、多重地检查你所完成的工作是否在有序开展。有些事情需要一定的时间才能完成，有的电话需要拨好几次才能打通，多次的确认和回顾可以让员工回忆起未完成的细节。

Follow Up。跟进。对于那些需要协同完成的工作，如果授权给他人，需要监督别人的进度，以便保证员工自己的工作进度。

Review。定期回顾工作进度，并且记录任务项目的进展。为工作的最后完成留出充裕的时间，以免遇到意外，措手不及。

Back Up。备份。任何的请假或特别事项的临时交接，都需要有预备人员接替，其责任、质量和权力应保持一致。

Empower。在分配工作时，要注明相关的交接人、任务内容、完成时间，任何一个员工的工作内容都是可以衡量而且明确的。

Feedback。将一项工作交给主要执行人时，应抄送给相关执行人，让相关人员都有所了解。

First Responsibility。EDP部门规定，只要把任务交给一个员工，该员工自然成为第一责任人。哪怕他把这项任务交给张三李四做，他也必须持续关注、加以指导并负责到底。出了问题，绝不会有人说："我是让某某去做，他没做好和我没关系……"这种常见的推卸责任的做法，在我们部门看不到。

对于客户经理，还有Reconfirm（再次确认）等环节。

由于管理体制有特殊性，EDP部门这套标准难以与其他部门分享。多年后，MBA部门也去沃顿商学院，经过若干月的实习、观察、交流，搞出一套北美风格的、符合中国市场特色的课程运营标准。同时，中欧职业发展部（CDC）也去达顿商学院等院校，借鉴制定了一套完整而专业的毕业生职业发展咨询、规划流程。足见，规范和标准已经成为中欧的理念。2003年，我离开奋斗近10年的中欧国际工商学院，开始了天翼图书的创业历程。我继承了中欧精神，也让员工继承了这8条工作规范。这是后话。

追问中国企业家缺什么

中欧国际工商学院的高级经理培训课程，定位于企业中高层管理人员。哈佛商学院的凯蒂教授曾经作过一个研究，他认为，基层经理对专业知识要求很高；中层经理看重人际关系；而对高层经理而言，最重要的是理念，其次才是专业知识和人际关系能力。在中国，这种情况尤为突出。国内的企业家、经理人大多从基层做起，他们专业知识丰富、人际关系能力很强，但他们最缺乏的就是理念，商业意识不到位。

而根据著名管理咨询公司Hay的调查研究，中国企业家至少有4个方面的弱势。其一，中国企业家善于进攻，却疏于防守。各行各业的企业都喜欢打价格战，甚至为了把同行打垮，不计后果。这样的战略和营销充满激情。但是，中国企业家很少考虑防守，对自己的运营能力、财务安全、人才储备、市场巩固方面，都疏于管理。

其二，中国企业家善于模仿，但创新不足。在过去20多年里，中国企业家信奉“拿来主义”，从欧美日等地购买生产线，然后组装生产，压缩成本，打价格战。“技术创新”四个字常常被挂在嘴边，但实际上却乏善可陈。

其三，中国企业的高层团队有缺陷。高层对自己在战略执行过程中的角色不清晰，企业家大多是狮子型，很多企业是“一头狮子带领一群绵羊”作战，无法产生职业经理人。

其四，中国企业家直觉很准，但缺乏思考。一个企业从小到大，更多的是靠企业家的商业直觉，而不是深入的思考。别看很多企业行动敏锐，但思考不足，欲望膨胀，常常草率地冒进，陷入困局。

“现代管理之父”德鲁克在生命的最后日子里，被问及对管理的看法，回答说：“管理没有捷径。”中国企业家所缺的，必须要补上。这就是中欧的定位！EDP部门瞄准了中高层管理人员的高端商业教育。中欧可以充分利用自己在工商管理领域的学术优势，传授思想、理念和思维方法，弥补企业的不足。而从20世纪90年代起，市场上的小型培训公司都是传授工具。一经比较就可以发现，中欧比其他培训供应商定位高。哪怕撬动这个高端市场要付出更多努力，我们也从没动摇过，从未降低门槛，进行低端竞争。

在中欧的推广会上，中欧总是主动提出思想与工具的关系问题。经理人掌握了先进思维方法，把脑袋“换”了，自然会创造出很多先进工具。反之，如果思维理念落后，心智模式不改变，哪怕得到了先进工具，也是当成落后工具使用，其结果还是落后。

外部环境决定了中欧的战略。在刚成立的几年里，我们主要瞄准跨国公司，在他们进入中国的最初阶段，除了中欧，国内根本没有符合他们要求的供应商。加上跨国公司实力雄厚，这一块是中欧必须抓住的。同时，民营企业还在萌芽阶段，没有发展起来，很多中资企业只是刚刚与外国客户接触，谈不上“走出去”，民企的市场还在培育。所以，对中资企业，中欧采取低价策略，用近乎一折的价格帮助他们成长。5年之后，到了1999年，以广东、浙江等地的企业为代表的民营企业发展壮大，中欧马上“掉转枪口”，对他们采取营销行动！

由于中欧定位高、收费贵，避免了与众多的培训公司进行价格战，把他们远远甩在后面。曾经有一家美国培训公司，在90年代中期的时候，每年的销售额与中欧EDP部门差不多，但是到了2000年，规模已经差了几倍，没法和中欧比了。

攻城略地的急先锋

早在1996年，中欧国际工商学院就开始了扩张的步伐，在北京与外经贸部联合办了EMBA班。按照国家教委的政策，高校的学位教育不允许异地办学，所幸中欧的学位没被国家教委承认，不受这个限制。不过，中欧还是决定，调整策略，让非学历教育的短期培训部作为异地办学的先遣部队，四处挖掘潜在市场。

1997年，EDP部门北京代表处成立，我们招了两个北京姑娘，一个荷兰姑娘。三个人，一个做办公室经理，一个做课程管理，还有一个做客户经理。北京的崭新市场，就交给了她们。别看人少，但从业务结构和人员配备上，已经很完整了。

荷兰姑娘的一个老乡是北京希尔顿酒店的总经理，我与这位总经理一谈，长期租赁价格很便宜。我们就把办公室设在希尔顿酒店，在那里租了一间办公室作为北京代表处的办公地点，名义上说这是 EDP 的代表处，实际上也是整个学校的代表处。在北京，EDP 部门做了很多“路演”，客户经理可以四处拜访客户，可以直接在当地开课。同时，有这样一个像模像样的办事处，当地客户就容易了解我们，学校的品牌也推广开来，为 EMBA 的招生作了预热。

中欧建校后，MBA 和 EMBA 两个学位课程与短期培训 EDP 课程一直互相支持，互相协调。这种不分彼此、共同进步的创业精神，促进了学校事业的发展。参加过短期培训课程的学员，亲身感受到中欧的质量和服务，就会有兴趣参加学位课程。同样，一些老总上了学位课，感觉不错，就会派下属来参加短期培训课程。

到后来，三个部门形成了协同效应。EMBA 和 EDP 招生情况好转，就能改善全日制 MBA 的招生。因为 MBA 的学员很容易受企业家影响，只要企业家认为中欧好，年轻人就追捧中欧。而且，这些企业家也会认可母校的 MBA 毕业生，把他们招到麾下。

随着业务量的扩大，中欧在北京希尔顿租了第二间办公室，不久是第三间。业务量成倍增长，中欧干脆招聘了一位校友，飞利浦（中国）的人力资源经理马遇生，也是现在中欧北京校区的负责人。他在加盟中欧后，招兵买马，寻找房源，一番搜索，终于在北大西门附近找了北京达园，正式把北京代表处搬过去。至此，中欧全功能的代表处正式成立。

马遇生自豪地说，北京的教学场地、设施跟上海差多了，但经过团队的努力，北方地区的学员对中欧北京校区的管理服务总体满意。他的结论是：“北京校园尽管硬件很软，但软件很硬。”

2001 年，中欧又在深圳建立了代表处，同样是 EDP 部门的预算，我亲自去深圳招人。此时，我和人力资源总监的理念又前进了一步，要招那些在跨国公司里成熟的经理人，特别是有销售背景的。深圳代表处第一任主任叫孔飙，是环球资源的华南区域经理。

北京代表处每年的行政预算约为 20 多万元，深圳代表处每年行政预算 40 多万元，主要是房租和人员工资、办公开支。我记得深圳第一年的预算是 47 万元，但当年的课程销售额远远超过这一数字，当年就有了赢利，第二年就更不用说了。据员工说，深圳和北京两个代表处的销售总额在 EDP 的业务中占了近一半。

他们已经是中欧的第二战场、全新阵地，成为上海总部之外不可忽视的力量。

教育领域首开“路演+促销”

中欧国际工商学院作为一家提供知识产品的非营利机构，与企业一样，也面临着如何推广自身产品的问题。与MBA和EMBA等学历教育不同，EDP部门课程产品的销售更为困难。这时，我们采用了各种办法，包括数据库营销、广告、管理论坛、高层经理培训简报等。有人说中欧是教育领域的营销高手，我觉得当之无愧。

在众多的营销策略中，中欧的撒手锏是“路演”——中欧管理论坛。这一思路的灵感来源于INSEAD商学院的“全球早餐会”，他们让全球的重要客户在某一天早上赶到INSEAD，作主题发言，谈学院发展，谈各自企业需要什么课程，效果很好。中欧进行了改良，设计了适合自己的模式——“路演”。这种主动出击找客户的办法在国内是第一家，放眼全球的商学院，都可以算做一种创新。

在1996年，也就是中欧成立的第3年，“路演”正式推出了。说白了，“路演”是宣言书：宣布中国有这么一所商学院，并展示它的定位和愿景；它是宣传队：告诉企业家我们提供什么产品，竞争优势是什么，给客户带来什么利益；它是播种机：在每个企业家心中，传播培训的理念，撒下中欧的种子。

单纯的促销会充满商业味，经理人一点兴趣都没有。中欧的“路演”是由学校的大牌教授、外聘高级经理人来发表主题演讲，吸引企业家前来听讲。中欧的教授通常会选择一个企业家关心的问题，运用经典管理学理论和他几十年来的独到研究成果加以分析、解答。每次论坛气氛热烈，人气十足。

中欧的管理论坛不是促销会，效果却胜于促销会。由于我们推出的演讲者都是一流的：吴敬琏、杨国安、许小年、柏唯良、霍华德·沃德（曼彻斯特商学院）、顾凯诗（剑桥）和方伟翰（汉堡大学），都是大牌。他们的演讲让客户收获很大。论坛每次两小时，许多听众听得如痴如醉，感受到了中欧教授的风采，也大大加深了对中欧管理课程的认识和信心。在这个过程中，中欧得到了大量客户，也培育了潜在客户。

1996年，中欧在北京希尔顿举行为期两天的“政府官员在市场经济中的作用”免费课程，北京市政府的各级官员、国家证监委、国务院发展研究中心、北京市经委、中化、中石化、中粮、五矿、中电、中海运等国家部属大型国企的总裁、董事长等都参加了推广活动。论坛之后，中欧采取聚焦战略，拜访重点客户。中欧当年在北京举行的EMBA招生中，有一半人曾参加过中欧管理论坛。

起初，论坛只是在上海举办，后来发展为全国巡演。我们根据企业数量来划分一级城市、二级城市和三级城市，从北京、青岛、大连、南京、杭州、温州、无锡、宁波，甚至远到成都、重庆、西安，凡是企业云集、有市场潜力的地区，都留下了中欧的足迹。

随着“路演”频率的提高，中欧也摸索出一套成熟的方法。在每次中欧管理论坛举办前，我们都会在当地投放广告，通过传真、电子邮件发邀请函，EDP、MBA和EMBA三个部门互相借助对方资源，借助当地的中欧校友，最大限度扩大影响。论坛结束后，当地的媒体会跟踪报道。

事实证明，中欧管理论坛已经成为推广课程、提升学院知名度的一种有效渠道。每次论坛的效果可能有差异，但都在当地培养了一种氛围，聚集了人气，建立起一个网络。中欧的管理论坛货真价实，即便要收取100元到300元不等的门票，但每次都能吸引200～300位企业家到场。

中欧作为第一个吃螃蟹的机构，勇气可嘉。那时，中欧的品牌效应并不强烈，全国不同地区的发展阶段不同，“路演”效果也不同。比如，在杭州、大连“路演”，来的人比较多，但在南京，人数并不多。这当中，我们嗅出了市场的气息：一个城市的开放程度、经济发展程度、企业家密集程度，直接影响论坛的效果。

几年后，管理论坛成为整个管理教育行业的标准活动，中欧再次成为标准的制定者和潮流的引领者。

“全国皆知的秘密”与深圳大捷

短短几年时间，靠管理论坛进行促销就成为“全国皆知的秘密”。中欧的许多竞争对手都纷纷效仿，长江商学院、北大光华等一大批知名商学院分别推出了“长江管理前沿问题”、“与大师同行”等活动，在全国大造声势。

2001年广交会期间，中欧在深圳搞管理论坛，由顾凯诗讲“分公司遥控管理的两难”。课程是半天时间，我们只提供咖啡茶点，到场人数是250人，大部分人是心甘情愿买门票入场的。

不久之后，北京一所全国最著名的大学也选择在深圳搞论坛，地点是香格里拉酒店，实到人数为150人。应该说，150人也很成功，教授和内容都不差。

一年之后，两个学校又一次在深圳狭路相逢。这次，他们选在深圳威尼斯酒店举办论坛。他们总结了上一年的经验，有备而来，参会者一下子达到了250人，非常成功。两周后就轮到中欧举办管理论坛，压力之大，可想而知。

北方这所高校先声夺人，让中欧切身感受到竞争的压力。中欧管理层召开了特别会议，三位院长强调了“路演”的重要性，并授权我为这次论坛的总指挥。在他们的印象中，EDP部门的管理论坛总是很成功。会后，我立刻安排部门的副手与学院公关部的荷兰籍女士一同负责。

时间一天天过去，眼看离论坛越来越近，只有10天时间了，我认为他们准备得差不多了。结果一问，报名的人数才90多人，而我的目标是400人，这不是开玩笑吗？我万万没想到，这两人的思路不一致，互不配合，相互扯皮。

我急了，严厉批评了荷兰女士：“这紧要关头还不团结！”她哭着离开了办公室。

这是我的个性，我是想把事做成，并不是针对某个人。后来，我把她劝回来，向她道歉。看来，要打一场翻身仗，还得我亲自组织。

我的目标是有400位企业家到会。我提出了一个观点：应该把最低到场人数作为指标，分配到各个部门。EDP部门首当其冲，承担180人，EMBA承担100人，MBA承担50人，这样加起来，有330人。按照20%的人会缺席来算，还要找100多人。

领到任务，我冲着员工喊：“打电话，全体员工打电话！”EDP部门疯狂了。客户经理集中往广东打电话，他们是老手，几千美元的课程都能销售，这次几百元的门票算什么，加之深圳已有代表处，这是在客户和潜在客户的家门口办，当然有吸引力。

与此同时，我也在进行策划。以往，我们在深圳只做1个广告。这次，我决定加倍，一定要一炮打响！我说服院长做3个广告。两个花钱购买，1个是用课程座位交换。这还没完，我直接找到电视台，拿着教授简历说服他们到现场报道。用同样的办法，我说服深圳两家最重要的报纸——《深圳商报》和《深圳特区报》来现场报道。

在深圳投入这么大力气，并非单纯为了超过竞争对手。深圳是上海之外最重要的阵地，论坛成功与否，具有战略意义。不仅如此，在论坛举办前不久，EDP部门刚刚在深圳开了代表处。我专程和中欧人力资源总监到深圳面试了3个人。一旦“路演”成功，就是对深圳代表处成立的最好宣传。

为了达到完美的效果，我拿出了撒手锏，说服张国华院长和西班牙院长白思拓，让他们出场。不用说，重量级的人物肯定有号召力。

别人想不到的是，我更有杀伤力的武器是——奔驰大巴。

我让深圳代表处的新职员，也是EDP的深圳负责人孔飙弄了三辆奔驰大巴，号称“论坛专车”，然后告知报名的企业家，为了避免会场混乱，请搭乘统一的大巴前来。

这些老板都有奔驰、宝马、凌志等豪华车，干吗要这么麻烦？因为我太熟悉企业家了。如果让他们自己开车来，路上只要有一个生意的电话，他马上会掉头，把论坛抛在脑后。企业家都是生意第一，利益驱动，无可厚非。这时候，上帝也救不了我们！但是，如果我们安排了专车，企业家只要上了车，不是火烧眉毛的事情，他们都不会下车，这就确保了到场人数，我们的论坛也就成功了。

3辆大巴，一辆去东莞、一辆去佛山、一辆去中山，负责接三地的民营企业大老板。每辆大巴可以坐60人，三辆就是180人。他们中既有看到广告，主动来报名的人，也有深圳私营企业联合会推荐的。得到这个协会的支持，也是靠我的一通说服，再加上孔飙的上门沟通，他们愿意组织企业家前来参会。

在论坛召开前一天，忙完了现场布置的一切工作，时针已经指向凌晨2点。我做东，请所有员工在深圳一个普通的餐馆吃了顿晚饭。我心里有说不出的兴奋，因为第二天已经十拿九稳。我们没喝酒，只喝了点茶。我看着这些得力的同事，嘱咐他们回去多睡一会儿，全力应对明天下午的论坛。

第二天，我们又把会场看了看。时间一分一秒地过去，到了下午，只能容纳450人的会场，居然风风火火来了600人。会场里人头攒动，很多人没位子。我让酒店把主席台右侧的四扇大门全部打开，在会场外摆满了100多张椅子，可还是不够，有的人席地而坐，这才安顿好。当时的场景让人感动，很多经理人坐在地上听教授演讲。这种场景让我想起了革命年代，这在90年代是不多见的。

下午2点，论坛开始了。论坛主讲是忻榕，我担任主持，两位院长还发表了讲话。算起来，这恐怕是中欧历史上最成功的论坛。在中国南方这块兵家必争之地，中欧树起了不容怀疑的品牌影响力。

同样的城市，相近的时间，不同的商学院搞论坛，为什么有的人多，有的人少？这是组织的能力问题。中欧对自己有高要求，一定要做到最好。这也说明，商业组织不能躺在功劳簿上，不能躺在历史的光环中，优秀的商业组织必须不断更新心智模式。有些大学每逢校庆，喜欢喊一些令人振奋的口号。这当然是必要的，但是具体执行起来，连5年、10年的战略方针和详细规划、预算都没有。既然如此，他们的口号就是空喊。

中欧在论坛结束后，马上会开招生咨询会。四方形的台子，中欧的职员坐在里面，外面围着客户，谈论学校，咨询课程，甚至天南海北地聊。这一形式如同临门一脚，让客户最终选择了中欧。后来，中欧作了一个调查：学员了解 EDP 课程的主要途径中，10.2% 是通过论坛认识中欧，最终选择中欧的。

短期培训部每隔 3 个月就要搞一次“路演”，这在头一年的年底就制订好计划了。后来，中欧的“路演”越来越多，而且朝着高频率、小型化发展。这些活动对中欧品牌的树立，起了巨大的作用。

一年之计在于秋

在 EDP 部门的营销法宝中，数据库营销是最重要的一个。在多年的积累之下，中欧逐渐建立起庞大的数据库，它如同一张密集的大网，把中国大地上大量的中高层企业管理者网罗起来。通过顾客数据库，中欧与目标客户保持着密切联系，不断将课程信息告知他们，取得了不错的效果。

在我们的数据库里，客户分为两类：重要客户和非重要客户。那些组织规模小、买单量小、对中欧认可度弱的客户，都是非重要客户。他们未来或许很重要，但当前不重要。我们的目标就是，把重要客户服务好，把非重要客户变成重要。

这一思路带有明显的工业化色彩。只要回顾历史就会发现，近代人类社会的进步就在于工业化和现代化特色，他们的效率高、速度快、规模大。中欧是生产销售知识产品的组织，在培养学员时，把他们称为“客户”，这个叫法在中国还是头一家。而在学员毕业后，又把他们称为自己的“产品”。中欧一开始就考虑到学员的双重身份，这相当超前。

对很多行业而言，一年之计在于春，而销售知识产品则恰恰相反，一年之计在于“秋”。客户是否愿意掏钱买培训，很大程度上看有没有足够的预算。跨国公司很重视预算：花钱的合理性、对成本的控制，都是反复考虑的范畴。跨国公司往往是每年夏季之后就开始作次年的预算，9 月、10 月有了预算框架，到了 12 月会修正一次，1 月、2 月也会变化，但主体已经确定了。直到 4 月、5 月，有的企业才彻底定下来。但有一点是明确的，只要预算确定，他们就要严格遵守。

因此，商学院一定要跟上企业的节奏。每年年底客户编制来年预算时，就是中欧最重要的营销时刻。越早提供课程信息，客户就能越早掌握培训费用的尺寸，及早设计预算。

说起来容易，实际上这个时间差并不好打，甚至存在着矛盾。每年秋天，中欧也在编制明年的课程计划，也面临着很多不确定性，主要是教授的时间无法及早确定，协调起来很复杂。那么，我们如何在第一时间把课程信息告诉客户呢？

中欧的经验是出手两次：先设计出“初稿”，再跟进正式版。

为了跟上这一步伐，中欧EDP的年度规划从9月份就开始做，由一两个职员完成。这段时间，他们忙得像打仗一样，时间观念特强，争分夺秒抢进度。他们会连续加班，一个星期之内作完这份年度报告。他们既要和各个相关的教授开会，又要编制成英文的方案，最后汇报给院长。

在这份初稿上，罗列了全年各类课程的价格、天数、运营成本等大概内容，经院长审阅后，马上就通过邮件和传真发给客户，生怕人家晚收到。因为很多大公司计划性很强，一步没踏准，别人把财务计划作好了，没有留出预算，这时候，再好的课程人家也不买。为了让所有企业在规划中把中欧的培训放进去，我们往往要提前。哪怕是草稿，也要先发给客户，就怕人家没想到中欧，一点预算都不留给你。

可见，时间管理对我们来说多么重要。一年之计在于秋，课程规划掌握不好，就会失去很多机会。因此，每到秋天，EDP就进入预算最紧张的时候，相关人员一起工作，一起吃晚餐，然后再干到深夜。在这种高效率的工作之下，三四天就把预算作出来，组织的能力展现得淋漓尽致。

到了每年一二月份，正式的课程介绍设计好之后，我们在第一时间把电子版发给客户。不久，客户会收到印刷精美的正式版本（我们称之为EDP年度课程介绍册）。由于对公司作预算的过程和时间有高度了解，中欧的市场战略始终走在其他院校之前。

有了这个过程，春节之后，客户就会购买中欧的课程了。这时，商学院还不能松懈，以免前功尽弃。比如，随着课程靠近，我们会提前3个月将具体的课程资料邮寄给他们，这是每门课程的单行本介绍。别看这个单行本只有一两页纸，却是促使客户买单的“临门一脚”。

到了开课前一个月，我们会发传真提醒客户。整个过程的顺序是发电子邮件、传真、邮递小册子、电话跟进等，这些环节过后，大部分人下决心参加了，我们的营销才真正告一段落。

这一切工序的运作，都有赖于一个中心——数据库。数据库营销的成败，完全依赖于数据的准确率和有效性。中欧一直在积累数据库，来源主要包括：

- 参加课程的学员信息
- 中欧客户经理拜访客户后交换的名片
- 中欧举办各种会议、论坛收集的信息
- 外国各大商会企业名录

此外，我们也从有市场口碑的专业数据公司购买数据，但这些数据往往滞后，出错率较高，我们不作为重点对象考虑。在这一点上，我们有过教训。

EDP部门把数据分为22个行业，每个行业都有专人负责。每一个课程，都有对应的目标行业。每当我们需要与目标客户进行联系时，只要在数据库中搜索相关行业，筛选一定职位，找到的就是第一目标。如果效果好，招到足够的学员，那我们就到此为止。否则，我们会扩大联系范围。比如，适当降低职位要求，扩大范围发送邮件，鼓动职位稍微低一点的人来报名。

越到后来，企业管理者流动性越强，数据库往往只能用1年。为了确保数据的准确性，EDP部门每年“洗”两次数据库，在6月和12月，通过各种渠道对数据进行更新。比如说，发Email总是弹回来，或者总是没有回音，那我们就会打电话去问。一旦发现客户已经离开那家公司，我们就把这一条记录去掉。否则，准确率的百分比越来越低，出错率的百分比越来越高，可能发出2 000份，只能收到几十份。这个数据库就烂掉了。

由于EDP部门的良好运用，MBA和EMBA部门都来同我们分享数据库。到了2004年，在EDP部门的一再要求下，中欧引进了CRM系统。这样一来，全院的数据资源可以共享，中欧可以更好地运用数据库营销了。

价格并轨的阵痛

说到中欧的课程，很多人的第一反应是“贵”！中欧的同事们开玩笑说：“许多人说起LV（路易斯·威登），第一反应也是贵。”从长期来看，价格是价值的体现，中欧国际工商学院在建校5年后获得了亚洲第一的美誉，这足以证明昂贵的学费并非“虚高”。况且，在中欧成立后的前6年里，EDP部门作出了战略选择——差别定价：对外资企业收取全额学费，对中资公司实行“有补贴的价格”（即奖学金）。

对于外资企业，我们参照世界著名商学院价格，同时考虑中国实际情况确定，最后制定的价格不到世界著名商学院的一半。即便如此，在国内已经是最高价位，足以令财大气粗的跨国公司咋舌，只有一些比较成功的欧美企业能够承受。

外资企业采用美元收费。在1995年，2~5天的课程收费大约在600美元到1 600美元，之后每年略有增长。到了2000年，外企学费稳定在1 950~2 500美元之间。

对外资企业收全额学费，中欧有底气。一方面，外企的人力资源总监和副总裁都是老外，他们普遍了解欧美商学院的价格，如果中欧定价太低，无异于降低自身价值，反而影响客户的信心。但反过来，中欧又不能完全与国外接轨，开出欧美商学院的价格。毕竟在20世纪90年代，中国经济还处于起步阶段，消费能力有限，物价水平也低。如果一味采取高定价，企业难以负担。这时，一旦海外商学院进军中国市场，同样的价格下，他们的优势就很明显。因此，中欧采取中等价格，延缓了海外商学院进入中国的步伐，为自己留下了充足时间。

转过头来看中资企业，最初我们痛下决心，根据中欧双方的财务协议，向国有企业提供奖学金补贴，学费打到近乎一折，只要付外资企业1/8的学费就可以来上课。但中资企业还是觉得太贵，只有一小部分规模较大、业绩良好的企业才愿意承担。那时，中欧教室里出现了来自上海家化、上海石化、上海氯碱、德力西集团的学员。我敢说，如果不是中欧的优惠，完全按照外资企业的收费标准办，没有哪一家中资企业能接受。

中欧没有忘记自己的目标，那就是为中国培养自己的管理人才。因此，在学费上向中国企业倾斜，用价格杠杆鼓励他们参加培训，这与中欧建校的理念是一致的。实践证明，中欧前五年的“价格双轨制”是成功的。它在维持学校运转的同时，让中国管理教育市场走向成熟。

打个比方，如果把中资企业看成是“青蛙”，全额学费就如同沸水。直接把“青蛙”放在沸水里，他们会一下子跳起来，全部被吓跑。但是，中欧提供了特别优惠，就相当于拿出一杯温水。虽然我们当时就考虑到未来价格会并轨，温水最终会变成沸水。但通过这个渐进的过程，“青蛙”们接受了。

这个比喻不是贬低客户，而是形象地再现了我们走过的道路。从中欧EDP部门公开课价格曲线来看，自1995年起的每一年，外企课程价格和中资企业价格都在上涨，但中资企业涨幅更快，每年涨20%左右。1995年，外资企业课程售价比中资企业售价高出7倍，而到了2000年，二者学费差距已经缩小到2:1。

在1997年、1998年不断提价的时候，我们也遇到了客户的挑战。10多家客户非常不满，打电话来投诉，放话说："本来我们要下单，你们涨价我就不来了。"

其实，学校并没有逼我涨价，但是我有长远的考虑。我心里很清楚，未来EDP部门要获得良好的销售收入，并轨是在所难免的。我咬咬牙，压力再大也得涨。

这时候，整个市场环境和知识产品的供求双方，也在发生着细微的变化。一方面，中欧的品牌价值日益显现，课程的美誉度不断上升，培训市场对中欧的认可度逐年提升。另一方面，中资企业经过多年的发展，实力已经明显增强，企业对一流知识产品的需求越来越强烈。

从2000年开始，甚至出现了一个令人惊讶的现象：一些中资企业的老总主动要求付外资企业的价格，上外资企业的课程。民营企业家向来精打细算，他们当时考虑的第一因素是课程的内容和质量，只要课程物有所值，能解决他们在企业管理中面临的疑问，他们就愿意花高价购买。

从这一年起，我决定作一些尝试，向中资企业开放一部分只有外资企业才能参加的课程，但要收取全额学费。出乎我的意料，效果很好，很多中资企业接受了。

供求双方的变化，如同量变的积累，一点一滴地改变着天平的斜度。到了一定阶段，中欧EDP的课程定价体系已经具备了质变的基础。到了2001年，也就是我离开中欧的前两年，中外资企业课程价格全部并轨。历史包袱终于放下了。

2001年是刻骨铭心的一年。价格并轨后，中资企业课程价格涨幅达100%，是中资企业学费最昂贵的一年。我们的客户经理压力大得不得了，客户数量急剧下降，很多职员失眠了。他们一遍遍地向客户解释，加倍努力地销售课程，但还是无法阻止客户从我们眼前消失。尽管EDP部门艰苦努力，中资企业学员的培训人次还是下降了15%。

然而，当我们在年底分析一年来的销售情况时，却出现了戏剧性的一幕。我们意外地发现，得益于涨价，EDP课程的毛利率大幅提升，虽然培训人数少了，但销售收入并没有降低多少，而是基本与上一年持平。我悬着的心落地了。

到2002年，我们的销售收入的增幅超过了40%，创历史新高。而且，过去一度流失的中资企业客户开始部分回流。

价格并轨，标志着中欧度过了特殊历史时期，我把它称之为"软着陆"。在市场沉睡时，中欧赚不到钱，与其拒之门外坐等关门，不如用低价吸引客户，积极培育市场，为未来创造价值。如今，我们熬过了这个阶段，中欧EDP写下了浓墨重彩的一笔。

不过，鹤立鸡群的高学费也引起了某些政府部门的注意。

2000 年春天，中欧独树一帜的高额学费引起了上海市物价局的注意。物价局对中欧有所耳闻，也知道这是上海市的重点项目。于是，他们绕了个弯，通过他人传话，说要来检查。

一些行政人员有些紧张，我对张国华院长说："怕什么？我去做成本结构表，把理由都列出来，让他们来查好了。"张国华知道 EDP 一年要操作 100 多个课程，我对成本结构相当清楚。他笑着说："看你说得这么理直气壮，就由你来准备吧。"

没过几天，上海物价局的领导亲自来到中欧。在报告厅，院长们都坐在下面，由我来做主表达。其实，按照单位成本来算学费，EDP 部门是最贵的。在 2000 年，MBA 学费近 10 万元，EMBA 是两年 20 多万，EDP 部门一个星期的课就要 2 万多……

在演讲时，我把教授的工资、去酒店上课时租的场地、各种成本都列出来，讲解中欧学费的合理性。之后，我又详细解释了国家以前拨款的用途。

铁一般的事实显示，中欧完全依赖学费运转。

物价局的领导注意到，从数字上看，中欧一个教授的工资比 20 个中方员工的薪水总和还高。他问："你们为什么给老外这么高的工资？"

我回答说："同样一个教授，他在国外上课的报酬可能是 4 000 ~ 6 000 美元，在中欧只拿 2 000 ~ 3 000 美元，已经很低了。如果再低，人家就不来中欧了。"

算起来，我几乎列举了 40 个理由。这让物价局的领导感到，中欧最大的挑战就是以国内市场的价格，来支持国外发达国家的成本。中欧的价格不是高了，还有些偏低。听罢，两个局长已经无话可说。

其实，在他们来之前，我已经主动出击，到物价局解释了一番。这次，他们一行又受到了良好的接待：中欧所有院长都出场，对他们非常尊敬；中欧又挽留他们一起吃午饭。两位局长看见我们这样辛苦，非常理解、支持中欧。在接下去的 5 年内，物价局再没找过中欧麻烦。

永葆课程新鲜活力

一个产品之所以畅销，是因为它能满足用户的需要。作为知识产品的提供商，中欧国际工商学院同样紧跟管理领域的变化，一方面，取消市场反应冷淡的课程；另一方面，适度超前，推出市场关注的课程。

我的理念很清晰，只有不断创新，才能保持中欧的竞争优势。从1994年建校以来，EDP部门每年以30%~40%的速度更新课程。EDP部门参照海外商学院的课程，最初开设了6门短期培训课程，包括大型国有企业外向型人才课程、非财务经理财务课程、人力资源管理、市场营销、管理与领导艺术等。如今，EDP已经发展到近70门课程，课程设置也从三四天的单一模块延伸到综合类多模块，时间更长，内容更多样，产品领域也发展到工商管理的各个方面。

在课程更新的过程中，我们摸索出一套EDP新产品的开发流程。

第一步，了解。从三个途径了解。

我们要了解客户，通过拜访客户、组织学员参与新课程讨论会，以及从客户经理那里收集客户的反馈，获得来自客户的第一手信息。

我们要了解外部环境，紧跟当前中国经济和企业界面临的新热点、新情况，了解管理界的最新动向。

我们还要了解竞争对手，收集国内外竞争对手的新动向，同时掌握海外著名商学院推出的课程。

第二步，分析。综合以上三个途径得来的信息，分析课程是否适合中国市场，与此同时，与教授进行沟通。如果一个教授经常与企业接触，与学员讨论，他总会有设计新课程的冲动和方向。因此，让教授参与新课程的设计，十分必要。

第三步，征求意见。中欧将新课程的初步设计交给潜在客户，征询他们的看法。同时，对高层次的课程，我们会选择重要客户，举办新课程试听会，让客户亲身体验，与教授直接接触。在供求双方进行良性互动之后，再设计客户所需的课程。

根据我的经验，总有一些课程，教授自己觉得好，但客户不认可。对一些未来性的课程，现在是看不出名堂的。如果能邀请客户参与课程设计，这一状况就会有改观。客户会越来越觉得，这些课程有道理，我们在为他们着想。

我记得我们曾经有过一个不错的想法，做中国CEO课程。我们邀请了光明乳业的王佳芬、TCL的李东生、万通的冯仑、美特斯邦威的周成健等一大批企业家来听。当这个课程设计完之后，这些企业家都报名了，他们觉得，这个课程是针对他们的。

第四步，与教授沟通，改进课程设计。

第五步，推出新课程。

一门课程，从捕捉需求到具体设计，从论证到销售，都有客户、学院和教授多方参与。依据这种理念，EDP部门成功开设出一批新课程，既推动了学院的发展，也给这门学科带来了蓬勃生机。其中，服务营销课程是我们的得意之作。

最初，中国只有市场营销，没有服务营销。服务营销是什么？

银行、证券、投资、基金等金融业都属于服务业，这些商业组织没有机器厂房，办公室也不大，但是对人的要求很高。金融产品要通过专业服务来体现，金融企业的竞争力就是服务。这不只是态度问题，也不是专业知识的问题，而是要把服务作为一个产品营销出去，通过服务提升竞争力和赢利能力。

服务营销在服务行业有广泛应用，非服务行业也很需要。企业的业务流程中，只要有一项与服务有关，就需要服务营销。服务营销可以加强服务能力，使得有形的产品卖得更好、卖得更贵。企业还可以通过服务提升员工品质，提升企业形象。

说到改善形象，在改革开放之初的前10年，企业要提升竞争力和企业形象，都通过硬广告：电视、广播、报纸，这是远远不够的。服务营销是通过服务和接触，让客户体验到你的品质和力量，体验到你的组织文化和理念，体验到你的组织能为顾客带来的价值。

政府也同样需要服务营销。政府是提供公共服务的机器。商业组织是营利性组织，政府也是组织，随着社会的发展，政府也要随时代的变化而变化，与时俱进。政府为公共事业服务，提供安全卫生、社会保障等服务。美国的州长、部长、总统大都有商业公司工作的背景。不难想象，当他们把商业组织的服务、营销理念带到政府后，其运作效率会更高。

可见，无论是商业组织、非营利性组织还是政府组织，一切市场化、社会化的组织，都需要服务营销。如此重要的课，国内却没有开设，我称之为“结构性落后”。我曾经和张维迎教授说，中国讲市场营销的教授可以用飞机火车来装，但是讲服务营销的根本没有。国外有人专门研究这一部分，可能研究的水平并不高，但毕竟有这个领域。中国不但没有，甚至还发生了理念上的冲突。

此前，IBM这样的跨国公司已经意识到了服务营销的重要性。他们在管理分销商、做支持服务的时候，深深感到必须有服务营销，不能只有市场营销。于是，他们向中欧EDP部门提出了咨询，还向我们要这方面的书。我仔细一查，美国西北大学、哥伦比亚大学、沃顿商学院、INSEAD都有这门课，美国一些州立大学也有，但是不多。

2000年，我们就开设了服务营销课，这在国内是第一家。一方面，中欧处处提供高端的课程，我们不能在这方面失去特色。另一方面，中国确实需要这个课程，中国的第三产业要成长，服务营销必须跟上。作为一个优秀商学院的总监，我有这个眼光，也有这个责任。

经过反复比较选择，我选择了法国 INSEAD 商学院的教授。由于市场很大，这位教授很吃香，忙得不得了，开价是一般教授的 2～3 倍，上完课马上就走。

事实证明，这些课卖得非常好，都是跨国公司的人来听，他们知道自己需要这个。遗憾的是，国有企业的人对此毫无概念，根本不知道自己缺什么，柏唯良有一句很棒的评价：最可悲的是你不知道自己不知道。后来，这话也被他用做一本书的书名，成为畅销书。

直到现在，中欧 EDP 部门还保留着服务营销课，而且该门课一直保持着旺盛的生命力。此后，国内有一些高校跟随中欧，也开了这门课。

另一门让我印象深刻的课程是工业营销。

以前，只要在中国谈市场营销，就是讲怎么把东西卖给消费者。其实，这是很狭隘的。地球上有一半的公司在做 B2B，做工业品的营销，为什么没有相关课程？

我们有必要先弄清什么叫消费品，什么叫工业品。一个家具供应商，通过店铺把沙发卖给最终消费者，这就是消费品。同样的沙发，卖给电影院、咖啡馆，就不是消费品，而是 B2B 的半成品，是用来为客户服务的生产资料。因此，工业品和消费品不是根据商品的外形和功用来区分，而是根据流程、销售模式、服务对象来决定。

工业营销对一个国家的重要性不言而喻。工业品的客户需求、管理、服务方式都是不同的。中国的市场营销教授很多，但他们大都是临时改行，看了几本书就走上讲台，讲授不了工业品营销。但中欧 EDP 部门从全球顶尖商学院找师资，成功开设了工业营销课程，热销七八年之后，市场需求已经很成规模，但中欧依然是国内唯一开这门课的学校。

此外，中欧还率先开设了创新管理课程。从国家主席到企业家，都在讲创新。到底怎么去创新？它可不是单凭一个创意，而是由企业的体系和组织文化决定的，与企业的心智模式有关。同样，创新不是 CEO 在房间里想出来的，商业模式是集体智慧的表现。

中欧的付出有了结果：据我们调查，学员在学习了这些新课程之后，脑海中有了清晰的未来。他们遇到问题，懂得如何对待它，需要补充什么资源，聘用什么背景的人来解决。

这一切，就是高端、前沿和创新课程带来的魅力。

中欧开设的诸多创新课程，在国内都是独一无二的。有一半以上的新课程都是中欧用自己的师资开设的，比如创新设计与开发、组织与体系的创新管理等。这就是中欧的先进性。它能看到未来，也能培育市场。而国内其他商学院，对新课程没有意识，也没有师资。

之前，我提到中欧给上汽集团总裁胡茂元开了一门课，叫做董事会课程。应该选什么样的师资呢？国内商学院的教授？不，他们不了解董事会。过去几十年来，中国都是非股份制、计划经济，他们对董事会都很陌生，更别奢谈指导大企业管理董事会了。最后，我找到了一位德国教授，此人曾做过德国大众、英国石油的董事，也做过独立董事，而且是国内唯一一本阐述西方董事会管理教材的作者。

于是，我们打了个包，由这位德国教授讲授董事会实务，再请中国经济学界的泰斗吴敬琏教授讲中国宏观经济、企业转制和董事会建立的趋势，并邀请收购与兼并的专家王巍主讲董事会的调整与股权变化等内容。宏观与微观兼有，让胡茂元非常满意。

中国有很多课开不起来，找不到师资，反映了国内高校师资结构性落后的问题。首先，这种落后是由个人的知识和结构决定的。很多人博士毕业之后就当老师，有些教授出去做了五六个咨询，就自认为很了解企业了，其实时间太短，他们的经历还不够。其次，国内的落后体现在与企业交往的时间以及接触企业的量上。国外的大牌教授把研究触角深入公司内部，密歇根大学商学院的战略教授一辈子与250多个企业家成为朋友，同时与两三百个企业经理人密切往来。他们的研究模式注定他们深受市场与公司的欢迎。最后，西方的工商管理教育早于中国，其研究模式也更成熟高效。中国的企业管理学科过于理论化，即便是企业管理学科出身的教师，也不足以成为经验丰富的经理人。更何况，更多所谓的管理学教授，都是从社会学科转过来的，连他们自己都处于学习阶段。

管理教育的创新离不开商学院的配合。如果教授走进企业，他就会有新的发现，就会产生设计新课程的冲动。然而，如果课程设计出来，卖不出去，也只有死路一条。因此，中欧EDP部门在课程设计之初就对教授进行反馈，在他们创造出新课程之后，我们还要把它销售出去。这样一来，学科就得到发展，一门课就迎来了勃勃生机。

另外，不应忽视学员的反馈。很多学员对课程有想法，碍于面子不会对教授说，但会对行政人员说。从这个意义上讲，商学院教育行政人员的素质很重要。他们是接触市场的第一人，虽然不直接生产产品，但参与课程的设计与研究，直至推广。一旦他们了解客户，可以对产品生产者——教授，提供很多反馈，行政人员可以影响甚至引领教授未来的研究方向。

对课程创新，中欧希望用一套机制去保障。在头一年年底，我们会对明年的课程进行规划，比如，开设新课程多少，创新类课程多少，市场热点课程多少。通常，新课程可以占30%左右。我们会给客户发问卷，把所有课程罗列上去，请客户打钩。当然，我们不会完全跟着客户走，客户打钩集中的，肯定要开；勾得不多的课，只要我们觉得有价值，也要开。

举例来说，中欧无论是学位教育还是短期培训，都把财务、金融类课程作为重点。中欧深刻感觉到，资本运营、投资、成本控制、财务报表分析，都是公司运营者需要具备的知识。而这些，恰恰是国内很多企业的高层领导最缺乏的。这与他们的教育背景有关。我们觉得重要，所以我们坚持开设并得到了学员认可。

不过，中欧有一种课几乎不碰，那就是易经、国学。最近几年，国内商学院开设国学成风，风头之盛，令人惊讶。

组织都有共性。人体是一个精密的组织，由肌肉、骨骼、经络、血液组成，其先进是由结构和系统决定的。无论是生物形态还是社会形态，都要强调结构和系统。所谓系统，要从ABC、一二三开始，由初级到高级，循序渐进。西方人做组织就强调系统、标准，用制度来运营一切。之所以他们的城市适合居住、生产效率高，人的综合素养高，都与他们积累了数百年、相对完善的制度有关。

商学院开设易经、国学，我不反对，这都是中国文化的精华，但我们不能把自己的东西极端化、膨胀化。想想，一个民营企业家学了国学、易经，就能把“中国兵法”用于商战实践吗？一个遇到发展瓶颈、管理方式落后的企业，在借助“中国智慧”之后，就能脱胎换骨了吗？要知道，一个组织还得靠公司财务、市场营销、生产质量管理，需要这些结构和系统的建立，才能幸免淘汰。靠一些哲学小故事就想成为世界500强，简直是天方夜谭。

我很欣慰，中欧至今没有跟风开设易经，中欧把商业教育看做是一个系统工程，必须有一个完整结构，然后由各个体系、标准来支撑。我们有招生标准、运营标准、课程设计标准、教材标准、师资选择标准，这些标准就决定了一个良好的体系。缺什么、补什么，不是凭空产生的，而是系统分析之后得来的。

另一方面，国学课也体现出一点：中国人把中、外分得太清楚了，总是强调中国如何、外国如何。我想，差异永远存在，但不要绝对化。公司本质都一样，都是为了赚钱、创造利润、服务于社会。它们也都需要市场营销、生产管理、品质控制。我不时遇到那些热衷于把中国神化的老外，我对他们说：其实中国人外国人的本质都一样，我们都想吃美味的三餐，都想穿高级衣服，都想开好车，住好房子。有什么区别呢？只有在一些具体的行为方式、文化特征上，有点差异。

所幸的是，中欧借助自己的机制，结合市场需求，较好地处理了这些问题。

两大产品线“两条腿走路”

根据客户的不同需求以及培训量的大小，中欧的高层经理培训课可以分为公开课与公司特设课程。如果要归纳二者有什么不同，其最大区别在于前者注重员工个人的培养和发展，后者注重组织整体能力的发展以及组织管理水平的提升。

公开课的魅力在于视野开阔，学员可以脱离日常工作，在中欧美观的扇形教室里，了解最新的管理理念与最佳实践，提升专业知识，提高管理技能。同时，学员们可以结识新朋友，迅速拓宽人际网络。这是学员们最看重的。

公司特设课程，也叫公司内训课，这类课程与公司的经营战略挂钩、度身定制，目的是帮助企业解决当前或者长期未解决的管理问题，为公司提供最渴求、可按需定制的知识产品。它的开课地点并不局限在企业内部，也有很多企业放在酒店、休闲场所，或者放在中欧。

公开课从一开始就是EDP部门的利润发动机，贡献着绝大部分的收入。到了2004年，随着民营经济的崛起，民营企业对公开课的需求出现了井喷。外资企业与中资企业的销售收入从7∶3逆转为5∶5。

相比之下，公司特设课程的发展比较滞后，为学校带来的收入也相当有限。这与企业对培训的需求有关，另一个原因是，企业内训课的价格较低，而且多年来涨幅很小。

这里有我的考虑。作为EDP部门的总监，我希望企业特设课程的面铺得广一点。打个比方，如果不涨价，我们要做20个企业的内训课才能完成指标。涨价之后，只要做10个企业就行了。但我宁可选择前者。培训范围广，中欧的影响力就广，未来的后劲也大。一味涨价，纵然可以轻松完成指标，却是非常短视的，限制了未来开发市场的潜力。

后来，随着经济发展与企业的壮大，公司特设课程的需求不断增加，但此时，中欧的师资成了瓶颈。既然是“特设课程”，就需要教授高度参与，了解企业内部运营情况以及它面临的挑战，从而找到培训的需求点，然后再进行有针对性的设计。但遗憾的是，中欧的授课型教授忙于EMBA的教学，留给EDP的时间、资源非常有限，以至于EDP部门只能眼睁睁地看着内训项目流失。

拿下公司特设课第一大单

1997年，大庆石油管理局局长、中石油总裁助理丁桂明从国外回来，在北京机场转机，准备飞往哈尔滨。他在机场翻了翻英国的《经济学人》杂志，无意间看到了中欧国际工商学院的广告。从广告上的英文来看，这是一所国际化的商学院，但旁边又有吴邦国用毛笔题写的“中欧国际工商学院”的汉字校名。丁局长觉得非常意外，中国怎么会有这么国际化的商学院？

在机场，丁局长拨通了中欧的电话，我的荷兰籍助理接了电话，很快就喊我：“Mr. Li，一位中国老板打电话来，想预约见面。”

我问：“是谁啊？”

荷兰助理答：“大庆石油局……”

话没说完，我心头一震，第一感觉就知道这是大单子，让她马上把电话转给我。

电话那头，一位先生缓缓地说：“我姓丁，是大庆石油局的局长，如果你们的组织像你们广告上所说的那样，我想明天上午在哈尔滨新世界酒店大堂见你。”

我连忙回答：“可以，没问题，明天我会赶到。”

放下电话，我马上安排助理帮我订机票，并上网对大庆石油的基本状况进行了解。那时互联网刚开始出现，我们抢先用上了最先进的信息工具。

与此同时，MBA招生办主任李杰得知此事，又想办法挖掘到另外一个渠道，与中石油进行了接触，并与大庆石油管理局进行了沟通。可见，中欧部门之间的合作是非常密切、不分彼此的。

当晚，我准备了一个箱子，把中欧的课程文件、教授的简历、宣传册通通带上。第二天就飞到了哈尔滨。

丁局长问的第一句话是：“你们的教授有没有经理人背景，有没有咨询背景？”

话音未落，我就觉得太对我的胃口了，这不是当时国有企业领导能问出来的。我把学校的起源、教授的材料和文件一一展示给他，告诉他，中欧的教授都有一二十年的经理人或咨询背景。听到这儿，丁局长舒展开双眉，感觉非常好，说：“我要的就是有公司背景和咨询经验的教授！”

我把课程方案递给他，建议大庆石油局安排两个模块：人力资源与变革管理、公司财务与战略。我解释说，如此设计主要是考虑到，企业的管理要和未来的变化结合，如果不结合，未来的管理是无效的，也是没有竞争力的，这门课是中欧霍华德·沃德教授的强项；另外，受体制限制，国有企业的财务水平都不高，所以我们增加了财务类课程。我特意指出，会有西方石油公司的案例。

听罢，丁局长频频点头。他对我说："企业战略很重要，战略没搞清楚，后面的事就别谈了。"我觉得很意外，那时国有企业的领导是不怎么谈战略的。他微微一笑，解释说："我刚在哈佛读完高级经理人课程……"

我恍然大悟。我得感谢哈佛大学，他们已经给这位领导进行了一次思想的洗礼。其实，我们在《经济学人》杂志做广告的措辞都与哈佛很接近，内行人一看就知道我们的水平。这里我要插一句，为了把广告放到《经济学人》上，我们花了一大笔广告费。这可是中国教育机构第一次在这本杂志上尝试广告，不知挨了多少人批评。事实证明，这是有效果的。

我按捺不住内心的激动，两小时的交流，我们基本上拿到了47万元的订单。在中欧成立的第三年，这已经是石破天惊的大订单了，堪称公司特设课程中最大的一笔订单。

这当中，还有一个小插曲。大庆石油局的人力资源部部长是上海某名校物理系的硕士，当他得知局领导要花一大笔钱搞培训时，马上把这一信息通报给母校。这所高校却不以为然，而且也不知道该怎么做。1997年，国内的传统高校哪有正规的短期培训课程啊。

倒是丁局长叫住了这位硕士，对他说："你别忙活了，我叫中欧做是有道理的。如果我要找传统高校，我完全可以找北大、清华，不都一样嘛。中欧这种课程，是我们所缺的。"

很快，大庆方面已经同意下单，但签约还是需要中方院长出面。在哈尔滨休息一晚之后，我回到上海，对李家镐院长说："还是您出面吧。"其实，我知道那时他已经72岁，而且身体不如从前，但他毫不犹豫地答应了。

一个月后，李家镐、张国华两位院长、李杰（时任MBA招生办主任）和我一行四人前往哈尔滨。由于院长出面，这次会面彻底锁定了谈判结果。最终决定课程由项兵、谢家伦、霍华德·沃德三人授课。霍华德是变革管理课程的顶级教授，项兵了解中国体制的弊端、人员的老套、思路的陈旧，让他来讲最合适不过，而谢家伦是公司财务、投资分析的专家。

中欧的教授很厉害，他们考虑到对方的实际情况，把英国石油和壳牌石油的案例放进去，大庆石油局的中高层干部听了，反响非常好。这种案例是中欧的强项，资深教授深入分析跨国公司的成与败，对中国企业很有启发。

一切都很完美。唯一遗憾的是，李家镐院长从大庆回上海几个月后，就查出胰腺癌晚期，身体每况愈下，不久就去世了。一想到李家镐院长操劳一生，晚年为学校奔波，最终累倒，我就觉得万分内疚。

把握盈亏平衡点

组织发展到某个阶段，总会遇到各种新问题、新挑战，甚至会充满分歧。EDP 部门的特点是团结，遇到什么事，大家都会关注，群策群力。

每年到年末，我们都要规划第二年的市场营销和促销活动，中欧 EDP 就像羽翼渐丰的雄鹰，充满野心和愿景。以往每年做四五场，在同行中已出类拔萃。但我们不满足，想做更多。做得越多效果越好，但预算是有限的。为了讨论这个问题，虽已到深夜，但部门内七八个人丝毫没有离开的意思，还在热烈讨论。

最终，我们决定搞 8 场活动。我的感觉是，人总是要自讨苦吃，这个组织才有希望。想法子少做，怕啃硬骨头，组织就完了。我们一个一个地确定活动时间和地点，比如南京是一站，深圳一站，广州一站，杭州一站，还有青岛、大连……第二年就严格执行。

另外，一个优秀的部门需要良好的预算能力。EDP 部门有一位专职财务人员，也是我的预算助理，他的预算可以详细到把每一次课程的咖啡茶点和餐费算上。所以，每一门课的成本分摊，毛利、净利、保本点都一清二楚。

一门课，究竟是 11 个学员能保本，还是 14 个学员能保本，我们算得清清楚楚。这使得我们在销售时目标清晰：一定要尽力达到保本点，如果达不到，就要从别的课程上补回来。比如，这一两个月销售不佳，我们就会增加学员，或者加课。

有时候，一门 40 ~ 50 人的课程，我们可以加大销售力度，卖到 70 人。那些畅销的课程，在上海开了两次之后，我们重复开班，到北京再开两个、深圳也开一个。只要课程好，很多跨国公司不在乎我们在哪儿开，北京、上海、深圳都可以，关键是时间适不适合。这样，就把之前的亏损弥补了。

做到了这些，意味着 EDP 部门的工作走上了轨道，有序而高速地运转着，真正成为中欧的发动机。

第十一章　中外员工的鲜活岁月

让老外销售课程

拓荒者面临着前人没有走过的路，一定要采取一些非常规的行动，才能杀出一条路。90 年代中后期，跨国公司是我们的主要目标客户。而跨国公司里，掌握和使用预算的人通常是人力资源总监，往往是外籍人士居多。

说起来，中欧的客户经理英语都挺好，但与老外相比，还是有距离。这种距离首先表现在文化上。我们有的客户经理，还是在国内生长，在国内受教育。其次是语言上，中国人用英语和老外交流，毕竟会存在一些隔阂。第三点，也是最重要的一点，就是心理上的问题。一个老外到中国来任职，他总有一种优越感：我来自发达国家，我带来了先进的经验和专业。如果前来销售课程的是中国人，卖的产品是让老外所在组织提高的课程，好像说服力不够。我不愿意在这上面多争论，但事实是，他们就是有这种心理，中方客户经理面临着销售瓶颈。如果要突破这种心理，你就必须改变。

说到这里，我想谈谈地球上另一个著名商学院——法国 INSEAD。INSEAD 位于法国的枫丹白露，是一个真正全球化的商学院。相比起来，沃顿、哈佛还算不上全球化，它们是美国的商学院。而 INSEAD 所有的工作、教学语言都不是法语。要知道，法国是民族主义色彩很强的国家，他们以法语为傲。在这个国家，居然有一个不用法语教学的商学院，真是一个奇迹。这表明，它已忘记国度，成为一个真正的全球化商学院。它的师资中有70%～80%是非法籍人士，行政人员有一半来自法国以外。而且，法国政府也不承认INSEAD的文凭。

我曾经在一年内三次到INSEAD，他们的短期培训部主任是一位比利时的马丁女士，后来担任副教务长。此人是中欧的学术委员会成员，但该校又要在中国和新加坡开拓市场，是中欧的相对竞争者。她的心里很矛盾，和我讲话都很笼统，根本交流不到什么。但商业敏感告诉我——他们留了一手。

在他们办公室的墙上，有一幅“军事地图”，是用窗帘遮住的。趁他们不注意的时候，我把它拉开了，里面是一幅条状图，上面显示了不同国家的客户数量：美国、德国、英国、法国、北欧各国……而且他们的市场部里，也相应有美国人、德国人、丹麦人、荷兰人等等。

后来，我见到了INSEAD市场部的一个美国小伙子，我就问：为什么你们市场部的职员来自世界各地？这是有意的还是无意的？他意味深长地笑了笑。我把条状图与市场部的职员一对应，就明白了个中道理。他们根据历史上短期培训课程的销售情况，哪个国家的公司多，就安排相应国籍的职员与之接触。

1996年，我与合作主任斯蒂芬进行了交流，告诉他我也想建立同样结构的市场销售队伍，他觉得非常有道理。随后，我向副院长苏史华汇报，希望试用一下外籍职员，让他们按照国籍划分责任区，销售课程。比如，聘请德国人，就让他们去巴斯夫、西门子、汉高、博世；聘请美国员工，就让他负责摩托罗拉、通用电气、通用汽车……苏史华将信将疑，没有一棒子打死，只是说：试可以，但不要课程没卖掉，反而成本大涨，而且泄露了客户数据库。

于是，我们聘请了上海外国语大学教国际经贸的一个美国小伙子弗兰克·约瑟夫，作为第一个外籍员工。他的商业意识不错，对课程的理解和对美国公司的熟悉程度都十分到位。自从聘请他之后，美国制造业企业的垂询电话数量不断增多。这是个好兆头，过去，中欧的美国客户一直不理想。

尝到了甜头，我们先后聘请了加拿大姑娘莎拉和蒂娜、英国人艾莉森和乔纳森、德国人克劳迪娅·谢弗和克里斯汀娜·西蒙、法国人海伦·马丁和韦尔热娜、美国人热雷德·尼科尔斯和弗兰克·约瑟夫、荷兰人安妮特和妮可莱特等等，如果加上原来的主任比利时人斯蒂芬，以及中方职员，我们有8个国家的员工同时在一起工作。老外都把EDP部门戏称为“小联合国”。

EDP聘用的外籍职员前前后后有20多位，通常部门内保持同时有六七个外籍员工。如此大量地聘请外籍职员，成本自然比较高，也有中方员工提出质疑。中欧 MBA 和 EMBA 的外籍客户经理不过一两人。但我算了算，聘请他们还是很划算，每年也就增加几十万元的成本，但却大大改善了 EDP 部门的结构。特别是像克劳迪娅·谢弗、克里斯汀娜·西蒙和海伦·马丁这样非常专业的员工，他们的销售业绩、管理能力都非常好。

外籍职员的加盟，让更多的跨国公司了解了中欧。渐渐地，世界 500 强的跨国公司认识到，中欧是他们唯一且最具竞争力的管理教育供应商，跨国公司要培训，首先会想到中欧。此外，外籍职员还密切联系美商会、德商会、欧洲中小商会。在中欧的销售额中，跨国公司占到了 60%~70%。

多元文化的挑战

在中国，恐怕很少有这样的组织：一个中国人指挥着一群外国人。算起来，中欧国际工商学院 EDP 部门有 8 个国籍的人，外籍员工占到 1/3，剩下的都是中方员工，来自江苏、浙江、上海、山东、湖北、安徽、北京、天津等 10 个省市。多元文化，对管理者提出了挑战。

文化千差万别，最大的好处就是思维方式不一样，可以碰撞出思维的火花。相比之下，单一结构的群体是很难创新的，一个创新的组织应该由各种各样的人组成。当他们把各个层面做到极致，就能设计出最有创意的方案。

国外一流组织给了我很多启发。还在读中学的时候，我就发现柏林爱乐乐团的成员来自 20 多个不同国家，并不都是德国人。可以理解，一个顶级的乐团需要全世界最优秀的人才。同样，今天的波音飞机、奔驰汽车，也是由全世界的零件供应商共同打造的。因此，不要用地域本位和狭隘的民族主义来束缚自己。

我希望看到 EDP 部门成为“小联合国”。不过，这一制度安排对管理提出了更高要求，如何对待外籍职员，一开始我也在摸索。在我看来，首先要解决的是思维惯性。

很多的思维惯性需要打破。比如说，我们部门有的老外很要好，两个人一起吃饭，一起上下班。有一天，有一个老外没来，写了一封很简单的 Email。我有点疑问，就去找另一个老外，问他这个同事干什么去了。这时，他很冷淡地说：“我不知道。”

起初，我觉得很意外。按照中国人的逻辑，好朋友当然知道对方干什么去了。后来我理解了，他不是有意隐瞒。他们在一起喜欢谈共同的爱好，至于双方的私人生活，绝对不会过问。所以，即使是好朋友，他们也不会交流更多的私事。

紧接而来的是文化碰撞。比如，对部门的营销策略，中外员工也有不同看法。做市场营销的时候，老外和中国人的思维不同。我们平时要经常给客户发Email，推介新的课程。中方职员觉得没什么不妥，但是一些欧洲职员很反对，他们觉得这会打搅客户。

为此，我专门询问了三位来自美国的大牌教授，他们说：你发传真肯定会让一些客户不喜欢，他们会把这些“废纸”扔进纸篓，其比例大约在0.2%。但大部分人愿意接受这些课程信息。作为一种知识型的信息，哪怕不能来参加，他们也愿意分享。如果我们对消极反馈过于敏感，最终什么也做不了。

听罢，我十分赞同，为了营销，这种打搅是必然的，我要求外籍员工坚决执行。这方面，欧洲教授相对保守，而美国教授更开放，他们看重有效的结果，适当忽视过程中的不利因素，避免它们成为负担就行。

让老外彻底服气

人是一种非常有趣的动物，每个人都很自恋。那些业绩很差的人与业绩非常好的人想法惊人的一致，都觉得自己是英雄，觉得自己很了不起。正因为这样，很多公司都选择将工资保密。否则，每个人都觉得自己应该贡献最大，要拿最多，比来比去会导致恶性循环。即使公司给大家都加了工资，所有人都还不满意。

在EDP部门的外籍员工当中，也有“小懒鬼”，每天打不了几个电话，客户约访很少，业绩也很难看。令人啼笑皆非的是，这种人的脾气还很大，开会的时候还会挑战老板。

外籍员工业绩不佳，如何处理？不外乎几个办法：友好交流、警告、改进提高或辞退。

作为一个领导，我是员工的组织者，也是评判者，要让那些业绩不佳的员工看到差距。不要不好意思，一定要彻底地沟通。我给那些优秀者开高工资，同时让业绩不佳者赶快进步。

有一个德国员工叫克里斯汀娜·西蒙，她的业绩非常好，但过于注重自己的看法，觉得别人都不对，喜欢与其他员工闹别扭。每隔一段时间，我都要耐心找她谈话。每次谈完，她在这个季度的表现就好一些。

让外籍员工服气的最佳办法就是，用事实来说话。如果你提出一个方案，他们不认可，觉得做不成，结果你做成了，而且完成得相当漂亮，他们就服气了，而且对领导非常尊敬。

有一次，我给外籍职员介绍客户经理的区域分配问题。我们既按地域分配，又按行业分配。一个老外一个劲儿地摇头，说这样太乱了，就按一个因素来分吧。我不同意这种看法，告诉他："这不可能，行业和地域都考虑，这样可以防范漏洞。而且，一个员工只负责南方的某个行业，可以钻得非常深，有利于专业化，但跨了行业就不懂了。"

我这样一说，他们就理解了。但这样一来，又出现一个问题，如果一个南方的客户直接找北方的客户经理，这不属于他的管辖范围，那怎么办？部门讨论了好几次，最后我定下规矩：客户经理必须先接待一下，然后再移交给南方的同事。这是必须的。为了让客户经理们充满激情地接待那些不属于他们的客户，我们规定，在这位客户被转交给相关同事时，第一位客户经理可以获得一定的奖金。否则，他们就没有积极性。

这样一套体系设计好之后，老外服了。

管理老外，我坚持两个原则——客观和标准。所谓客观，就是发生一件事之后，不要急着下结论，先把来龙去脉问清楚。如果连原因都没搞清楚就下结论，是很危险的。或许结论恰恰是相反的，就会伤害员工。老板说错了可能还一本正经，这种事情要绝对避免。

所谓标准，就是商业的本质。在一个多元文化的部门，管理者不能太在乎文化，不能推崇某一个文化，而排斥另一种文化。如果照顾了欧洲人的文化，又要照顾美国人的文化，反而会把部门搞乱，让管理者陷入泥潭。最好的办法是通过系统化和标准化的方法来管理，回到商业的本质。先要让老外们抛弃原有的文化，尊重标准，然后转变为彻底遵从标准。

每个月我都要给外籍员工统计业绩，只要涉及到收入和钱，不用说，总有问题。老外们的计算方法和我的有差距，这时候，就要严格执行标准，一视同仁。有的客户，已经被 A 同事谈下来了，但是 A 的业务太多，所以我挪给 B，让 B 来维护。这时候，按规定 B 只能算一半的业绩。但有的员工常常会把这类客户揽到自己身上，算全额业绩，我就要修正。因为这不是他谈下来的，怎么能算成 100% 的业绩呢？给 50% 已经是鼓励了。后来，员工们知道我一视同仁，对每个人都一样，不会偏心，所以我一解释，他们都认可。

有人总认为跨文化管理很难，其实不然。从计算业绩就可以看出，中国人和外国人从本质上没有差别，都想赚更多的钱。

很多老外到中国，遇到一个小问题，就会感慨中国人和外国人的想法大相径庭，中外文化差异很大。我对一群老外说：文化差异只是表象，东西方有很多相同的价值观。在我看来，不管是哪里的人，本质都一样，都是想拿更多的钱，找更好的工作，而且这一本质性的追求越来越趋同。所以，对中外差异不要盲目夸大。

因此，做事的过程中，或许方法不同，但通过不同的民族在一起，大家互相让步，让彼此都获利。文化的边界越模糊，大家的交流就越透彻，理解越到位，心里就越明白了。

外籍员工“倒打一耙”

从理念到实践，并非近在咫尺，而是隔着巨大的鸿沟。外籍员工从不服气到服气，有一个过程。

1999 年，我搬到浦东去的第一年，我们的销售额有缺口，有的课程卖不出去。正巧，一位美国教授帮我们联系到营销战略之父沃伦·基根（Wanen J. Keegan），他可是顶级教授，写过《全球营销管理》，全世界的大牌商学院都用这本经典教材。我立刻想到，应该增加新的课程，拉动销售。谁料，部门里的外籍员工认为我的非计划性太强，老课程都没卖掉，又要加新课程！而且，这个教授的价钱非常贵，一天就要 5 000 美元，两天的课程要花 1 万美元。外籍员工颇有微词，居然绕过我，直接找外方院长“告状”。

增加课程，必须得到我的主管院长同意。在这之前，外方院长本来同意了。可这帮外籍员工一闹，院长又犹豫了。他找我谈话，坚决不允许我开这门课。我没办法，只好离开院长办公室再说。

一群外籍员工搞砸了一次完美的课程，我心里这么暗想。当然，外籍员工是为了部门好，他们只不过对我的做法有不同意见。事到如今，我有责任把院长说服。于是，一个小时不到，我又去找院长。坐在院长办公室外面的秘书笑眯眯地望着我，她知道：这就是李先生的风格，就是不放弃。

我告诉院长，沃伦·基根的地位不一样，很多跨国公司对我说，你把沃伦·基根请来我就买你的课。因为西方 MBA 的市场战略方面的教科书都是他写的，他的号召力就是不一样。

我的信心不可动摇。院长问：“这个课程一定要做吗？”

“一定要做。”

“你有把握吗？老课程都没卖出去，时间也不允许了。”

“有把握，新课程一定能卖出去。”

此刻我的个性显露无疑，我坚决要开课，像机关枪一样说了一通，院长最终让了步。

为了这次课程，我专门让 EDP 部门印制了漂亮的宣传册，而且在香格里拉酒店开课。两天的课程，售价 1 800 美元，有 50 多人参加。也就是说，就这一个课程，我们销了 9 万美元，约合 70 多万元人民币。这下子，外籍员工服了。

这回，我可以大大方方地告诫外籍员工：课程不好卖，一定要开新课程来补救，否则就是坐以待毙。我也不怪这帮外籍员工，因为他们对沃伦·基根地位的了解不如我。后来，我还请了一个瑞士商学院的印度籍教授，专攻网络的，讲得非常好，开价自然也贵，要 5 000 美元，同样遭到了部门里某些外籍员工的反对。但我还是坚持开。效果如何呢？30 多个跨国公司总裁来洗耳恭听，一门课就给 EDP 部门带来 60 多万元人民币的销售额。而一般情况下，一般教授开价 4 000 美元，卖得好的话，大约能卖 40 万~50 万元。

卷铺盖走人！

想管好外籍员工，说难也不难。只要你的业务能力强，制订的计划说到做到，你就有说服力。老外会以事实为依据，用数据量化衡量自己的领导，不喜欢一味空谈的人。另外，作为管理者，讲话要客观，就事论事，彻底沟通，不能一鳞半爪，否则老外可能会误解。同时，你也不能回避问题，越回避，老外越是猜疑。根据我在 EDP 的经验，管理外籍员工与管理中方员工一样，做得好就表扬，做得不对就提出，一视同仁。

对于一些业务能力比较差的外籍员工，我的沟通相当到位。我的部门有一个法国姑娘，叫韦尔热娜，形象很好，金发碧眼，戴副眼镜，文静秀气。可是，这个女孩子不够专业，很多精力不用在自己的业务上，拜访客户不积极，报告写得也过于简单。我曾经和她谈过，但业务始终不好。而且她还经常抱怨中方员工抢她的客户，拉一些外籍员工吃饭时，也一个劲儿议论中方员工。我看在眼里，但这是她的权利、她的风格，或者说修养不够，我也不便干涉。

第二年，我惊讶地发觉，一些客户开始抱怨。欧莱雅集团的一位法国财务经理告诉我："以前你们来过很多客户经理，都很专业。尽管我们没有买单，但那是因为我们预算有限，不是你们不够专业。而这次我们想问问外籍经理人课程的情况，而这次来的姑娘，在好几个关键的地方都没说清楚……"

听到这儿，我当时一阵脸红。我觉得这是我的责任，我太信任她了。她在外面作推介的技巧有问题，对课程的理解也不到位，连客户的基本询问都满足不了，而且业绩也不好：全年的指标完成不到一半。到了2001年秋天的时候，我已经多次强烈暗示她需要改进了，可她依然我行我素。这时，其他员工看出来，我对她的业绩已经很失望了。我准备开掉这名员工。

在和她彻底摊牌之前，我先找了外方院长。

我问他们：在我解雇她之前，你们需要和她谈谈吗？按理说，我作为部门的主任，解雇一个员工，本来就是我的权力，可以由我决定。找院长沟通，绝对是经验教训使然。中外方一起共事，毕竟有文化差异。当这个女孩儿一把鼻涕一把眼泪找到院长，老外也和中国人一样，不忍心。外国女孩儿一个人在中国，有个工作也不容易啊，他们就会干涉我，对我未来的管理带来不便。

两个院长一脸客气，说："嗨，和我们谈什么？解雇没问题，你自己决定。"

我对外方院长说："如果我和她谈了，她也接受了，但她又绕过我来找你们，说服你们让她留下，怎么办？"

博纳德很专业，不会心软。而另一位西班牙院长白思拓比较Nice。但这次，他们一致表示："我们会支持你，你担心的情况不会出现。"

心里有了底，下午，我就在中欧的咖啡吧约见了这个法国姑娘。

"我想谈谈你最近的表现。"我开门见山，"去年算是OK，因为那是你第一年工作，有个适应期，我不愿意评价。但今年，我们要谈谈你的工作指标，你离今年的目标太远了。"

韦尔热娜反驳说："你的计算方法有问题。"

我说："这个算法是我设计的，只有唯一答案，对每个人都是公平的。我倒想听听你的算法。"

韦尔热娜把她的想法一说，我频频摇头。她把她预期的、自认为可以拿到的订单都算进去，数量当然会多一点，可事实上，已经很长时间了，这类订单完全没有实现的可能！

见我如此生硬，她开始谈离开的条件，要和我谈补偿问题。

我心里很清楚，刚才韦尔热娜不过是胡诌，拿到补偿才是她的意图。我主动说："是我提出解雇你的，我可以额外给你一个半月的工资。"

“太少了！我要求3个月的工资。”

“已经不少了，你来了一年半，就该给你一个半月工资。连两个半月的工资都多了。”

我的潜台词是，最多给你两个月的工资。她同意了。两人碰了碰咖啡杯，就各自离开。

刚到办公室不久，我就看到她给西班牙院长白思拓的Email，白思拓把邮件连同他的回复一起转发给我了。韦尔热娜在邮件中说：“我想和您谈谈我的个人问题，您有时间吗?”白思拓的回复是：“我要去北京参加一个学术会议……”

第二天上午，博纳德院长又转发给我一封Email。打开Email之前，我对博纳德倒不担心，他是主管EDP部门的院长，和我观点比较一致。打开信，果不其然，他的回复是：“很不巧，我要去英国休假了。”

去北京开会也好，去英国度假也好，都是事实，但并不是一点时间都抽不出来。特别是博纳德，要几天后才去英国，可他们这回铁了心，就是有意回避。

后来，白思拓从北京回来，韦尔热娜又发Email给他。结果他回复说：“我马上要休假了。”从此，韦尔热娜再也没有找他。

两位外方院长不仅没有接受韦尔热娜的沟通要求，而且还把他们的回复转发给我。我觉得他们相当磊落，相当专业。

这个法国人是我唯一解雇的人，连中方员工我都没解聘过。说起来，韦尔热娜的男朋友是个澳大利亚小伙子，是我很好的朋友。但我不能因为这个关系就允许韦尔热娜在我部门“捣浆糊”。他们拿着那么高的薪水，业绩比中方员工差远了，如果不从严管理，我还怎么当领导？自从韦尔热娜被解雇，外籍员工规矩多了，个个都很勤奋!

这件事说明，管理上的沟通和对原则的坚持是很重要的。两位院长不仅言行一致，也坚持了管理中的授权，这有利于组织发展。这之后，中外员工更团结了，而且外籍员工全身心地投入工作，追求业绩。尤其是克里斯汀娜·西蒙，不仅完成了个人指标，还打破了外籍员工的业绩纪录。

退出历史舞台

没有一成不变的管理。原本赖以成功的路径，很可能成为未来继续成功的阻碍。对待外籍员工，我同样持这个观点。随着外在环境开始变化，外籍员工的数量也开始变化。到2002年时，EDP部门只剩下两三位外籍客户经理，后来彻底没有了。

这个变化，根源于中国社会的变化。今天，几乎所有的跨国公司的人力资源经理都由中国人或世界各地的华人来担任，这时候，如果再让外籍客户经理去销售，反而走了弯路。因此，外籍客户经理的历史使命完成了，只有国际课程还保留着外籍课程助理。

从打破常规聘用外籍员工，到这一群体彻底退出“历史舞台”，整个过程就是变化的管理，是心智模式的创新。就像达尔文说：最聪明最强壮的生物，未必能生存下去；而适时而变的生物，却可以世代繁衍下去。显然，组织也是一样，组织的竞争力在于因时而变，与时俱进。

感受外籍老板博纳德院长

博纳德院长是我的直属领导，英国人，化学博士。他让人一眼难忘，大光头、笔挺的西装、浑厚的嗓音，俨然就是一位大明星。他曾担任强生、Sara Lee等跨国公司的中国公司总裁，是不折不扣的公司明星。他年轻的时候就离开英国，在非洲、美国和中国任职，大半辈子都在英国之外的地方，主要做化工厂厂长，可以说是最国际化的经理人。

引荐博纳德到中欧的是我们的第二任院长比尔·菲希尔（Bill Fischer），一位美国人。由于他和美国公司接触较多，所以认识了在Sara Lee工作的博纳德。那位美国院长认为，一所商学院在成立之初，其管理可能比学术更重要。因为管理上不去，工作效率就低。而且，管理与文化息息相关，好的管理能带来好的文化，好的文化又反过来推动管理。于是，比尔·菲希尔把博纳德这位经验丰富的职业经理人招入中欧，其意义就尤为重要。

博纳德一辈子在企业工作，从来没有做过教育领域，也没有当过教授。但他来中欧之后，把他在企业中运用自如的管理方法逐一使用，使得中欧的管理越发规范，越发出现公司化的趋势。这当然是一件好事，比起政府、行政事业单位和教育部门，工商业部门的效率最高。因此，工业化就代表着高效率。这一点，中欧有幸做到了。

回顾起来，在博纳德之前，有一位ABB的副总来做中欧院长，已经把工业化的思路带到中欧，但影响还不大。随着博纳德的到来，这一趋势更为明显。他加强了学院的财务管理，提高了运营业绩，一个最佳案例就是：博纳德带来了预算管理方法，使中欧的预算可预测、可实施，做得像跨国公司一样仔细、一样专业。在他的努力下，学院在迎接第二个十年之际首次出现了财务盈余。虽然数目不大，但显示出学院向财务独立的目标迈出了宝贵的一步。

中欧实行严格的预算制，在头一年年底前制定预算，然后汇报给欧盟和中国政府。这之后，就是反复调整的过程。学院上下会一遍遍地讨论预算的合理性、未来的竞争性、预算在运作中的变化。学校设立一个总战略目标，各部门按照这个总战略，分解成不同部门的年度目标和任务，然后根据目标来配置资源、制定预算。这时候，各部门都会用自己最专业、最具说服力的东西来解释部门预算的合理性。

相比之下，MBA 和 EMBA 制定预算比较简单，确定了学费和招考人数，收入和预算就很明确。但 EDP 部门就复杂得多，开多少课，每位教授成本多少，每门课能招多少学员，一切都是灵活变动的，不确定性很强，变量很多。或许能做得很好，也可能做得很差，这都要靠部门来实现。因此，中欧只有 EDP 部门有中期预算检查，期末还有检查，然后再做预算的决算。

过去，中欧与国内其他高校一样，请来几个 IT 或者计算机系的教授，了解一下全校的业务流程，然后设计一个软件方案。由于博纳德来自消费品企业，他认为应该请最专业的公司，拿出最专业的 ERP 软件。一开始，中方院长从节约成本的角度考虑，觉得没有必要，但博纳德是管理过大公司的人，深知 ERP 的价值。与他们沟通之后，大家决定引入专业软件商。

中欧的要求非常高，以至于只有甲骨文公司和 SAP 前来投标。大家都赞成 SAP 的系统性、完整性，但始终有杀鸡用牛刀的感觉。最终，我们引进了甲骨文公司最好的 ERP 软件，这在中国高校乃至亚洲都是绝无仅有的。

举个例子，EDP 部门有每日报表、每周报表、每月报表、季度报表，最后汇总成年度报表。任何项目在任何时间节点，都能查到相应数据。此外，每一个学员是什么级别、什么行业，我们都有清晰的统计。一旦有新课程，不论是面对总经理的，还是面对中层管理者的，再加上一个行业的限制……不论多少条件，我们都能从数据库直接筛选，然后发 Email 给目标学员。由于我们掌握了完整的数据，中欧不仅能严格按照预算和战略行事，还可以准确预测未来。

商学院是最市场化的教育机构，我们能有博纳德这样的职业经理人，应该说两者很匹配。如果由国内学者来管理中欧，或许 EDP 部门的很多广告、市场营销预算都会被“枪毙”。因为广告预算往往是风险在先。博纳德对广告的市场风险有心理准备，或者说他在企业任职时有类似经验，所以他总是很支持。实践证明营销有助于销售，这也是博纳德对中欧的贡献。

此外，餐饮的外包招标、卫生的投标，都是博纳德把握的。一个有竞争力的组织，在市场上需要做的，博纳德都做了。对我们这所新成立的商学院而言，博纳德带来了成熟的工业化理念。于是，中欧具备了跨国公司的效率，对新情况应对迅速。

向外籍院长发出强音

中欧国际工商学院是一所国际化的学校，中西方文化思想免不了碰撞、整合、交融，这体现在每一天、每件事上。我作为中方员工，可以大胆聘用外方职员，并且按照组织所需的标准来衡量他们的表现，必要情况下甚至可以解雇他们。这体现了中欧的文化。

对我而言，我的顶头上司是外籍人士。在共事时，我们也会有分歧，出现不同的看法。或许，在学院的外籍人士眼中，他们带来的是成熟经验，足以指导中方。但在中欧的发展过程中，中方不仅付出了辛劳，而且贡献了本土的经验和智慧。当我和外籍院长意见不一致时，我的风格是：直接说出口，说服外方院长。

博纳德院长是个非常理性的人，高度计划性，对每一个方案都很谨慎。不可避免地，他的谨慎与我的拼闯精神会发生冲突。

2000 年，EDP 部门无法完成预算，还缺 15%~20% 的销售额。那时，中资企业的市场还没完全打开，中欧的名气还不够响。我就找博纳德，继续要求追加课程。博纳德反对，他从保守的角度来看，觉得我计划性不强。他算了一笔账：追加课程就意味着追加广告、加印小册子、追加教授费用、多发送 Email，这都需要更多的预算。

博纳德紧缩双眉，用锃亮的光头对着我。我向他承认，我是在强调计划性的同时，增加灵活性。通过增加课程和加大促销，我相信可以抹平增加的预算，甚至还能挽回之前的损失，超过预算中的回报。尽管我据理力争，博纳德仍不以为然。

我问他：“除此之外，你有更好的办法吗？”

博纳德摇摇头。

“既然没有，那就得用我这种非计划性的补救方法。”我乘胜追击。

无奈之下，博纳德暂时被我说服了。

事实证明，通过增加大牌教授的畅销课程，我们大大增加了销售额，赶上了计划。后来，每当遇到一些非计划性的安排，博纳德都支持我，他觉得 EDP 部门能跨过再投资的风险。

西方的大公司有他们的商业逻辑，这不是来源于某个公司或者个人，而是带有普遍性的。普遍性的东西在某些阶段很难奏效。对于趋势，我们要采取普遍性的真理，但在某些实施方法和具体环节上，要考虑特殊性。我会和博纳德争论，争论的就是特殊性。因为中国的市场比较特殊，有的课程卖得好，而另一些就是卖不好。而西方商学院的课程比较平均，或许有的课程真的不错，但有的人觉得还没到这个阶段，他们就不接受。到后来，博纳德也很赞同我的观点。

在中欧成名之前，预算非常紧，资金紧巴巴的，在广告营销上的投入更是精打细算，有时就算是作了广告预算，也希望别花掉。EDP 部门开动脑筋，很快想出点子——何不找到报社，做一笔双赢的买卖？中欧允许几家大牌媒体派人来听课，作为回报，报社为我们刊登广告。

我对博纳德院长提出“座位换广告”的建议，老外院长一个劲摇头，说这是侮辱了中欧。

院长这么说，真是打击人。我提出这一想法，是为了让中欧以最低成本打品牌。比起花钱购买广告，我们拿“座位”交换，让教室里多坐几个人，几乎不增加什么成本，最多消耗一点茶点。这是双赢而又划算的买卖。

于是，我说：“博纳德，我问你一句，如果英国《金融时报》来换课，你愿意吗？”

“那当然换。”博纳德说。

“那我告诉你，《经济观察报》就是中国的《金融时报》！”

博纳德一下子被我驳得无话可说，只得喃喃道：“那试试看吧。”

院长被说服了。我用我的实力证明：我是对的。

其实，能否说服外方院长，不在于英语好坏，而在于我不会让一个低质量的媒体和我们合作。既然当时有的媒体影响很大，为什么不尝试与之合作呢？在这场交易中，我们严格控制换课数量。毕竟，换课太多，就显得中欧的课程不值钱，让人家看不起。

几次下来，我的建议被证明是正确的，外方院长也开始起了变化。好几次，我和外方院长争得不可开交时，他们会停下来说：“OK，我问你几个问题，如果你能说服我，那就去做。”结果大都如我所愿。

我的坚定是不可动摇的。如果遇到外方院长阻挠，如果我方在理，我会坚持到底。

我所在的EDP部门有一个长期计划，每年都会派员工去国外商学院做课程助理，一方面见见国外商学院的操作系统，看看别人怎么做，另一方面也练练英语。有一年，又到了外派员工的时候，我已经找员工谈好话，准备让他买机票了。结果，博纳德院长突然来了，说这是浪费钱，不要搞了。

我一下子很被动。我算了算，派一个人出国，前前后后也就一万多元。在员工临出发前突然取消，这一点我无法接受。在老外眼中，中外方员工还是有差异的。外方员工要出去，老外院长马上会同意。但中方员工因公出差，而且主任都批准了，院长都会驳回。

我对我的副手克劳迪娅·谢弗说："你告诉院长，如果学校不付钱，那就我私人来付。"这话我不愿当面对院长说，因为这样不太尊敬，会让他很尴尬。

克劳迪娅问："这样妥当吗?"

"有可能不妥当，但我们的目的要达到。"

结果，克劳迪娅对院长一说，博纳德院长没想到我会这么坚决。他耸耸肩，嘴噘着老高，无可奈何地批准了！员工照常公派出国。

"把学校卖了也要救他!"

1997年2月，中国百姓沉浸在牛年春节的喜庆气氛里，我和太太借着难得的假期，见缝插针，去海南旅游。

这天下午，我们乘坐的面包车飞驰在回三亚酒店的路上，正途经海南第一高山——五指山，享受着海南岛特有的风和日丽。没人想到，死神已经悄然临近了。

盘山公路险急陡峭，但司机驾轻就熟，在公路上疾驰着。公路的另一侧，就是悬崖。

突然之间，面包车沿着一股巨大的惯性向外拐去，"咔啦啦"撞上什么东西，紧接着，我只觉得脚下一空，面包车已经跃出了悬崖，车头朝下，沿着陡峭的山坡高速向下冲去，几秒之后似乎碰到了山体侧面，开始翻滚。我拼命用两手、两腿在车厢里撑着，保护头部和颈部。

翻滚了几周，面包车停了下来，四轮朝天，车里12人，当场死了4人。后来我才知道，在接近地面的地方是一个坡面，足足有80多米，且下面是一大片水稻田！我不敢想象，如果没有这片山坡和水田，车垂直砸向地面的话，人不被砸死也会被汽车爆炸给炸死。

我昏昏沉沉地睁开眼，发现自己居然没死，但很快觉得透不过气。我的头皮开肉绽，背部也受了伤。太太坐在我旁边，看起来几乎没受伤。

我歇了几口气，挣扎着从摔破的玻璃窗处爬到车外，接着把太太拉了出来，又回头拉了两个人出来。大幅运动后，我的伤口开始血流如注，眼前一片模糊。

我们几个幸存者坚持着，爬到公路边，一辆路过的农用摩托车将我们分别送到卫生院，还帮我们喊来了春节休息的医生。诊断结果是：我颅骨骨折，颅内出血，必须马上止血，然后治疗。

医生给我输了血缝了针，告诉我，根据CT机观察，颅内模模糊糊的，似乎有淤血，很可能会瘫痪。院方给我两个选择，一种不开颅，等淤血自己吸收；另一种就是激进的办法，开颅……

傍晚，我打电话给张国华院长，告诉他我们出事了。张国华马上找到外方院长冯勇明，要求学校一定要救我，德国老外说："派上海最好的医生去。"

上海那头忙开了。张国华院长的弟弟是华山医院的医生，他们找了一个神经脑外科的专家。专家出诊一天要5 000元，华山医院打电话给中欧国际工商学院，问中欧愿不愿意。

"我们把学校卖了也要救他！"冯勇明说。

后来我听到这话，很感动，表明了组织对员工的重视。虽然中欧的经费很紧张，救一个人还是不成问题，用不着砸锅卖铁。他只是想突出一种竭力而为的态度。

车祸后的第二天上午，华山医院的神经脑外科专家来到了海南，还带着上海市卫生局的出诊证明。要知道，行医很严格，上海的医生不能去海南看病的。

与医生同时抵达的，还有中欧的同事、办公室主任葛俊。葛俊一到海南，马上把五指山市的市领导请来了，还给我送了鲜花。

上海的专家检查了我的眼珠，认真观察了我说话的神情，觉得颅内情况不严重。当地医院的CT机是二手货，五指山领导派一辆车送我到三亚。三亚医院用一台通用电气的新CT机扫描，显示有绿豆大的淤血。

这位专家觉得可以不开颅，只要回上海的路上别出事就行。他嘱咐我，一旦有恶心、头晕、说话困难，要马上说，到时候再开颅也来得及。

当天下午，我们就离开海南。我躺在担架上，被人抬上了飞机。这架波音777拆掉了4把椅子，把我固定在机舱里。回到上海，我住进华山医院。第一个来看我的是中欧财务总监罗布·赖克尔特先生，捧着一大束鲜花。他把学校的国际运通信用卡带来了，以此做担保，需要支付就刷卡。我住进华山医院国际病区，住最好的单人病房。

这一切，都让我感动。中欧对员工的关怀是不计代价的，为了救人，他们选择最好的设施。

我记得我住在15楼，一个人一间，有固定专人守护。旁边还有一张床，家人可以陪。我周围的病房都是外籍人士，而且他们是两人一间！点滴之中，员工在组织中的地位，已经清晰明了地表现出来。

那是春节放假期间，很多人还没来上班，但张国华院长、外方院长和财务总监都来病房看我。其他同事听说之后，也纷纷打电话来慰问。

这期间，也有人议论我住得太好了，但我很感激中欧。张国华院长和德国院长都愿意花这个钱，觉得我对学校很重要。我也知恩图报，在医院住了一周就出院了，通常得住一个月。我在家里休息了一个月，打针、拆线，就光着头去上班了。

我觉得这件事体现了中欧国际工商学院以人为本的价值观。人力资源管理，体现的是对人的尊重，是一种人文关怀。他们认为我是营销高手，对学校至关重要，所以花多少钱都愿意。

关怀有两种，一种物质上的，一种精神上的。两个都有，最完美；两个有一个，也好；两个都没有，完蛋。

我养病的这一个月，学院还是给我开了全额工资。据说，财务总监本来有点犹豫，后来张国华院长说了一句话："李月庆是加班最多的，他休三四个月都能拿全额工资。"但我觉得，最让我感动的是精神方面。在一个人受重伤的时候，学校派医生来，回上海又安排到最好的病房，这就是人力资源管理的体现。

其实，中欧看得很清楚：人才比什么都重要。只要有人才，再差的学校也能平地而起。国内很多企业口头上说"以人为本"，碰到具体的事件，却是研究研究再决定。超过一定标准了，就不愿意支付，让人心灰意冷，这其实是很不明智的。

一流业绩来自玩命的员工

在EDP部门的运作中，我们始终坚持精益求精，这是中欧国际工商学院快速成功的原因。如果第二天要举办论坛，我们的习惯是，当天晚上什么都要做好，如果准备时间不够，哪怕不睡觉也要把一切工作落到实处。

记得中欧和共青团温州市委搞过一次论坛，前一天晚上才发现会场的电线有问题。对方千保证万保证，说肯定解决，但客户经理陆敏就是不走，一直等在哪儿，直到电工从家里赶过来，他才去休息。这种精神，就是一个组织的气质。中欧通过一个又一个项目的成功组织，体现了它的品质。

南方小城东莞，是改革开放的前沿城市，聚集了一批锐意创新的民营企业，那里，也留下了中欧疯狂的足迹。

2001 年，短期培训部为美的集团做一个 6 天的培训，包括两天市场营销课程、两天公司财务课程、两天生产运营课程。前来授课的三个教授都是中欧最大牌的。然而，当我们把教材运到东莞，出机场的时候，突然间倾盆大雨，装教材的货箱被淋了个透。我们的教材都用塑料纸封着，但还是有六七套进水。望着这几套淋湿的教材，课程助理在客房里心急如焚，握着吹风机吹了几个小时，教材是吹干了，纸张却成了波浪形。无奈之下，课程助理打电话给我。

有几套教材的纸张是“波浪形”，怎么办？下这么大的雨，美的公司肯定能谅解，而且数量也不多，还能用。但是，追求完美和质量的理念一下子在我心头喷发，不能因为客户谅解了，就把它当福气，我决定想办法更换这几套教材。

课程是第二天中午开始，我还在上海。我先想到了中欧的预备课程助理，这是每一门课的后备力量，万一课程助理病倒了或家里有事不得不请假，他们马上能顶上。我拨通了她的电话，让她以最快速度到学校补印教材。

这位家住南汇的女孩子在夜色中赶到学校，打车花了 140 多元。中欧负责印刷的部门每天晚上 10 点下班，但还有人值班。印完之后，我和这位助理约好，她打车来找我，我也开车去迎她，两人在容易找到的路口见面。当晚，我顺利拿到散发着墨香的教材。当我载着教材回到家，已经凌晨两点了。

第二天上午 7 点，我带着教材，登上飞往东莞的飞机。在下午开课前，课程助理把那些高高低低的波浪形教材换出来，呈上崭新的教材，美的公司的领导惊讶地说：“哟，淋过雨的教材晾干了还这么好。”课程助理悄悄地告诉他们：“这是我们总监专程从上海带过来的。”

在教授还未正式上课之前，中欧的服务质量就已经体现得淋漓尽致。客户与其说是高兴，不如说是感动和欣慰。

塑造世界级的员工

我曾经对EDP部门的骨干说："你们可以在地球上任何一所商学院任职，因为你们是世界一流的员工。"

起初，员工们乐了，他们觉得言过其实。但事实胜于雄辩。中欧EDP的员工经常去国外商学院，与对方的管理人员、教授交流。同时，外聘的教授也经常来EDP部门进行高密度的、深入的交流，有时还会给出诚恳的建议。我从教授、行政管理人员和客户那里的反馈来看，他们都对中欧的客户经理、课程助理评价很高，甚至有教授告诉我：中欧的服务比他所属的商学院还要好！

试想，中欧与世界领先同行保持着高密度的交流，我们的员工在亚洲一流的商学院，他们脑子聪明，英语没问题，而且又如此拼命，顺利开拓了一个沉睡的市场，做成了老外都没做过的事，他们不是一流，谁是一流？

中国有一句朴实的话：成功就是该好的都好。如果一个人能拿到名校学位，又具有开拓精神（我称之为农民精神），然后脚踏实地，一切优点都具备，肯定是一流的人才。可是，反观中国，每年有成千上万的大学生，但很多人算不上人才。因为他们骨子里就没有吃苦的精神，甚至连表面上都不具备：怕苦怕累，工作几天就辞职。而勤勉和吃苦的精神恰恰是至关重要的。真正的优秀人才不是读书读出来的，一流学位不代表一定优秀。

我手下的几个骨干都不是来自一流名校，比如中欧EDP主任刘涌洁毕业于江苏理工学院。中欧EDP部门汇聚了五六个二流大学的人才，现在居然都成为国内一流学校的顶尖人物，而且跨国公司费尽力气想挖他们。

EDP的骨干可以到世界各地的大牌商学院任职。他们的英语可能不地道，教育背景也非一流，但他们最核心的东西可能比任何一个商学院的职员都强。他们会想尽办法让客户得到一流的价值，在促销的时候相信自己的价值最高。他们不惜一切来维护自己主张的价值观。这种自信和魅力可以影响周围的人。

顶级员工有两个特点。一是价值观。或许他们不是出自名校，但他们在工作阶段的表现大大超越了在学校学习阶段的表现；或许他们在生活观、个人习惯上并不是全面综合的人，但他们对工作的态度绝对一流。他们全身心地投入，不论遇到什么情况，首先考虑的是职业和工作。这种忘我的付出精神和脚踏实地的实干精神，让他们走向卓越，这就是价值观。

今天的广东和浙江企业家，很多都不曾拿到学位，甚至没受过一丁点儿高等教育，但他们能把组织做好。比尔·盖茨、迈克尔·戴尔、史蒂夫·乔布斯甚至没有读完大学，但他们成为IT行业的领军人物，靠的就是这种精神。

当然，除了价值观，还有另一个因子：梦想。

中欧EDP部门的员工往往把组织的梦想当成自己的梦想。他们长久地坚持自己的目标，长久地付出，长久地追求一流。一个组织能成功，就是在关键时刻比别人高一点。这一点点，需要员工一直向前，一直“做梦”，毫不怀疑，永不放弃。这也就是我提倡的“一根筋”精神。

那么，就让我们来看看EDP部门的员工吧。

难忘英雄职员

EDP部门之所以成为中欧国际工商学院的发动机，少不了一个有野心的司令，更少不了一群铁杆职员。我手下的骨干职员在EDP的不同阶段起到了关键作用，他们最大的特点是激情似火。这群年轻人有梦，所以有激情，所以玩命、忘我，形成了一种强烈的团队精神，把组织的梦想作为自己的梦想。

曹淑溧，1998年加入中欧EDP部门。别看她个子不高，一头短发，似乎并不起眼，但能量不小，她可是EDP部门的金牌销售。曹淑溧拥有职业经理人背景，她的加入使中欧EDP在中资企业上的销售额大踏步前进。

曹淑溧加入中欧的时间不算早，但那时开发中资客户相当困难。最初，我们把目标锁定在国有企业，因为在资源的识别和沟通的语言上，比较容易拉近。但国有企业总经理对培训毫无概念，对商学院一无所知。曹淑溧踏入总经理办公室，完全是传道：什么是商学院，什么是中欧……从最基础的东西讲起，费尽唇舌，对方还是难以理解，都不愿下单。

为了提高成功率，曹淑溧顶着烈日，冒着大雨，通过加大拜访量来提高成功率。大致的比率是：拜访十几家企业，有一两家有所反应。她的感触是：“如果有企业买单，很大程度上是因为不好意思了，觉得我们这么执著，太不容易了。”

不久之后，民营企业异军突起，对中国经济的贡献大幅增加。于是，中欧开始了第二个转折：突击发展民营企业客户。曹淑溧开始了温州行、广东行等。历史似乎总有很多相似，开拓民营企业的过程与开拓国有企业一模一样。

曹淑溧曾经告诉我："万家乐的老总接待了我的拜访，他觉得我们很专业，但对中欧一无所知。我们就像是商学院的传道者，从最基础的内容开始普及。"

原本，曹淑溧拜访民营企业，是希望他们大量派高层管理者过来学习，毕竟EDP部门需要大量、持续的课程订单。但到了浙江之后，我们才意识到，最需要培养的不是员工，而是企业家。因为这些老板的意识跟不上、思想不改变，他的下属也不可能来上课，整个企业都不可能下单。所以，曹淑溧宁肯降低心理目标，把销售的群体放窄，改为说服企业家本人来上海听课，从企业家身上打开突破口。

曹淑溧很讲策略。对企业家做销售，她会站在一定的高度来谈。如果去拜访一个做杯子的企业，她绝不会就杯子来论杯子，而是考虑杯子的替代品是什么，企业的竞争对手是什么，现在面临的最大问题是什么。她永远是站在企业家的角度思考。或许不够全面，但高度是有的。起初，企业家认为这个"小不点"只是销售课程而已，而当她把这些关注点说出口时，对方会无比钦佩：一个商学院的小姑娘竟然有这样不凡的谈吐！这一点，不只是归功于她的勤奋，更在于她是为一个优秀的组织服务。

在这种策略下，哪怕赢不了订单，曹淑溧也赢得了尊敬，几乎所有的老总都会把她送出门。重要的是，双方建立了一种关系，企业脑海里有了一个基本概念：上海有这么优秀的一个资源，而且是企业高速发展所必需的资源。

之后，曹淑溧还会一直盯着这些潜在客户，抓住他们来上海的机会，请他们来中欧看一看。而当他们走进中欧的校园时，他们马上会有良好的第一印象。这种氛围让他们感到：中欧客户经理没有夸大事实。之后，我们让企业家旁听一节课，亲身感受一番。很快，他们就被这所亚洲领先的商学院折服了。企业家知道了一点：什么叫做优秀，什么叫做品质。中欧赢得了他们的信任。

优秀的销售永远是繁忙的。每到年末，总是商学院停课的时候，各公司因为业务冲刺或举办年会，也无暇顾及培训。相比之下，中欧的客户经理也没有平日开课在即的压力。但曹淑溧恰恰是在大部分同事放松的时候，加强了拜访力度。此时的拜访，看起来是很轻松的，像是礼节性的，但却很重要。因为这时候，总是客户考虑预算、安排明年培训计划的时候。这时候上门沟通，可以让客户提前把中欧纳入计划日程及预算。久而久之，曹淑溧设计出一张席位预定表，让各大企业提前"预定"。这样，年初曹淑溧就把大部分课程销售出去了。至于实际到达人数，只要不断跟踪就可以了。与此同时，客户越来越依赖这样的先期沟通、信息分享，信任也日益牢固。

曹淑溧已经超越了“勤奋”二字，上升到忘我的境界。她家在江苏，但节假日几乎不回家。哪怕要回家，也不会专门请假，而是利用自己去江苏出差的机会，顺道回家看看。如果偶尔要回家过节，她会作好计划，在节假日结束后，马上拜访江苏企业。每次我在外面接触了大公司的人力资源经理，将名片带回来之后，曹淑溧第二天就跟进拜访。对方感到非常惊讶：名片昨天给你们老板，今天销售人员就跟上来了。这让很多人相当佩服中欧。

回顾起来，温州和广东市场的民营企业，包括 TCL、美的、中兴、华为、天正、正泰、报喜鸟、奥康等等，都是曹淑溧打下来的。后来，曹淑溧管理整个中资企业的业务。在那个阶段，中外资学费从 8 倍之差，缩小到 4 倍、2 倍，直至最后拉平，曹淑溧发挥了不可替代的作用。

中欧的成功，完全靠员工的坚定，甚至坚定到发狂的地步。曹淑溧就是这样一个典型代表。今天，她在天翼图书，与我一起创业，依然发挥着关键作用。

刘涌洁在加入中欧前，并没有在大名鼎鼎的跨国公司干过，来中欧之前都没用过 Email。但他去深圳创过业，虽然失败了，中欧仍觉得他与众不同，就录用了他。1996 年，他成为 EMBA 的课程班主任。一开始，他就表现出与众不同的一面，只要他手头没有工作，你总能在教室最后看到他的身影，他大量地听课，像海绵一样吸收知识，而且和 EMBA 同学打成一片，看不出他是班主任。

他做了一届班主任之后，我觉得他不论从个性，还是从胆略、智慧上看，做班主任都是大材小用，我想把他调到 EDP，但 EMBA 的领导不肯放人。虽然他对两个部门而言都是人才，但放到 EDP，他就是双倍的人才。这时候，张国华院长出面斡旋，才让他加入 EDP。

做销售是没有边界的，你的能力就是你的边界，完全靠你自己创造。刘涌洁到来之后，有一段时间去广东发展客户，像卖保险一样去扫楼。每一天，他左手拎厚厚一叠宣传册，右手拿上两瓶矿泉水就上路了。有时候，广州新建的开发区连公交车都没有，他就坐“摩的”进去，一家一家地找公司，一家一家地拜访。他曾经开玩笑说，在他做过的城市，重要的写字楼集中在哪儿，哪栋楼里面有哪些大公司，他全都能一一道出，如数家珍。对自己的这种高要求，令人印象深刻。

吃客户的闭门羹是常有的事，但他的性格是不做下来不罢休，一定要做下来。他的经验是，先搜集信息，判断一个公司是否有潜力成为客户，然后再去拜访，否则他们连接待中欧员工的兴趣都没有。见到公司领导后，刘涌洁会讲中欧是怎么回事儿，EDP、EMBA 是怎么回事儿，然后再谈具体的课程产品。否则，各个公司根本不知道他从哪儿来、他的组织怎么样，怎么可能下单？这就好比华为在国外，先要营销你的国家——俗称“先卖国”，然后再营销你的公司，最后营销你的产品，最忌讳的就是上来就营销产品。在一番口干舌燥的讲解之后，很多企业还是没有买单，但刘涌洁至少给他们留下了印象，客户已经与中欧的职员挂上钩了，并没有白去。虽然终极目的没达到，至少退而求其次，以后再跟进。

后来，他负责美国客户，销售额相当漂亮，但压力也不小。他面临的美国客户，人力资源经理都是老外，既专又刁，很有挑战。美国的鲁斯蒙特、南贝尔、德州仪器、通用电气等等，都很难做。他们重视培训，但又深谙海外商学院的市场。他们经常找出种种理由，甚至找一家海外商学院，从名气、师资、价格等各个方面和中欧作比较，似乎处处都把我们比下去，连我们的销售高手都哑口无言。

每到这时，刘涌洁会找部门的同事集思广益想办法、出方案。大家一分析，发现我们处处比对方强：我们授课的是西方教授，但他们有很强的中国背景，都在中国做案例；我们是一个国际化的学校，但又结合了中国国情。中欧结合中外的优点，从师资上看，单纯的中国学校和单纯的外国学校都不能和中欧比。而在管理上，中欧是跨国公司的效率，高度市场化，客户的要求可以在第一时间满足……刘涌洁马上把要点记录下来，马上发邮件给客户，然后再去拜访那个人力资源经理。结果，对方买单了。这出乎意料，但又在情理之中。仅仅是我们工作的方式，就足以让客户感到钦佩——原来，中国还有这样拼命的商学院！

刘涌洁向来是以业绩为导向，以组织为第一考虑。记得有一家美国公司，叫熙可物流公司，每次都是开支票支付中欧的学费。中欧在针对外资客户的宣传册上，学费曾以美元标出，但支付的时候，需要换算成人民币，这就涉及到汇率问题。中欧约定了一个汇率，基本是中间价。但熙可物流公司坚持要以支付当日的汇率计算，这样由美元换成人民币，学费就少了一截。中欧的财务处只认数字，少一分钱都不给办理。刘涌洁没说什么，自己掏了腰包，把缺口补上。此事直到我离开中欧才知道。

后来，EDP 部门的全国销售工作都由刘涌洁完成。他的优点是具体、细腻，在服务客户的过程中几乎没有漏洞，无懈可击。另外，他也是一个非常有激情的人，工作起来很疯狂。而对待自己的客户，他总是掏心窝，往往是很朴素的一句话，会让客户觉得他在真心实意地帮自己。

在 2003 年我离开中欧时，他直接从客户经理升为 EDP 副总监。这期间，中外方院长曾经认为他太年轻，还调了个老外来主持工作。但显然，老外不能胜任 EDP 总监的苦差事。于是，一年后，刘涌洁成为总监。多年来的事实证明，他出色地完成了交给他的任务，而且把 EDP 带上了新的发展阶段。

李洁是上海女孩儿，注重清洁，把一切都弄得井井有条。从上外毕业以后，在强生（中国）、妮维雅都工作过。我让她做课程经理，负责教授合同、教授接待、教材的印刷和准备、课程的计划以及管理。简单说，商学院拿到学员报名表之后的所有运营流程，都是她来负责。

李洁的个性是快言快语，为人直率。她要管理一批课程助理。在她的指导下，每次有大牌教授来上课，教室总是布置得干净清爽，座椅用吸尘器吸过，以免有头发；教室后面的半自动卷笔刀，总是整齐地摆上四五个。大牌商学院的规范和细致，在她的监督下展现得淋漓尽致。

她的另一个特长是善于沟通，与教授签约一事上，我们配合得非常流畅。每当我与一位外国教授接上关系，对方有了来中欧的意向，李洁就负责跟进，不仅要草拟好合同，还要与教授谈时间和价格。具体来说，时间的协调是她的擅长。而价格问题，每位教授都会提出各种要求，希望薪酬越高越好，但李洁总是坚持原则，和教授“磨”。如果她占理，会连珠炮一样说出来，很多教授很服这一套。如果实在谈不下来，需要灵活处理，她才交给我，为我减少了大量的工作。

对一所商学院来说，教授的薪酬是很大一笔开支，相比之下，咖啡、茶点、正餐的成本根本不算什么。李洁既不损害学院的薪酬支付体系，又不得罪教授，还要让教授欣然接受，这样的工作很有价值。多年来，李洁让不少大牌教授拿一般教授的薪水，为学校节省了开支。

此外，这位上海女士做事非常有逻辑，课程管理上从未出现过“危机”，各种流程一向都处理得很从容。我深感，一个商学院不仅要有营销人才，还要有内部运营的高手。李洁就是非常有竞争力的内部运营负责人。如今，这位忠诚的员工依然在中欧工作，算起来已经为中欧服务 10 年了。

罗澴毕业后到中欧短期培训部担任管理文凭课程副班主任。半年后，他提出想做课程销售，被我否了；一年后，他又提出要做销售，我再次否了。一年半之后，我让他做销售。这当中，并不是我怀疑他的能力，而是他那时只是一个学生，刚毕业。一个销售在外面代表了一个很大的组织，别人要通过单个的销售人员来认识这个组织。所以，销售人员必须全面地反映一个学校的素养。一年半之后，他的综合素质大大提高了，我才让他冲到一线。罗澴约访专业，准备充分，表达自信，具有亲和力，很快就崭露头角。

罗澴和曹淑溧、刘涌洁都具有一个特点，那就是不达目的不罢休。客户不下单，就继续约，不放弃。我曾经说过，中欧短期培训部的客户经理可以和任何一个大牌商学院的同行媲美，而且比他们还强。或许他们的英语不是一流的，但工作上已够用，而且敢于表达；或许他们的知识有限，但他们胜过同龄人；第三，也是他们得分最高的，就是精神世界一流，非常大气，认为自己是最好的销售。他们非常自信，这一点十分宝贵。

具备了三个优点，他们已经能够游刃有余。更何况，还有我在背后支持他们。我经常在他们面前演示某位教授的特点、某个课程的卖点，把课程体系化，卖出一种感觉。相反，过于谦和、让步，客户反而感觉不好。

由于业绩出色，罗澴成了负责欧洲企业的高级客户经理、客户总监，后来则被长江商学院挖过去做 EDP 和 EMBA 两个部门的主任。

方严，复旦大学生物化学系学生，获得过 CUSPEA（中美联合招考物理学研究项目）奖学金，报考丁肇中的学生，在全国 70 个公派留学生中考 17 名，赴圣地亚哥大学读硕士。在美国读完两个硕士后，在美国一家跨国公司的中国分公司工作。

如果说曹淑溧是销售高手，那么方严就是设计课程方案的高手。设计一份企业特设课程方案前，方严会首先和本部门客户经理聊。因为销售人员是中欧的前端，他们最早接触到客户。之后，方严再与企业接触，与他们的管理层、部门负责人聊。由于有了事先准备，客户惊讶地发现，眼前这位方案专家已经很了解自己的公司了。

方案是我们给客户的第一印象，其重要性不言而喻。中欧的方案原稿都是英文的。但考虑到一些国内客户的需要，我们会提供中文译文。

方严思维缜密，逻辑性强。在方案内容上，他会交代培训的目的，通常是从长远着眼，为企业规划培训内容。他的理念是，在某些情况下，培训可以解决企业遇到的问题，但从长期来看，员工素质主要包括两个方面：硬能力和软能力。硬能力就是胜任本职工作所需的能力，比如财务能力之于会计。而软能力包括有效沟通的能力、团队合作的能力等。

曹淑溧曾说，方严代表了 EDP 部门在学术上的成就。他问客户问题的方式、内容非常专业。他的方案也延续了这种专业。专业度不仅体现在观点上，更在于架构和细节上。客户所有可能产生的疑问，我们都梳理出来，让客户读不出漏洞。另一方面，当每一所商学院都在谈领导力、竞争力的时候，为什么客户选择中欧？因为方严把中欧的权威感写出来了，他地道的英语让中欧的水平跃然纸上，很多客户看了之后，就是相信中欧的方案。

中欧的博纳德院长是英国人，他曾说：方严的英语写作能力比某些英国籍的教授都强。方严很善于把课程的描述形成文字，用地道的英语展示课程的优点，让客户在阅读之后毫不怀疑这些课程的品质。中国有一家专门提供飞机维修的中外合资公司 AMECO（北京飞机维修工程有限公司），他们很多飞机零件要上千万元，最小的零件也要 50 万元。当这家公司进行培训招标时，中欧的价格是其他供应商的一倍多，但 AMECO 还是选择了中欧。类似的例子太多了。

回忆起来，方严的英语有个优点——非常商业化，这也很重要。如果企业看到的文字一点都不商业化，企业会很陌生。他们会想：如果为我们做培训的人语言都和我们两样，观念、意识就会截然不同，他们如何为我们服务？客户最担心的是商学院太学术化、学院派，不注重实用性和前瞻性。语言是思维的外壳，一家为商业组织提供知识产品的学校必须商业化。而方严恰恰是这方面的高手。此外，方严也善于抓要点。企业的很多问题都有共性，方严碰得多了，到后来，客户只是模模糊糊地提出问题，他就找准了方向。

方严的成功，与自身努力分不开。学院的《经济学人》等杂志，他坚持阅读，然后与同事们分享，所以他总能给企业带来意外的思路。这也是客户下单的推动力之一。因为客户认为中欧的人能帮他思考，而且思维超前。后来，他告诉我，EDP 部门的氛围也不能忽视。那时候团队里都是年轻人，身上有一种激情，有一种归属感，有主人翁精神，人人都愿意为这个组织付出。

当然，中欧方案总能胜人一筹，与中欧本身的实力、教授的组成分不开。我们既有国外的教授，又有国内的教授，所以我们国内、国外两方面的内容都有。方严就是针对每个客户的特殊性，把教授资源有效组合起来。因为管理不是放之四海而皆准的，有的东西在美国行得通，在中国则未必。

我曾说，中欧 EDP 的方案，可以和地球上任何一所顶级商学院媲美。一位选择了中欧的人力资源总监告诉我：中欧的取胜不是在最后，而是在最初，你们对公司理解非常到位，你们在方案中指出了公司可能存在的问题，甚至比我们自己认识得还清楚。

一个部门就需要由不同的高手组成，大家各有侧重，这个组织的协同效应才会被大大加强。

李明书，1994 年加入，特点是非常能吃苦。两年后，她作为 EDP 部门的骨干，支援 EMBA，做到了 EMBA 的助理主任，专门负责招生，让 EMBA 步入正轨。

刘菁从上海外国语大学毕业后直接加入中欧。她的母亲和两个哥哥都在国外，只有她陪着中风的父亲留在国内。她为人直率，做人非常踏实，勤奋，在EDP部门负责服务性的市场营销工作，做预算、市场细分、营销计划、统计分析、宣传册制作等工作。

在课程宣传册和营销计划方面，她是不可多得的人才。中欧EDP部门的宣传册制作任务很重，一年要做一本总册子，至少40本分册子。别人一年做不下来的事，刘菁一个人都完成了。哪怕熬夜、嘴里上火，她也坚持工作。不为人知的是，部门的工作如此繁重，她还要照顾深度昏迷的父亲，承担起家庭的重任，很不容易。

算起来，刘菁恐怕是为中欧服务年限最长的职员了。她不太会抛头露面，但中欧正是得益于一大批像她这样的职员，才能如此高效、有序地运转下去，一步步地向梦想迈进。

朱曼晴，南京大学双学士，穷孩子出身。她来中欧做客户服务主管，能马上用中英文回答客户问题。在接听电话的过程中，很多客服人员可能会简单地说："我给你发个资料，你自己看看。"朱曼晴可不是这样。她对课程很了解，尽最大努力推荐和介绍。我惊讶地发现，很多人只是打电话来咨询，结果还没放下电话，已经被她说服，决定填申请表了。

接下来，朱曼晴会把工作交接给客户经理。但她极其耐心细致，不厌其烦地与客户经理沟通，针对每一个客户的情况，告诉同事她已经进行到哪一步，如何跟进。能做到这一步，已经非常敬业了。但朱曼晴会不时询问这些客户进展如何，真正实现了与客户经理的完美对接，而且以极强的责任心确保组织不漏掉一个潜在客户。这一点，给每一个同事留下了深刻印象。

杨晓燕，中欧EDP北京代表处的负责人。她从北师大毕业之后，去一家外企做了一年，后来成为北京中欧的第一个职员，同时也是负责人。她的综合能力和协调能力很强。这期间，中欧有一位外方董事在北京办公司，把她挖了过去。但半年之后，因为她留恋EDP的创业文化，又主动回来。

杨晓燕对教授的协调，现场的管理、沟通，对课程所需场地、设备的调度，都非常得力。不仅100%完成，而且能达到预期的质量，给人的感觉非常可靠。

由于优秀的素质，她后来跳槽到诺基亚培训中心，一年后到北大光华管理学院做了两年EMBA助理主任、院长助理。她加盟北大之后，把很多中欧的先进理念带到了那里，而且真正实施起来。我去看过北大促销手册、促销会场的安排，都有中欧的影子，一看就出自杨晓燕之手。我心里很高兴，因为她是中欧培养出来的职员，她把很多好的理念带给了另一个组织，促进了良性的竞争和市场的发展。

此外，还有一位不得不提的教授，项兵。他曾经在中欧服务过两个部门，一个是MBA，一个是EDP。他与中欧EDP颇有渊源，由于他十分了解中资企业的资本运作、财务战略、家族企业的公司治理、制度建立，给EDP最初的客户开拓多有助益。

我们部门的外籍职员，也值得一说。克劳迪娅·谢弗是德国姑娘。1997年，她加入中欧，起初是做销售，但她的性格比较内向，在销售方面一直不太顺手。

一个偶然的机会，我和她去食堂吃饭。她说："Mr. Li，如果你到德国出差，去我们家做客，我妈会把我们的家庭日记拿出来，告诉你我三年级的成绩单在哪儿，四年级的在哪儿，东西摆在阁楼的第几格……"克劳迪娅的母亲是护士，父亲是私人诊所的医生。我知道，母亲这样仔细，女儿一定也是。我对她说："那你去做运营经理吧，负责课程及教务管理。"

于是，同事们惊讶地发现，铅笔的摆放位置、课程手册的质量、桌子的干净程度都有了很大提高。在6年多的时间里，我加班，她也加班，拼命想把业绩做出来。她每天工作10小时，把课程管理得井井有条。

EDP部门还有一位金发碧眼的荷兰姑娘，叫妮可莱特，个子很高，人很漂亮，脸上总是笑嘻嘻的，人缘很好，而且非常勤奋敬业。在北京办事处的客户经理中，她的业绩是最好的。有一次我去北京，发现她挺着肚子，后来又去了几次，她都带着肚子里的孩子去拜访客户。她和客户本来就很好，又这么敬业，客户都买单。

在她临产前一个月，我去北京时意外地发现：她依然挺着大肚子去拜访客户。由于肚子太大，套装都扣不上扣子，她居然用一根橡皮筋把扣子连上。这种敬业的精神感动了部门的每一个同事。有一次，我和她约好去北京国贸大厦拜访客户，结果我迟到了10分钟。妮可莱特撅着嘴，半开玩笑半生气地说："Mr. Li，你怎么让一个临产期的妇女等你这么久……"

之后不久，妮可莱特打算飞回荷兰生孩子，但赶到机场，航空公司觉得她快要生了，硬是不允许她登机。妮可莱特不得不让中欧给她开证明，我代表学校签了字，证明她本人负责，然后她自己也签字，折腾半天，才顺利回到荷兰。

孩子顺利生产后，还没满月，妮可莱特就把他带回中国。闻讯，我和同事去看她，她居然光着脚丫在他们家厨房冰凉的地砖上给我们倒饮料。

在老外当中，也有做不出业绩的。加拿大姑娘蒂娜就是。她特害羞，不太开朗，显得紧张又拘谨。每次我到北京去，她就帮我约一些做不下来的重要客户，我就去“咣咣咣”说一通，通常会把对方“轰”下来，拿到订单。这些虽然是我拿下来的，也都算蒂娜的业绩。

在销售上，每个客户经理都是某个项目的组织者，我们称之为 Organizer，在销售过程中，他（她）不可能什么都强，所以，我们就让一个团队、部门甚至学校的最高管理者支持、帮助他（她）。知识分享也好，团队支持也好，客户有什么需求，我们就群策群力，尽力满足。所以，我们在管理上讲沟通、分享和团队。这种集体作战的办法让中欧如虎添翼。

我管理 EDP 部门的几年里，也感受到外籍员工的很多优点。外籍员工的职业意识比较好，比如说，他们会根据客户的重要程度，调整自己的着装。如果今天有重大活动，她们会穿最好的套装，像节日一样，化妆也很到位，像参加婚礼。这应了一句古老而有哲理的话：外在的形式，总是一定内在内容的外化。

另外，外籍员工上班不存在迟到早退的现象，这方面他们比中国员工做得好。有一次，克劳迪娅·谢弗要带女同事去酒吧聚会，我答应我请客。管理外方员工，时不时要一起放松。那时我的女儿才 1 岁，我就提前走了。离开酒吧，一看表，时针指向夜里 12 点多了。

到家之后，收到他们的短信：“李先生，我们在结账，这次说好你付钱。”

我回复说：“没问题。”

我看了一下挂钟，此时已经是凌晨两点一刻了。让我惊讶的是，第二天上午 8 点半，所有昨天去酒吧的外籍员工，没有一个人迟到。不能迟到早退，这是职业人的天职。

中欧 EDP 部门拥有最优秀的人才，从他们后来的职业发展就可以看出：杨晓燕是中欧 EDP 北京部门的第一个员工，后来担任北大光华的 EMBA 助理主任，后又担任香港科技大学中国区首席代表；朱曼晴是香港科技大学上海代表处负责人；罗澴是长江商学院 EDP 和 EMBA 主任；李杰是长江商学院 MBA 主任；陈燕担任了北大光华管理学院上海代表处主任；方严也担任过北大光华的上海负责人；李明书曾担任长江商学院 EMBA 副主任；王娟在长江商学院做高级客户经理；严俊担任新加坡国立大学中国区首席代表，曹淑溧随我创办了天翼图书……

事实证明，EDP的这些职员，散布在全国、全球的教育机构，成为商学院领域的中坚力量，也为中国管理教育的发展提供了极其专业的服务。另外，还有五六位在跨国公司担任人力资源或培训经理。有不少跨国公司的人力资源总监甚至告诉我，如果中欧这类人才想跳槽，他们照单全收。

时任国务院副总理的李岚清为中欧提了一个要求：“中欧自己成功不算成功。中欧要在中国的土地上成功，然后直接刺激和影响传统大学。”李岚清看得很远，这个目标中欧确实达到了。

中欧的新鲜血液

一个优秀的组织想持续发展，特别是未来的发展速度不能等于或落后于过去的速度，都需要新鲜血液源源不断地注入进来。

中欧国际工商学院最初的中方团队，是交大的5位青年教师。那时交大为了支持这个项目的实施，从学校抽调了几位青年教师过来帮忙。一年之后，有4位离开了，只剩下我一位。又过了一年，张国华和我都觉得应该招人了。一个学校靠几个人办不成，必须有团队，每个部门有骨干，而且不是一两个骨干。

设想虽好，难度不小。“婴儿时期”的中欧拿不出有吸引力的工资，从数额上看，中欧的工资只是比普通企业略高一点，很难通过社会招聘来扩充团队。论工作地点，中欧头几年在闵行，对上海人而言，没人愿意去郊区上班。普通工资，工作又在郊区，让中欧毫无吸引力。于是张国华不断地利用自己在交大的网络，想方设法找来一批重要员工。

1995年1月，交大图书馆副馆长、原张国华在党办的同事杜谦加盟中欧。那是自创始人之后的第一批新进员工。他的工作是负责筹建信息中心。信息中心既负责IT系统的支持，又兼顾图书馆功能的支持。杜谦是图书情报专业背景，又有国外合作的经验，中欧算是找对人了。而且中欧把他放在高度市场化的环境中工作，让他如鱼得水，发挥自如。很快，我们看到信息中心安装了世界先进的JOBOX机器手，可以自动查询图书资料——清华在第二年才建立。同时，中欧开始订阅世界级的杂志，这都是杜谦带来的理念。

接着是谈论，她于1995年10月加入中欧，曾经做过院长秘书、教务办秘书，负责教授支持。1996年，中欧成立了国内第一个MBA职业发展部（简称CDC），为MBA学员的职业发展提供专业服务。谈论担任主任并付出了心血，在他的努力之下，中欧的毕业生成为500强跨国公司争相聘用的对象。从1998年开始，CDC在上海市人事局的支持下，协助留沪就业的外地籍MBA毕业生办理上海长住户口申请手续。

1996年1月，李杰来了。他原来是交大留校的老师，加入中欧后担任MBA的招生经理，后担任MBA助理主任。在他来之前，MBA一年只能招一个班。他到来之后，有自己的思路：报考中欧的学员，底子必须是国内的一流大学：北大、清华、交大、复旦、浙大等等。他的这一定位使得中欧在1997、1998、1999三年的招生质量都很高。

之后是张维炯，1997年4月加入中欧。那时，他还在加拿大大不列颠哥伦比亚大学商学院读博士，在完成了课程和论文之后，虽然学位还没拿到手，他就热切地加盟中欧，担任EMBA主任。他的到来，增强了中欧的课程设计能力、与世界一流教授沟通的能力，以及市场营销和推广的能力。现在，他担任中方教务长和中方副院长。

接下来是韩申瑶，1997年5月加入，同样来自上交大，曾经是交大学生会的活跃分子。他毕业后留校，然后到上海市政府信息委担任处长。他也是中欧第一届EMBA，毕业后留在中欧工作，担任办公室主任，为中欧校园建设进行了大量采购和谈判工作，充实了中方的工作团队。现任华腾软件总裁。

随后，在1998年2月，王建铆加盟了。他是佛罗里达州立大学的经济学博士。进入中欧之后，他担任MBA主任，负责学术、课程设计等方面的协调管理工作，对中欧在MBA及案例研究方面有很大贡献。

还有梁能，沃顿的硕士、印第安纳大学博士，北京大学国际MBA项目首任中方主任，2002年来到中欧，接替张维炯，担任EMBA主任。我和他共事了一两年，有很多一致的观点。他很认真，很有责任心，做事的速度也很快，风风火火。遇到教授的质量波动，他会非常着急。此外，他在市场营销上有独到之处，对课程的促销活动、广告安排、课程介绍册子的制作要求极高，把关很到位。他的性格符合中欧的文化。EMBA后来的长足发展与他的加入分不开。

此后，还有葛俊（现任中欧院长办公室主任）等人加入，至今都是中欧的关键人物，为学校的公共关系和政府事务作出了应有的贡献。

张维炯、梁能、王健铆，三人都是“洋博士”，也都是“老三届”。值得注意的是，回国之后，他们放弃了教学科研工作，转而从事行政工作。

或许有人觉得，让当教授的人才搞行政，这是大材小用。但中欧这个结构和战略是对的。教务行政工作在一个组织诞生之初是相当重要的。当我们的师资处于流动状态、只能聘用别人的教授时，组织的重点是稳定组织架构，把主要职员稳定下来，然后再发展师资。如果内部运营都不标准、不系统、不稳定，即使找到了好师资，他们也会离开。因为教授的管理、服务、评价体系没跟上的话，老师就留不下来。

张维炯等“洋博士”负责行政，好处在于眼界很开阔，思路系统化，有教授管理经验，了解教授的价值取向，也善于和外方打交道。在他们的努力下，中欧各部门的内部管理、对教授和学员的服务都很到位。在同等物质收入条件下，这里的服务、学员的素质、工作的效率、未来发展，都吸引着世界各地的教授加入。

“新鲜血液”逐渐成为中欧的中坚力量，为艰难起步的中欧注入了新的动力。他们把第一批中方团队——李家镐、张国华和我——的创业雏形作了进一步的发掘和完善，学校各部门开始齐头并进。

关于一根筋的文化

一般人很难理解，一个浙江或者广东的农民，用一辈子甚至半辈子（20 年甚至更长时间），可以成为优秀的企业家，而为什么一流学府出来的人不能成功？因为前者一辈子只做了一件事，返璞归真，得到了一切。后者在半辈子做了 10 件、20 件事，涉足很多行业，一再给自己重新定位，最后一事无成。

这说明，在竞争激烈的环境下，人的能力、智慧、时间都有限，只有聚焦于一点，才能水滴石穿。在这个过程中，模糊的梦想会逐渐清晰，然后变为现实。

因此，成功属于敢于选择“一根筋”文化、拥有这种价值观的人。他们把自己的能力和未来所能做的事都想清楚了，所以不会三心二意，不会用数学的、急功近利的方法来计算自己的价值。我这些出色的骨干们都是如此，哪怕他们到了别的组织，价值观依然没变。

为什么中欧能塑造出这样一批人？因为中欧拥有一种创业文化，一种拼命文化。这种追求卓越的文化，潜移默化地影响着他们。

我想，中国应该能有千千万万个这样的人才，但是却没有。高等学校像卓别林电影里的流水线一样，大批量地生产大学生。然而，中国的职业教育和价值观教育很脆弱，没有培养一个人的核心价值观。大部分人到了工作岗位上，表现十分一般，很难持续。甚至有人还停留在“我比别人聪明”、“我拿到了一流学位”上面。只要他们没有解决价值观的问题，没有解决梦想问题，他们就是二流的人才。

伟大的事业如果一点一滴地来体现，梦想就不会变得那么遥远。如果想法很多，做起事来却一点工夫都不肯花，稍微碰到一点困难就放弃，那注定一事无成。

所以，选择放弃，立刻就是失败者；选择坚持，则可能成为未来的成功者。这两种价值观，一个天，一个地。伟大的组织就是从坚持开始的。

第四部分

获得认可（1999~2003）

第十二章　校园建设一波三折

贝聿铭方案险遭淘汰

1994年，中欧国际工商学院在金桥的一片农田中奠基，埋下一块奠基石。1995年，中外院长们为了校园设计，专程到美国的顶级商学院参观，看了哈佛、加州大学洛杉矶分校、斯坦福等名校的校园建筑，感慨良多，对中欧未来的校园充满遐想。

中欧校园的设计在招标之后，引来了积极响应，中外各地的建筑师事务所都拿出了设计方案。副院长苏史华做了一个PPT，一张张地给我们演示，简直看得眼花缭乱。最终有两个方案入围，一个方案出自大牌设计师贝聿铭之手，略带中式风格，粗略一看并不起眼。另一个来自德国和加拿大合作的建筑事务所，设计的方案最时髦、最现代化，而且设计费还略便宜。在PPT里，我们看到了他们之前的作品：德国大众总部的生产工厂——全玻璃外壳，钢结构，屋顶上有三层窗帘，全是数控的，大太阳就自动打开厚窗帘，小太阳就是薄窗帘，几乎把所有现代化的东西都用上了，相当迷人。

有趣的是，管理层出现了巨大的分歧：中方管理者都喜欢后者，90年代的中国人对现代化的东西无比痴迷。但外方院长们无一例外都选了贝聿铭。

意见无法统一，最终德国教务长冯勇明作了一个陈述。他说："建筑与服装一样，都和一个国家的环境、历史和文化紧密相连。建筑本身就是环境的一部分。我们不能把一个唐突的东西拿过来，哪怕它是世界上最好的，拿到这里却未必好。就好比一个中国人穿得过于西化，走在中国的大街上，这是不协调的。贝聿铭是华人，他对华人的历史文化很了解，他的建筑中有很浓的中国元素。中欧国际工商学院固然有欧盟的一半，但它在中国成长，所以要与中国环境匹配。如果大家都认可这一点，就应该和德国、加拿大的设计方案说再见。”

这位德国院长丝毫不推荐德国事务所的方案。他这一番充满哲理的解释，简直无法辩驳，中方管理层被说服了，接受了贝聿铭的昂贵方案，学校花了 1 600 多万元的设计费，足足比其他方案贵了一倍。预算是固定的，设计费贵了，建设费就不足。为此，李家镐院长以 70 岁的高龄四处“化缘”，而且中欧的校园不得不分成多期来建设。

不过，这个代价是值得的。中欧成为国内唯一由贝聿铭事务所设计的高校校园。放眼全世界，只有三所学校有幸拿到贝聿铭的设计。另外两所学校是加州大学洛杉矶分校的安德森商学院和斯坦福大学商学院。

中欧建成之后，四面八方的领导纷至沓来，有海关总署的领导、中央党校的领导、深圳的市领导。他们来到中欧，看到的是一幅动人的画面：本白色的教学楼倒映在水景中，微风吹来，水面泛起微澜，翠竹在风中摇曳。整个建筑里，有中国的青砖、长廊、花角窗，一砖一瓦之中，透着苏州园林的风韵。整个校园如同一杯清香宜人的好茶，耐人品味。

参观者觉得这是大手笔。人群中有人赞叹了一声：“这就是贝聿铭。”大家才恍然大悟。

在这些来访领导中，有不少是学土木建筑的，他们觉得这样的设计很合理。整个环境非常静谧，是校园应该有的感觉。深圳市领导到了中欧之后，感慨地说：“应该让深圳主管建设的副市长来学习一下，我们深圳的大学城都是玻璃幕墙、钢结构。俗，太俗了，和中欧一比不知道差到哪儿去了。”

后来，中外公认，这是全球商学院中最美丽、最具特色的校园之一。它将现代与古典、西方建筑与东方艺术融为一体……

遭遇“豆腐渣工程”

带着贝聿铭设计的一流蓝图，中欧国际工商学院开始建筑招标了。学院一期工程投资 1.2 亿元，二期工程投资 9 500 万元。

这可是上海大项目，吸引了众多知名建筑承包商来投标。其中有中建二局、象山建设、南通建设等等。说实话，象山、南通等民营企业拿出来的标书相当漂亮，都是国际大牌设计所设计的。而国有企业中建二局拿出来的标书，皱巴巴的，像草纸。不过，李家镐觉得，应该交给国有大型企业才放心，所以中欧选择了中建二局。

1997 年 12 月 28 日，第一期工程破土动工。眨眼到了 1998 年，校园建设到了最后 1/3 阶段。有一次，我陪副院长苏史华外出，路过浦东时，他忍不住想看看未来的新校园，我欣然同意，陪他一同前往，顺便担任临时翻译。新校园的建设，就像摇篮里的孩子，让每一个中欧创始人心痒痒的，巴不得天天看着他们盖楼。

到了现场，有的大楼雏形已经出来了，有的大楼开始内装修。我们按捺不住心里的喜悦，自豪地遐想起来：这可是贝聿铭的设计，未来，这里就是世界一流的商学院。

没多久，我们的思绪就被嘈杂的施工声打断，仔细一看，工地上一片混乱。苏史华当场对施工方说："我不是搞建筑的，我是学机械的。但是你们工地上的现场管理极差！东西堆放混乱，到处是泥浆，一看就是三流公司在施工。施工应该是干干净净、井井有条才对。"

我把这些话翻译给施工队负责人，作为一个中国人，我真的觉得很丢脸。有意思的是，施工队负责人一脸笑容，一个劲儿地说请我们吃饭。施工方的另一个领导知道我们来访后，还专门从市区赶过来。

我心里咯噔一下，一种难言的厌恶涌上心头。建筑供应商不是靠建筑质量来赢得客户，而是靠吃饭、吹牛拍马来搞定客户，这种办法很原始，这种组织一看就没出息。

我们留下来吃了顿快餐。席间，苏史华对施工队负责人冷冷地说："你们该把关的地方照样要把关。"

在回浦西的路上，苏史华很认真地对我说："我曾在 ABB 工作，印度的主承包商把项目转包给次承包商，然后次承包商又包给第三个承包商。每个工程队都想剥一层皮，谁都不想干活。"

打个比方，10 块钱的活儿，层层转包之后，可能只剩两块钱，照样有低水平的承包商来接单。但是，发包方付出了 10 块钱的代价，只拿到了两块钱的质量，这是极其不公平的，转包的结果就这样。我们认为中建二局就有转包之嫌。

苏史华说这席话，其实是暗示："你们中国人不要到最后连印度都不如。"当时我想还不至于。到后来，我觉得这个工程的质量真的连印度都不如。让我气愤的是，20世纪都快结束了，这种事依然在中国发生。

刘吉发飙：把你们送上法庭！

在中欧国际工商学院校园建设过程中，中国施工队的表现让中国人丢尽了脸面。

1999年，中欧新校园竣工了。10月，中欧384位MBA和EMBA学生、所有高层经理培训课程学员、10位长期教授和其他访问教授，以及117名员工告别了过渡性的上海交大闵行校区，全部迁入新落成的金桥校园。

这是中欧国际工商学院的一件大喜事。但当学生们搬进校园时，却发现教室是漏水的，大理石高低不平，柚木家具也很粗糙，中央空调很不稳定，运转的时候嗒嗒嗒地发出声响，还滴滴答答地漏水。卫生间的装修极其粗糙，瓷砖都是歪的，洗手池的台面都是最次的大理石……

中欧的员工看呆了，一流的设计，三流的施工，这难道就是未来的一流商学院？

我觉得义愤填膺，难以接受。所谓一流商学院，除了必须有一流的师资、一流的学生，还应该有一流的设施、一流的校园，任何环节都必须是一流。如果有一项是二流，它就不能成为一流商学院。中外方管理层为了建设一流的中欧，找了一流的设计事务所，80岁高龄的贝聿铭出马，设计了中西结合的一流方案，我们自认为达到了完美极致。谁料，不负责任的施工方毁掉了我们的心血。

我马上联想起1994年和张国华院长在交大餐厅吃饭时遇到的两个欧盟官员的消极态度，当时他们说欧盟在中国的项目，中方毫无交代。

当时我听完一阵脸红。

作为中国人，如果我认为老外言过其实，那么我们就永远无法进步。从中欧项目启动时起，虽然中方员工的工资比外方低很多，但每一个中方员工都想证明，中国人可以追求卓越、做到一流。中国的近代史已经让人抬不起头，但所幸我们现在可以重新努力。虽然我们都是小老百姓，但是我们处处代表中国人。但这次，我深恶痛绝的事就在我们身上发生了：施工队再一次向外国人展示了一个三流的工程，再一次强化了老外心中的自豪感和优越感。

外籍员工们倒是很礼貌，他们没有太多的议论，只是说“太糟糕了”，可在我听来，这简直就是耻辱。

时任上海市委副书记的龚学平认为：“中欧的校园建筑确实有问题。”这当中，中欧的经验也不足，一次性付清了所有的施工费。刚刚来中欧不久的新院长刘吉得知后，快言快语：“你们怎么能一次付清呢？那就完了！施工方什么都不管了，你们留50%不就好办了吗！”

雷厉风行的刘吉院长马上召开设计、施工、监理单位开会，见到施工单位领导，他按捺不住心头的怒火，朝对方怒吼：“你们马上改！你们不改，我就找建设部！建设部不管，我就走法律途径，把你们送上法庭！”

刘吉院长说这话时我不在场，是别人转述给我的。我担心是不是夸大了，专程去问刘吉。他告诉我：“一点没错，我就是这么说的。”从这一点上，我就特敬佩刘吉院长。他的价值观如此鲜明：不为个人，就为了社会的公正而刚正不阿，坚持到底。

其实，在校园施工时，张国华就提了很多意见，施工队一直说改，却只是嘴上说说，置若罔闻，根本不在乎。外方请的监理是澳大利亚人，他曾为悉尼歌剧院做过监理，但是太和气，施工队根本不买账。中方也请建科院工程监理队，但显然，他们都没有发挥应有的作用。我的助手、课程运营经理李洁告诉我，美国公司在闵行建厂房，请的是香港的监理。他们监督得很严，只要施工方不改，他们就不下班，第二天也不允许开工。我默默地想，如果中欧请这样的监理，那该多好。

听到刘吉这位部级干部的怒吼，施工单位吓得不得了。一个月后，返修开始了。很多地方都重新整修，所有的施工费、材料费都由他们出，中欧没有付一分钱。

返修时间足足一年，所有大理石地板全部磨了一遍，刺耳的打磨声让师生们无法上课。为此，很多课程还拿到外面去开，这都是中欧的损失。

我的感觉是，国家级的建筑单位还生活在计划经济中，他们对市场竞争没有概念，不知道追求质量，更没有竞争意识。他们能接到中欧的活儿纯属运气，因为中欧对他们还抱有信心。我在想，如果最初选择了民营建筑公司，也许反而能获得一流的质量。

第十三章　击败欧美商学院

中欧 EDP 部门的发展过程，传承了校训“认真、创新、追求卓越”。搬到浦东新校区之后，几次大的竞标令我记忆犹新。这几次竞标，是中欧直接与欧美商学院竞争，标的是大公司的公司特设课程。与中欧的老师——海外顶级商学院直接竞争，是对中欧实力的最严格检验。

公司特设课程，也叫公司内训课，它是 EDP 部门在公开课之外的另一大类课程，优势在于可以根据每个企业的需求、企业所在行业的特点度身定制。这类课程与公司的经营战略挂钩，目的是帮助企业解决当前或者长期未解决的管理问题，改变中高层管理者的观念、意识、沟通、对文化理解的差异性，为公司提供最渴求的知识产品。

与“老师”狭路相逢

2000 年春节，我在苏州亲戚家过年。但我无暇享受传统节日的喜庆，心里总装着一件事——柯达公司几百万元的超级订单。

由于跨国公司的休息时间与中国春节的假期是错开的，他们提前三天上班，竞标放在初四那天，真是迫在眉睫。我不得不牺牲春节假期，为柯达公司内训课程的竞标作准备。大年初二，我就回上海加班了。和我一起的还有一个公司特设课程经理，方严。

其实，过年前我们就做出了相当完美的方案。但这次竞标，我们面对的是欧洲的INSEAD和美国的密歇根大学商学院，这两个对手是欧美最强的短期培训课程提供者。前者更是中欧建校以来默默学习的“老师”。我们怎么敢掉以轻心?

在寒冷的办公室里，我和方严把已经做得很完美的方案重新检查了一遍，详细分析了柯达的需求，对应安排了不同模块。每一个模块的设计思路和理由，我们都要用英语表达。

和我搭档的方严在美国学习生活和工作了15年，拿过丁肇中CUSPEA奖学金，英语写作和口语都是一流。我们决定，由他主讲，他的英文表达更流利。而我作为总监，更适合为他作演讲补充和支持。

之后，我们又把竞争者参与投标的具体人员作了分析，力图做到知己知彼。这时，我已经有一个感觉，这个标肯定归我们了。原因很简单，论人，他们不如我们——尽管我和我的搭档都是中国人，英语不是母语，但方严的英语炉火纯青；而我的综合协调能力和促销能力可能是最强的，特别是我最善于表达某个课程为什么适合一个组织。至于对中国情况的了解，他们也不如我们；而且他们没有我们这么强势、没我们有经验。我甚至认为我们在亚太都是最强的!

春节的两天里，只要能想到的每一个细节，对方可能问到的每一个问题，我们都作了准备。工作认真、细致到可以用完美来形容。

投标的那一天到了。柯达公司派来了亚太区总裁、中国区总裁、人力资源总监、美国总部的培训总监和各职能部门的5位总经理。按照预定计划，方严打头阵，他突出重点，把中欧的优势、为柯达设计的方案进行了完整介绍。这之后，我又进行了补充。我说：“既懂中国市场，又拥有着西方一流学术背景的教授，我在地球上走了那么多国家，还很难找到第二所。为你们配备的温伟德、伯德·施密特、柏唯良都是世界著名的，没有一个是等闲之辈。”中欧的优势跃然纸上。

我带着赞美和夸耀介绍了中欧的师资，柯达人力资源总经理提醒我，你不能用促销性的语言。但我不用这类语言，就无法在有限的时间内，把中欧的价值体现出来。其实等他意识到，已经晚了，大家都听到了，而且一下子就受到了影响。

足足花了一个半小时，我们解答了柯达公司的各种提问。出来的时候，我看到了等在门外的竞争者代表。INSEAD派来了一个瑞典小伙子，以及一个有着爆炸式短发的法国黑姑娘。密歇根大学商学院派了一个香港人和一个英国人。我们和他们握了握手，喝了点咖啡，就离开了。接下来，他们逐一进去演讲。离开时，我心里有种自豪和骄傲，至少在这个项目上，他们的综合能力已经在我们之下。

两周后，柯达宣布中标结果：中欧国际工商学院获胜！历史应该铭记这一天！中欧第一次战胜了欧洲和北美的商学院，得到了4年的培训大单，每年120万元，共480万元。回想起6年前建校时，我们就怀着世界一流的愿景。谁能想到这一天来得这么快？中欧创始人的宏愿，在这一刻初步实现了，这意味着一所中国的商学院开始在地球上施加自己的影响力。

这是中欧历史上的巨大胜利！我们在与欧美最强者的竞争中大获全胜，媒体作了大量报道，进一步增强了我们的自信心。这固然离不开我们一流的师资，但更重要的是我们的态度：中欧对这次竞标非常重视，我们也为之疯狂，花费了很多心血。这一切决定了我们不可战胜。

我对张国华说："你说我们好了，有人也说我们的市场营销形象很好，但我看宣传得还远远不够，我们做的比说的还要好！我们不是外强中干，不是金玉其外、败絮其中，而是金玉其内、金玉其外。我们要大放厥词地说出来！我们有实力，没人做到过！"我对客户经理说：你们出去"大放厥词"好了！回来肯定做得到！

中国缺什么？中国人缺什么？

缺的就是"大放厥词"的精神。

一些科研单位最缺的不是实验设备，而是追求世界一流的想法。我们不太有伟大的愿景，也比较缺少个人的梦想。我接触过的外国教授很自信，总认为自己是某个领域内的一流权威，不容挑战。而中国为什么出不了诺贝尔奖得主？一个重要原因是不自信，总觉得遥不可及。但在美国芝加哥、哥伦比亚等大学，诺贝尔奖得主成群结队。因为这些教授从进校第一天就起，就认为他们应该得奖，而且愿意一辈子去奋斗，往往梦想成真！

每一个中国教授都应该自信，相信在这个学科未来自己是一流的。如果现在有差距，就看看差距在哪儿，努力弥补差距，不就变成一流了？而且中国教授的团队里还可以有其他国家的人，雇佣各国的智者来帮我们实现梦想。

中欧不认为国外一流商学院遥不可及，而是在分析和批判中学习，这形成了自己的特色，并且真正击败了欧美顶级商学院。我亲身感受到，中国人不仅能做好，而且能比外国人做得更好。我庆幸地看到，中国的企业越来越自信，中国的企业家开始走向全世界，击败对手，收购全世界的企业。

一个民族有了自信，他们就会迈上巅峰。

谈判一年拿下平安大单

平安保险的公司内训课，是另一场艰苦卓绝的战斗。

中欧国际工商学院与平安保险的渊源，可以追溯到90年代中期。在中欧成立之初，张国华院长就和我一起去拜访过，给他们留下了良好印象。平安保险也是穷苦出身，当时正处在艰难创业中，没钱作培训，所以迟迟没有下单。后来，平安保险的经营状况越来越好，高层管理者也开始考虑具有国际视野的培训项目。

围绕要不要培训，平安思前想后。2000年左右，平安让中欧设计方案，但双方一接触，价格是道坎。2001年下半年，中国平安的业绩大幅上升，现金流大幅改善，他们再次把培训纳入议事日程，而且咨询了欧洲和美国的商学院，但还是倾向于中欧。

究竟怎么培训，平安也是不断改口。一开始，平安说想作一个比较小的培训。不久，随着公司的高速发展，他觉得原来的方案不行了，又重新做更大的方案。他们要给38个分公司的老总培训，从管理理论、领导力、服务营销到公司战略、内部运营，特别是销售队伍管理，各个模块都要让一家顶级商学院来培训、考核。

有意思的是，在长达一年多的时间里，除了方案越来越大，平安负责谈判的人也不断升级——最初派来的都是“土鳖”，到后来变成了“海归”，甚至老外。

在2001年年底的一个月里，我们的谈判到了最关键的时刻。平安保险的副总裁兼人力资源总监顾敏圣，还有一个培训总监，台湾人，叫林毅夫，他们来考察中欧方案，与我们谈判。可别小看这位林先生，他在美国服务了20年，培训经验十分丰富。

在最后一场竞标会上，双方摆出了4对5的阵形：中欧一行4人，由我、方严、查尔斯、孔飙组成，直飞深圳平安总部；而对方是5个人，都是培训专家、谈判专家。这场艰难的谈判从上午9点开始。

我们摆出谈判方案，对方先问：“谈谈你这么设计的理由。”

我把理由逐一说出来，对方的林先生开始针对我们市场营销和销售的模块，指出中欧描述的情况与平安实际不符，并且咄咄逼人地问：“你要给我们开服务营销课程，你知道保险业的真实情况吗？如果不了解，你怎么能给我们设计课程？”

林先生说话很刺人。面对如此凌厉的进攻，和我一起去的同事有些坐立不安，脸上红一阵白一阵。我看得出，自己人的阵脚乱了。

我耐着性子，逐条回答："以前我们给银行等企业做过市场营销的课程，但不是保险公司。我们不可能所有行业都做过，但我们会尽力去理解，在与你们的交流中学习，了解平安保险的发展过程、发展瓶颈，并跟踪需要培训的38位总经理是什么情况。"

我解释说："企业内训课程无非是两大块，一是任何服务行业都需要的，销售都有它的本质和核心，这是我们的强项。另一个是具体的，我们在设计课程之前，通过上网、搜集资料、访谈或座谈，由课程主讲教授与主管部门的负责人直接沟通、交流，然后结合公司的战略和总经理提出的具体要求，为你们设计。之后，再根据你们的反馈，尽心尽力地改进。"

对方坚持认为，中欧方案的某些部分理由不充分。他们要支付巨额学费，担心几百万元打水漂，不能发挥实际效果。所以，平安这两位专家用英语和汉语一次次向我们挑战，检验方案设计的合理性，对我们百般责问，一定要我们说出方案每一个模块的设计理由，而且理由必须充分。

我暗想，这简直就是"刁难"了。和我一起去的美籍同事都觉得不自信，他只能打圆场，全靠我来说服。

我坚持认为，中欧2/3以上的课程设计是合理的。我说："此前我们已经详细了解了你们的公司，如果你们还觉得不够，我们就把课程开出来，在上课的过程中，我们会不断改进。"

比如销售管理这门课，很关键，我们怎么让它符合平安的需求呢？它不是模块里的第一门课，所以，在最初的公司管理入门、跨文化管理等课程上，员工们会把公司真正遇到的管理难题谈出来，我们就会不断跟踪，然后把相关内容补充到后续课程中。如果课程不启动，一味地座谈，很多东西谈不出来，课程设计也就没有改进的机会。

台湾的林先生不敢相信，又抓住这一点，质问说："这么多课程，你能保证来听吗？"

我解释说："我肯定会来。大庆石油局三个模块的课程，我都去了两个。别说你们10个模块了。"

听我说完这个办法，林先生终于有些松动。

我们的谈判对手对我们做得欠缺的地方百般挑剔，而且说话有很强的攻击性，谈完之后，我都觉得中欧拿不到这个单子了。因为在一些我们强硬的领域，我们丝毫没有让步，价格也是如此。直到当天下午 2 点，他们邀请我们留下来吃午饭。午饭前，他们讨论了一个小时。午饭时，林先生给我一句话："我认为中欧的方案还有欠缺之处，但在 6 家投标者中，你们是最好的选择。"此话一出，我觉得有了希望。

最终，平安高层宣布："中欧国际工商学院中标！祝贺你们！"

……

380 万元的订单到手了，这简直就是意外之喜！走在深圳街头，晚风拂面，我们几个人从来没觉得心情这么舒畅，也一下子觉得，深圳这座南方城市如此迷人。

接下来的工作，就是在一年半之内，完成设计好的课程，把方案变成现实。

赢在实力，更赢在态度

每当我们参与竞争，清晰的思维、良好的口才固然重要，但有时候，过于流畅的表达反而会让客户觉得：你看上去能自圆其说，其实你没有这个实力和经验，你是用这些漂亮话来搪塞我。所以，每当我与客户谈判，说到一半，客户会说："停一下，你真的做过吗？你能做到吗？"

我知道他们的这种心理，所以我总是作好最充分的准备，把我们之前的经验一条条地说给他们听，甚至包括与其他公司见面的地点、接见的人物、谈话的内容，他们才信服。此外，客户常常说的一句话是："你们对我们的行业不了解。"

显然，只要我们不是客户自己，他们就永远可以说这句话。商学院要发展，客户关系要管理，就要把这种干扰降到最低。不能说我没做过客户的行业，我就不去开拓，那我们只能一辈子喝清水。我们只有去克服，一丝不苟地对待，用尽各种方法了解客户、接近他们，才能得到客户的信任。

为了避免"两张皮"，我们不仅要通过公司网站、媒体报道去了解客户，还要设计问卷，问他们需要什么。有时候，客户自己都不知道需要什么，这就需要商学院靠实力和经验来应对。比如，平安公司的课程中，我们加入了创新管理课程。我们发觉大公司的总部制定了战略之后，分公司都会执行，但分公司的创造力特别弱，老板叫他们做 1，他们就做 1，不会再多做 0.5。所以，我们增加了这一课程，对方相当认可。

客户的"刁难"让我感到，不论客户是否合理，他们永远有说话的权利，因为钱在他们手上，他们永远有自己的个性和需求，永远有自己的标准，我们只能一一满足他。只不过，一流的商学院除了完成既定战略，还会有创造性的工作风格，给客户额外惊喜。

在中欧赢得平安认可的过程中，有一点相当重要，那就是课程启动之后还有改进的机会。这恐怕是中欧与其他商学院的最大不同。中欧在知识产品销售出去之后，还坚持改进。平安的课程开始之后，我和课程经理多次飞到深圳去旁听课程。

每堂课开始前，我作为中欧的EDP总监，先做一个简要的开场白，然后就默默坐在教室里，倾听他们对焦点性、敏感性管理问题的讨论，这是了解企业的最好机会。课堂讨论可以让企业隐藏的问题显露出来，我用不着一本正经地问学员，只要倾听，就能发现客户遇到的问题。一旁的课程助理拼命记笔记，然后我和同事在会后一起讨论，最终把相关内容加入后面的课程模块里。

开课之后去旁听，继续改进设计，然后把前面几个模块暴露出来的问题加入到后面模块，让前面的模块为后面的模块作贡献。我称之为"互动式渐进式设计"。其好处在于，让课程的质量更为完美，同时我们也最大限度地了解了公司。

有时候，客户会无意间感觉到，课程的改进很大，但并不知道我们是如何改进的。他们想不到在拿到订单之后，我们还会做这么多细致的工作；他们也想不到，我们会在课后一次次与大牌教授艰难地沟通，尽最大努力取得进步。

完美的产品来自不断学习、不断改进。协议签署时，平安公司的林先生特别告诉我："我们担心的问题，你们都愿意努力解决，这样的态度让我们感到放心。"如果每个客户都有这个感觉，那么订单就非你莫属。

我离开中欧之后，很多部级单位也找过国内名牌大学，但他们遇到一些复杂的问题，反馈给学校，很多名校毫无反应，就想躲过去绕过去，因而让客户产生了疑虑和担心。而中欧对客户的需求反应特别强烈，给客户一种很放心的感觉。中欧不会回避问题，我在EDP部门一直说，今天把问题回避了，明天问题跑出来会加倍惩罚你。中欧一旦发现课程有问题，只要有改进的机会，就会反馈给客户。

我由此想到，很多供应商，只要合同一签，买卖双方的地位瞬间逆转，他们开始高高在上，对客户的意见一概不管，或者追着他才给一点反应，使得客户比签合同之前还要担心。只要有这种思想，下次客户再也不会给新的单子。中欧认为，正面面对客户是一种商业的意识，是一种职业道德。

我离开中欧之后，如果企业有问题，中欧的反馈依然很及时。甚至有时候院长都愿意出来协调，改进不完善的地方。这就是中欧创造神话的心智模式。

院长加上“最后一根羽毛”

英国有一句谚语：“压断骆驼脊背的是最后一根羽毛。”在与国内外商学院的较量中，中外方院长的出场，就如同这根羽毛，增添了最关键的一分力量，让中欧彻底赢得订单。这源于多年前我的一次顿悟。

2000年，我去北京拜访客户，听到很多客户说，哈佛代表团刚刚拜访过我们，人家前脚刚走，你们后脚就到了。原来，哈佛商学院的院长正好到中国来，他在接受江泽民和朱镕基的接见之后，利用在北京的两周时间，马不停蹄地拜访了京城20多家大型跨国企业。由于来得很匆忙，很多企业一把手不在，他甚至愿意会见总监级别的人。

难以想象哈佛商学院的院长会亲自去拜访客户！这就是高度市场化的商学院。想想吧，当一个总监接到了哈佛商学院院长的拜访，他是怎样的激动？只要哈佛在北京开课，这些企业就会选哈佛。哈佛本身是大牌，他们还如此谦虚，如此贴近客户。这就是不断进取的心智模式。

回到中欧，我以激动的心情向院长汇报了这件事。会上，所有的院长都表态，只要EDP部门能约到大牌的客户，哪怕是最初级的客户经理约的，他们也愿意随时出场，甚至主动去拜访。毕竟，在市场培育阶段，一个初级客户经理很难与大企业的老总直接对话。要拿到单子，适当放低姿态是必要的，也体现了市场化的要求。

在我的大声疾呼之下，院长出场已经成了一种风气，众多大牌企业的订单，都与院长出席有一定关系。张国华院长从来不端架子，每次请他，他都会去。类似中国平安、华为、中信、联想、中海油等等企业，他都冲到一线，亲自拜访。我庆幸中欧院长能有如此的魄力。

为了做中海油的单子，我亲自出马。第一次去，我看到那里有两个外籍老头儿，很资深的样子，风度翩翩。我一问，他们是从英国石油被挖来的，一个做人力资源规划，一个做顾问。我的直觉告诉我，有戏！因为老外都有培训员工的意识。我当场就介绍了中欧的情况，并决定立刻做方案。临走前，我多问了一句：“方案做英语的还是汉语的？”两个老外说：“哟，你这是个好问题。”因为我知道，做英语的，中方管理层看不懂；做汉语的，几个老外又没办法。后来，他们要求我做英文的方案，中海油的中方老总们英语水平都不错。

方案拿出来之后，我们要与卫留成会面，最终敲定合同。我就请张国华院长和我一起去。这一次，EDP 部门一下子做了六七十万元的单子。

多年后，博纳德院长到中欧之后，同样如此。他主动拜访了所有的跨国公司赞助商。在某些公司，他还受到冷遇，因为这些公司内部建立了培训部门，不希望以后再和中欧来往。尽管如此，博纳德仍热情不减。院长这种贴近客户的姿态，让我很敬佩。

我记得，百联集团董事长王宗南（现任光明食品集团董事长）带着他的副总和人力资源总监到中欧来，中欧 4 位中外院长以及学术委员会主席全部出来见他，每一位院长都表态，只要你有需求，我们尽力为你服务。王宗南非常感动。当然，院长们也明确表示，我们的价格不会降低，但我们会尽力提高质量，这是一种竞争力的体现。

中欧的院长也会把自己当成一般的销售人员，不分寒暑，一家一家拜访客户。有了这种心态，这个组织可说是所向无敌。

国内高校的商学院院长距离这个标准还十分遥远。他们不注重客户，很少和企业管理者接触，最多参加一些体面的论坛。换句话说，在市场经济悄然而至的时候，他们还不太习惯用市场的方式思考问题。其命运也就可想而知。

喜获柳传志肯定

2001 年，联想集团成为中欧客户。这家本土 PC 巨头非常有意思，每次购买课程都是一个单子一个单子签，只有觉得好，才会买下一个课程。在我的印象中，联想一开始从几家商学院采购课程，后来都转到了中欧，大约买了六七个模块的课程，总价值七八十万元。柳传志给了我们一句话：“中欧 EDP 的课程质量很稳定。”

按 5 分制打分，中欧每一堂课都在 4.71 ~4.8 分左右，偶尔也有 4.4、4.5 分的课程。但国内其他高校就不同了，他们有 5 分的课，也有 2.5 分的课。这种巨大的波动是一个商业组织不希望看到的。质量的第一标准就是稳定，其次才是高低。很多企业告诉我们，他们并不要求所有课程都是 5 分，如果都能达到 4.5 分以上，他们就满意了。如果一个商学院的课程偶尔有高分，但很不稳定，就大打折扣。客户受不了一个课程得 5 分，而下一个课程只有 2.5 分的巨大落差，这种落差让人怀疑供应商的质量。更糟的是，那个 2.5 分的课程模块可能对客户更重要。

课程稳定与中欧的管理文化分不开，中欧最讲究体系和标准。在创业七八年后，中欧的名气增长了，但销售课程同样不容易。我们赢在比其他竞争者更愿意改进，姿态更低。这里，我们强化了“度身定制”的特点。

通常，中欧的客户经理与客户接触之后，客户经理或课程经理会设计一些初步的培训方案。客户拿到这个方案之后，可能会不满意，会提出很多差异化的要求或要求突出某个重点。由于课程经理不是课程的最终生产者，这时候，我们会让真正的生产者——教授出场，让教授与企业直接交流。

那么，如果有好多位教授，该让哪位教授出场呢？对某些重要课程，教授们都认为自己是最好的，当仁不让。究竟选谁，还是EDP部门说了算。我们对每位教授的擅长了如指掌，不仅熟悉每位教授的简历，我每月还翻阅管理学方面的权威杂志，比如《管理杂志》（*Journal of Management*）、《营销管理》（*Marketing Management*），《哈佛商业评论》（*Harvard Business Review*）等世界一流杂志，看教授的文章，熟悉他们的兴趣点和主攻方向。同时，我对他们的“生产质量”也一清二楚。我经常去听他们的课，查看学员填写的反馈表，还与学员进行交流。此外，我还会和教授面对面交流。

中欧的教授出场后，不仅要见企业的CEO，还要见人力资源经理、各部门经理，以及能把企业问题说清楚的员工。

在教授的实践中，我们发现：与问卷相比，座谈的效果是最好的。员工可以把企业的问题开门见山地说出来，而且某些座谈必须让企业领导回避，以确保普通员工谈话的客观性。这样，教授很快就抓住要点了，未来的教学质量就有保障。

凭这些态度和精神，中欧屡屡拿到大单子。在我离开中欧之后，中欧EDP部门的继任者刘涌洁又接了中石油240万元的单子。这表明了中欧的综合能力很强，在亚太地区可以接任何类型和任何行业的课程订单。尽管有很多历史上没有遇到过的课程，但中欧依然处理得很好。经过谈判、接单、协调、实施、客户批评、改进等等过程的锤炼，我们得到了锻炼。和中海油谈判时，傅成玉、卫留成等著名企业家亲自来“考”我们，但我们通过了他们的挑战，他们也把董事会管理的课程都给了我们。后来汉高、联合利华、索尼、通用电气、西门子等跨国公司也把综合课程交给了我们。

多年来，和海外商学院同时竞标，基本都是我们胜利。成功来自这个组织的基因，以及这个组织不可战胜的文化。

不过，中欧也有遗憾。一些企业对培训没有概念，而另一些企业，本来对我们有意向，但是一更换领导，思路马上就变了。比如，我们和中航油谈了两三年都谈不下来。到后来，他们在新加坡巨亏5.5亿美元，培训一事更加遥遥无期。

全球惊呼“狼来了”

2001年，中欧国际工商学院走进了第八个年头，也到了收获的季节。

英国《金融时报》一个叫布兰德·肖的员工打电话给我们，客气地表示中欧可以参加全球排名的评选，要求我们服务过的客户填写反馈表。

我赶紧提醒他：“我们的客户有一半都不懂英语，你可不能发英语问卷，否则对中欧不公平。”对方表示，他们有华人职员，会制作汉语问卷。我当即谢谢他的理解。

半年之后，2002年5月，英国《金融时报》的全球商学院排行榜出来了。中欧EDP项目首次登上全球排名，公开课排在全球第45名！望着榜单上首次出现的“CEIBS”字样，我觉得无比幸福。

短短7年时间，中欧做到了无数亚洲商学院十几年来想做而没做成的事，中欧EDP成为亚洲数一数二的课程。这一成绩凝聚着无数的辛劳和汗水，是EDP部门多年高强度工作的结果。

这时，我才打电话给我们的客户报喜，顺便问了问填表的事情。他们告诉我，收到的表格都是英文的。英文？怎么不是中文的？我万万没想到，《金融时报》会如此不负责任。中国有自己的国情，如果在印度、泰国这样的国家，发英文问卷都能看懂。可在中国，有很多企业家因为看不懂英文，就不会去填写。这直接影响到中欧的排名！

我急了，抓起电话就打给布兰德，然后又发Email给他。我质问说：“你承诺制作中文问卷，但没有履行承诺，你们是如此不负责任，这对中欧不公平，你们的排行榜也不客观！”

不管怎样气愤，结果已经难以挽回。我想，如果《金融时报》发送了中文问卷，中欧的全球排名应该更高。这一遗憾一直延续到2002年进行新一轮的商学院调查时，《金融时报》终于修正了这个错误，发送了中文的问卷。

在对待排名的问题上，中欧非常规范。我们没有打电话提醒客户，更不会帮客户填表，严格遵照了《金融时报》的规定。这也是为什么我们直到榜单揭晓才发现没有中文问卷的原因。

2003年5月,《金融时报》榜单公布，EDP项目再获丰收，综合排名全球39位，公开课排名全球第41位，公司特设课程排名全球50位。

在我离开中欧之后，EDP部门保持了迅猛的发展速度。根据2007年5月《金融时报》的最新排名，中欧EDP项目公开课位列全球排名第35位，公司特设课程排名亚洲第二。2008年5月，中欧EDP跻身世界第20位。

2004年，中欧国际工商学院率先通过欧洲EQUIS认证，成为中国大陆第一家通过国际认证的商学院，中欧贴上了“品质保证”。更重要的是，中欧通过认证完善了自己的体系、流程和标准，使之与国际化紧密接轨。紧接着，中欧又顺利获得北美AACSB（美国商学院）国际认证。

每年《金融时报》排名时，女性学员的比例都成为中欧的一大优势。中欧在交大闵行校区时，就重视女性学员。刘吉院长来中欧之后，更加重视，要求增加女性学员比例。这是大势所趋，中国女性接受高等教育的情况不比男性差，而且中国女性的就业率很高。因此，中欧的女性学员占比可以达到20%~30%，而发达国家的商学院还不到10%。如今，国内外女性无论在科学界、学术界、政治界，作用越来越明显。

《金融时报》最新排名出来以后，总能吸引各大媒体的关注。这离不开刘吉院长的努力。刘吉院长是一位富有远见、充满人格魅力和感染力的领导人。他曾经担任过宣传部的领导，对宣传有独到见解。他来中欧之后，要求中欧每周至少见报一次，特别是《金融时报》的最新排名出来以后，必须快速反应，第二天就邀请记者来报道。在他的坚持之下，中欧的曝光率逐渐增加。社会开始了解中欧，中欧也能更好地为社会服务，形成良性循环。同时，当中欧被推向公众后，每一篇报道都是从外部向中欧施压。舆论的高调是一种鞭策，外界的压力促使中欧必须做得更好，走在中国商业教育队伍的最前面。

为了中欧，刘吉院长也改变了以往很少接受采访的习惯。他逐渐适应了中欧的文化，也尊重中欧的文化。由于中欧是一个商业化运营的教育组织，他作为院长，要把中欧的优点和特点说出来。于是，他接受记者采访的次数增加了，中欧的曝光率也上去了。

心智模式硕果累累

中欧国际工商学院的成功不在于硬件。中欧的前五年都是借助交大的闵行教室和办公室，说得难听点儿是“寄人篱下”。但我们的员工勇于进取，瞄准市场的需求，不断用创新的方法达到他们的目标。5年之后，中欧已经名声在外。

我喜欢用心智模式来解释优秀组织不断进取的原因。它是一种认知心理，是人们的思维方法、思维习惯、思维风格和心理素质的反映，决定了我们如何认识周围的世界，并影响我们的行为。不同的心智模式将导致截然不同的行为方式，也会引发不同的结果。

历史上的成功和光环，常常阻碍一个民族的继续发展，这就是为什么很多文明古国到了现代都不再强盛的原因之一。因此，一个好的心智模式是用不断求变的视角、眼光来看待世界，不断更新，不断否定自己，避免墨守成规，避免躺在历史荣耀上止步不前，从而让一个人、一个组织、一个国家不断进步。

二战后，日本一片废墟，但为什么几十年后，这个弹丸小岛迅速发达起来？因为日本人拼命学习，拼命创造，勤劳工作。这是良好的心智模式。然而，在20世纪90年代之后，日本沿着战后成功的轨道前进，不再否定自己、不追求创新，年轻人也不再勤劳工作，因此，这十几年来日本GDP几乎没有增长。这说明，心智模式对民族的发展至关重要。

从地理资源而言，德国旁边的波兰、捷克，土地和自然资源与德国差不多，它们应该和德国一样发达，但事实不是这样，因为他们的文化、思维方式都不一样，认识世界的角度也不同，由此产生的心智模式也不同，使得他们实际行动截然不同。

心智模式体现在工作的方方面面。在中欧创业的过程中，一些中方的员工甚至院领导都会觉得，中欧天生就比北大、清华矮一截。现在中欧名气大了，当然没人会这么想。但在90年代中期，会有人不自信。谁敢和一代名校比个高低？

如果这件事放在美国，恐怕会不一样。美国人不太崇拜历史悠久或者名声显赫的组织。他们认为什么都可能发生，一代新人胜旧人，自己就是最好的。这就是一种更好的心智模式。有人在全球作过一个调查，结果发现，美国的创业环境还是全球第一，比第二位高出很多。

而中欧的伟大就在于疯狂地学习，吸收国际顶尖商学院的先进经验，加倍地勤奋工作，同时又不盲目崇拜，培育自己的心智模式，从而找到独特的成功之路。单纯说中欧的成功是因为有智慧，并不准确。勤劳和智慧是相辅相成的。光勤奋不智慧，就是蛮干；光智慧不勤奋，也无法通过勤奋来体现自己的智慧，实现心中所想的目标。但在两者当中，勤奋是优先的。

反思中欧的拼命文化

中欧的成功在于文化的成功。院长带头，总监带队，基层员工跟上。大家都把中欧当成自己的事业，没人叫我们加班，没人告诉我们怎么做，都是自发加班，希望把中欧做起来。所以，中欧会有连续两任中方院长在岗位上鞠躬尽瘁，死而后已。

为什么中欧人这么卖命？第一，“根正苗红”，中欧的骨干都是有着传统价值观的人，一天8小时过后，晚上弄到九十点钟也没意见。骨子里就有这种基因，形成了最初的文化，然后前面的人带后面的人。中欧没人问为什么加班，它就是一种文化。现在的白领，苦一点累一点就问图什么。另一方面，中欧不拘一格选人才。李明书来自快速消费品行业的外资企业，从来没接触过教育产品；刘涌洁是外贸销售员，招聘的时候，我们就看中了他的拼命精神。

EDP的“金牌销售”曹淑溧曾经在跨国医药公司以及ACCA（英国特许公认会计师公会）担任过高级客户经理。在中欧招聘时，她和另外两个小伙子闯入了最后一轮。从背景看，另外两人可能更强：一个在三星化学工作，另一个在世界500强的法国罗纳普朗克担任职业经理人。但曹淑溧口气最大，甚至近乎狂妄，她有一句总结性的语言：“我的语言可能有些自夸，但我做的比说的更好。”这种自信让我们一下相中了她。正因为这样，中欧总是充满了最富挑战精神的人。

第二，一种强烈的责任感、使命感。中欧形成了一系列的风气，比如首问责任制。任何一件事，只要安排给一个人，不论他转交给谁，他都是第一责任人，必须负责到底，不会推诿。这种风气让人耳目一新。教授到中欧来，只需要和一个课程助理打交道，这个人会帮教授联系各个部门，对教授来说非常方便。而在其他高校，教授至少要和五六个人打交道，效率很低。国外的教授绝对没想到，在中欧能得到这么好的服务。德国一位经济学教授威廉在中欧上了10年的课，他说：“中欧提供的支持是最好的。在其他商学院，很多事情要教授自己做，没人管我们。”

第三，追求完美，树立标杆。中欧走的是一条没人走过的路，做成什么样，完全靠自己，我们的梦想就是世界一流，成为中国商学院的标杆，所以各方面精益求精。

举个例子。中欧最早开始排座位表，把每个学员的名字放在Excel表格里，打印出来。有一次，一位教授提出希望看到学员的照片，这样便于教授提问、学员发言和考勤。EMBA 的同事就手工来做，把全班的照片打印好，一张一张剪下来，再一个一个地贴到座位分布图上。做一份表格要花半天时间！没有先进的工具，中欧员工就常年手工完成。多年后，中欧花了一笔经费，设计了一个软件，从此可以在电脑上轻松排座位，而且自动带有头像。实现了电脑化之后，中欧更进一步，每次都让学员的“左邻右舍”不一样，以便给学员提供最多的交流机会。小小一张座位表，汇集了精益求精的精神。

第四，互相支持的氛围。每逢招生、“路演”，EDP、EMBA、MBA 三个业务部门总是互相支持，数据共享。如果不是这样，中欧做不到这么大。在业务部门背后，还有 IT、后勤等多个部门的支持。很多人读了 EDP，觉得效果好，就来读 EMBA；同样，老总读了 EMBA，感觉不错，马上就把公司的培训交给 EDP。

在张国华院长临终前，曾嘱咐 EMBA 要多帮帮 MBA，因为 EMBA 资源比较多。从 2004 年开始，EMBA 和 MBA 首创了国内第一个“良师益友项目”。简单说，就是学院出面组织，让 EMBA 学员和 MBA 学员结对子。每次，EMBA 学员可以提出自己的需求，想做什么项目，然后让 MBA 学员报名，学院进行配对，并安排见面。这个活动是双赢的，对 MBA 学员来说，他们可以进入 EMBA 的圈子，了解行业的情况，找到实践的机会，甚至到 EMBA 学员的公司工作；对 EMBA 学员来说，则可以接触到 180 人的 MBA 学员队伍，优先挑选公司需要的人。

以前中欧的赞助商捐助 100 万元，才有机会对 MBA 学员作演讲，与他们接触或进行招聘。但现在，EMBA 学员只要参与这个项目，就可以拿到本届 MBA 的“花名册”。对他们来说，这个项目需要付出时间，也是一种社会责任感的培养。我们很高兴地看到，每次 EMBA 学员到学校来，就会提前和 MBA 学员联系，一起吃饭、聊天。而“良师益友项目”也成为 MBA 招生时强调的亮点。

第十四章 价值驱动中欧发展

张国华院长常说："北大、清华是'百年老店'，而我们只有短短几年历史，没有资本可输，也输不起。因此，我们必须比他们做得更出色！"对一个身处市场化大潮的商学院而言，强烈的危机感促使它不断进步，追求卓越。

教室扩容

朱镕基总理一直认为：管理科学和管理教育是兴国之道。在他的推动下，1998年，国务院学位委员会与教育部将管理科学升格为十二大学科门类之一。这是中国管理科学发展史上的一件大事，也展示了社会对管理的关注。

中欧国际工商学院一直独立于教委系统之外，大约从1999年开始，EMBA的招生变得相对容易了。有趣的是，每年招生时总要紧张一回，但年年都是"悲剧开头、喜剧结尾"。假设10月10日截止报名，到了9月底，报名人数还不到招生总数的一半，部门上下心急如焚。随着截止日期临近，又会集中送来一批申请表。过了截止日期后的一周里，还会陆陆续续收到200多份！有可能都截止招生了，老板秘书却开着车来报名了。中欧的MBA总是早早地报名，而EMBA总是交织着大喜大悲。

令人印象深刻的是2002年，那是全国EMBA首次统一招生。很多学校的报名截止期在中欧之前，但是没招满。中欧那一年报名的人特别多，有600多人，但只录取200多人，还有300多人没录取。上海某高校听到这一信息，马上延长招生截止日期，推迟到第二年的1月份，果真截获了很多生源，一下子招了300多人。不过，由于他们的教学、服务都跟不上，这一届学员闹得很厉害。

为什么没考上的学员不再等一年？这是由EMBA学员自身的特点决定的。他们通常在报考前申请了公司的预算、申请了时间（请假），所以周围领导、下属都知道他要读EMBA。如果没被录取，他们宁可去差一点的学校读，用掉计划好的资源，也不会第二年再考。

正因为如此，EMBA的招生比例很有讲究。中欧的比例是4.5∶1，也就是4.5个报考者对应1个座位。报考的人少了，中欧挑选的余地就小，生源不过关；多了也不行，因为EMBA都是老总来报名，拒绝一次，就会堵死以后的路，反而为国内竞争者提供机会。外国EMBA的录取率是67%，报到率是82%（发100张通知书，来82人）；从这几年来看，中欧的录取率为40%左右，报到率98%。

到了最近几年，中欧的EMBA大受欢迎。以前每个教室的定额是62人。中欧把教室重新改造，在两边增加座位，后面也加座位，最多可以坐76人。教室扩容的背后，是市场对中欧品牌和服务的认可，这无疑是中欧多年努力的回馈。

MBA：创新招生体系

严俊从2002年下半年开始接手中欧MBA的招生工作，这之前，他在MBA招生办工作了4年多，对MBA的招生工作进行了完善和改良。

每个学校都希望招到最好的学生，中欧也不例外。在2003年，中欧要招收120人，结果来了500多人报名。中欧不缺报考者，难的是对报考者进行评估，不同的考生表现出不同的风格和特点；每一个考官都有自己的评价方法。因此，MBA招生办首先要解决的问题就是：第一，如何通过评估找出最好的人才？第二，如何建立一套有效的机制，避免考官的好恶、权力的影响等人为的偶然性，从而最大限度地避免偏差，这是严俊思考最多的问题。

2003年，严俊到沃顿商学院观摩了一个多月，与那里MBA部门的职员一起工作，了解一流名校的招生体系。这之后，在MBA主任傅礼斯（Gerald Fryxell）以及同事阿尔文·高（Alvin Goh）的参与下，MBA部门决定从2003年8月起，花一年半时间，对招生进行一些改革。

改变，首先从营销开始。MBA 部门一改过去通过官方宣讲会进行事件营销的策略，转而鼓励 MBA 校友、在读学生都参与招生，让他们把自己的亲身经历与潜在报考者分享，大大提高了感染力和口碑效应。而这些官方信息之外的学习体验、学习感受，也恰恰是报考者最关心的。

与此同时，得益于职业发展部的有效工作，MBA 毕业生基本上进入了一流的企业，获得了不错的岗位。这对有意报考中欧的学生来说，绝对是一种正面激励。后来，MBA 部门直接让校友、学生组织宣讲活动，完全由学生来张罗。此外，MBA 部门还推出了“学生大使”，鼓励校友更紧密地参与招生。

另一方面，中欧首创了用定量 HR 模型衡量学生素质的方法。过去，成功进入中欧的 MBA 学生都有不错的 GMAT 成绩，而且有外企的工作背景。但实际上，有不少学生希望通过读 MBA 转行，包括从国营企业转到外资企业，或者说从现有行业转入热门行业。考官不能简单地以他们现有的单位来衡量，更要看到他们未来的增长潜力。因此，如何评估一个学生的潜在素质和领导力，成为 MBA 部门不得不考虑的问题。

为此，MBA 部门设计出一套定量模型系统。根据考生的大学、GPA（平均成绩点数）、大学的社会活动、奖学金等，进行第一部分的评分。至于考生的工作背景、职务晋升情况、申请动机、职业规划以及对中欧的忠诚度，构成第二部分评分。此外，考生区别于其他人的个性、人际沟通技巧、领导力等等，也将纳入评分。通过 MBA 部门开发的定量模型，可以计算出一个考生的分数，最后再加上面试表现，综合决定他是否能成为中欧的一分子。

中欧可能是全球首个对考生进行定量分析的商学院。当然，总会有例外个案存在。为此，MBA 部门设置了一个招生委员会，成员包括院长、课程主任、招生负责人、学生事务负责人、职业发展部负责人。可以说，所有与 MBA 招生、学习、毕业等整个过程息息相关的部门，都参与进来了。大家从各自角度评估这个学生，决定是否录取他。

如果说创业之初，很多工作是靠人推动。那么到了 10 年之后，中欧是用体系来确保一个组织的良好运作。2004 年，完成当年招生之后，严俊充满自信地告诉职业发展部主任谈论：“这一届学生的就业不成问题。别看他们刚入学，我们已经能判断出他们的职业规划是什么，毕业时最好的工作是什么，中等的选择是什么，最差的选择是什么。”学生的出路在招生时就略知一二，这绝对是一种飞跃，它对提高学习质量、学术质量、就业质量，都起到了很大帮助。

另外，中欧瞄准国外最好的商学院，勇敢走出去，与世界名校争夺优质生源。张国华院长的理念是："中国的高等院校应当用全球化的眼光去丰富自身的学科建设和教育资源，争夺国际生源，最终服务于所在的城市和我们的国家。"为此，中欧在招收国际学员时采用国际通用的"全年报名，全年面试"的做法。随着中欧 MBA 教育得到世界范围的认可，加上中国未来经济发展的巨大前景，海外学子的入学申请逐渐增多。从 2002 年起，中欧 MBA 部门开始大规模向海外招收学生，最初的生源多数来自亚洲地区，而在 2004 年的招生中，来自欧美的学员达到了 60%。

"八年抗战"换来教委肯定

好事成双。在"八年抗战"之后，2002 年，国务院学位委员会正式承认中欧国际工商学院的 MBA（工商管理硕士）学位，中欧的 MBA 文凭终于盖上了国家教委的印章。这是对中欧的莫大认可。这里面，离不开刘吉院长的努力。

最初，刘吉院长希望扩大对国有企业老总、政府官员的招生，但苦于中欧的文凭不被国家承认，政府官员和国企领导不太愿意来读书。为此，刘吉院长每次遇到教育部长陈至立，都会催促她承认中欧。刘吉总是说："这个项目是国务院副总理吴仪签的字，但是教育部不承认它的学历，这不符合逻辑。"见刘吉院长如此执著，陈至立部长总是好言相劝："你做事就是急性子，你要给我点时间。"

其实，在中欧这个项目上，教育部没有设置任何障碍，客观上给了很多支持。后来，陈至立部长花了一年多时间，总算在体制内找到了合适的处理办法，承认了中欧的学历。

刘吉院长是从大局考虑，但实际上，中欧已经超越了这个国家教委的标准。中欧一直在走自己的路，不需要非市场系统的机构承认，只要中欧的学术委员会承认就行。中欧自己的文凭就代表了长期秉持的高品质，代表了社会的高度认可，不需要依附于任何主管部门。中欧后来获得的欧洲和美国的两项权威认证，都不是欧美政府部门颁发的，而是欧美的行业学会发布的。在国外，行业协会就代表了市场的标准。

2007 届 MBA 二班的学员曾经作过一个调查报告，从多个角度证明了中欧的价值。从薪资待遇来看，到中欧读 MBA 之前，全班同学的平均月薪为 3 100 元，MBA 刚毕业时达到 11 244 元，毕业 5 年后达到 27 833 元。而从职位上看，中欧的学习经历让学员们迅速走上企业高层岗位。就读中欧前，学员无一进入企业所有人/合伙人、总裁/CEO、总监这3类企业高层岗位；毕业5年后，15.2%的同学成为企业所有人/合伙人，9.1%的人成为总裁/CEO，30.3%的人成为总监。

当被问及中欧带来的最大收获是什么时，学员们给出了如下答案：

> 全面提升了我的知识水平，课程与国际接轨，让我们掌握了最前沿的管理知识；
>
> 中欧让我结交了很多重要朋友，结识了未来中国的商界领袖，开阔了眼界，也增强了自信；
>
> ……

这是中欧选择市场化道路获取的果实。市场能给商学院带来未来。美国著名的州立大学都脱离州政府的财政支持，靠自己的力量去融资，以便获得更多的自主权。当然，这条路不好走，西方的商学院每年都遇到瓶颈，美国商学院在20年前就走进了低谷，招不到学员。但他们坚持走市场化的路，通过把学制拉长，继续融资，依靠自身的价值吸引学员，最终迎来了新的辉煌。

这样的案例很有启发性。我们应该铭记，市场是最有魅力的。市场化就是各种资源通过竞争，优胜劣汰，从而实现对资源的更高效配置，不断满足人类的需求。优胜劣汰是自然界和人类社会进步的最好例证。一个组织有意识通过市场拿资源，它的竞争力、组织文化就从根子上改变了。靠拨款生存的组织是没有出息的。

因为选择了市场，在多年之后，张国华院长可以骄傲地说："中欧的腾飞，得益于国内同行院校依然被体制所束缚时，中欧却冲破了体制的樊笼，真正独立地走向了市场。"

没有"系主任"的学校

吴敬琏教授被尊称为"吴市场"。他说："让一个国家市场化，就是让一个国家具备竞争力。"

十几年前，汽车工业被当成国防工业，不允许民营企业参与。于是，我们的汽车工业止步不前。今天，民营企业可以参与制造飞机和大炮，一批相关工业蓬勃发展起来。这就是市场的魅力。在教育领域，同样如此。与多年前相比，中欧在市场化的道路上，进行了更深入的探索。

中欧国际工商学院是一所市场化的商学院，以生产和销售知识产品为主营业务，从本质上说它和企业没有区别。所以，企业需要的部门，中欧都有。中欧从部门设置、职位名称上，都与跨国公司匹配。我们有市场部、客户服务部、课程运营部、研究中心等等，职员也相应地叫市场经理、客户经理、课程运营经理。要设置新的职位，我们一定会从跨国公司架构中选择相应名称。

10多年来，很多人第一次听说一个学校的职员叫“××经理”，这让很多企业觉得亲切。形式是内容的外在反映，这说明中欧已经深深打上了市场的烙印，与企业处于同一个话语系统中。

在一个市场上，如果同时存在市场化的企业和非市场化的企业。那么，非市场化的企业应该居安思危。他们没有经过市场的洗礼，一旦他们的政策优势丧失，他们的处境就危险了。同样，那些非市场化的商学院也要格外小心，他们可能过久地存活于堡垒中，毫无竞争力。

EDP部门有一个职员，从中欧跳槽到诺基亚培训中心，后来又跳到北方某传统高校的管理学院。她觉得不可思议，传统高校和中欧的差距怎么这么大：在这所名校里，商学院和综合大学的其他院系一样，寒暑假所有教职工都休息，平时工作也是“轻歌曼舞”，节奏很慢。试想，一个商学院还要享受寒暑假，这符合市场经济的发展要求吗？很多经理人是需要在节假日来上课的。

这位职员当即建议院长，应该把课排在周末和寒暑假。而且，在整个暑假，她真的带着几个班主任接待学员，几乎没怎么休息。

这位职员的职业意识和敬业精神，让这所学校管理学院的院领导大为震撼。说起来，她不是什么先进工作者，也不是党员，只是一个平凡的职员。但她带着一个市场化组织的烙印，让她具有传统高校所没有的素质，足以让领导刮目相看。这其实是非市场化院校与市场化商学院的差距。传统高校从不把自己看做是市场中的一员，职业意识相当淡。

此前，这所学院给她开了较高的工资，还掀起了不小的波澜。后来我得知，这位院领导感慨，给她的工资还太低。因为她带来的文化，让他们看到了不足。他们这才意识到，和中欧的距离不是一点点。

中欧在短期内成为亚洲一流，就是得益于这种非正常的节奏。一个半月，我们的客户经理拜访了多少家企业，学院开了多少班？一个半月我们至少开10个班、12个课程。每个班30人，一个半月就是400～500人。一年的寒暑假，中欧就多培养了600多人。组织的成功就是这么点滴积累起来的。

对于一个组织，什么东西最重要？应该是组织的意识。组织的意识来自组织的愿景。因为有了愿景，就有相匹配的战略，进而有相匹配的组织架构，进而有相匹配的工作质量和效果。组织的所有文化都沉淀在每个员工的大脑里。它看不见也摸不着，都是通过交流获得认同。说到底，还是价值观的问题。

回想起来，中欧初创的时候，一批挑大梁的员工可能算不上人才。但我们有一个东西最值钱，就是“傻子精神”，做事“一根筋”，认准了就做到底。今天，要说高等教育水平，应该是上海、北京强，但最有潜力的企业是广东和浙江的企业，不是上海和北京的企业。恰恰是这种教育和文化阻碍了京沪企业成功，想法太多，太聪明，无法坚持。

广东和浙江的企业家或许没受过高等教育，却把事物的本质看得很清楚，决心也更坚定。这两个地方的人也很勤快，一个小店主可以把店面开到晚上 11 点，他们就是勤字当头，这个因素比受教育、有智慧更为重要。一个懒惰者智商很高，但他无法将这种智慧与人交流，或者付诸实施，那么他的智慧只是一闪而过，没有转化为生产力，没有对社会做出贡献。而另一个人不太聪明，教育背景也不好，但他很勤快，可以靠一股倔劲到处说，四处推广。浙江和广东的企业在早期，生产的东西都很初级，但他们为什么能卖出去？温州的电气企业，都是背着包跋山涉水，走遍大街小巷，把设备卖给小电站，然后卖给中型电站，再卖给大电站，然后打入国际社会。大城市的企业不会这样，他们懒得去跋山涉水，这完全是两样的。

邓小平推出了“包产到户”，让农民回到一个朴素的价值观：勤劳者致富。他抓住了人和社会发展的一般规律，回到了市场的原点，让一个僵硬的国家瞬间就充满了生气。共同富裕是终极目标，但在现有物质条件下，还是多劳多得，不劳不得。试想，难道懒鬼、懒汉也能和勤劳者一起致富吗？这在逻辑上就说不通。勤劳的人基本上是富有的人。当然，这里面有机遇、运气等问题。但勤奋是基本条件，如果不勤奋，一定不会富裕。

所以，无论教授还是其他职业，他们的辛苦度和敬业度是由市场激励决定的。投入毕生心血的人就应该得到巨大收益。制度是组织的保证，不同的制度决定了不同的结构，不同的结构由战略决定，而战略又是根据组织的愿景或野心来决定的。只有当一个社会拥有这样的机制，他们的教授才会杰出，杰出教授才能得到巨大回报。中欧在激励机制上作了大胆的尝试，并取得了一些成绩。

一流教授都是辛苦命

中欧国际工商学院能大踏步地前进，离不开教授的杰出贡献。他们是课程的生产者，也是一所商学院的核心竞争力所在。一位外国教授加盟中欧，并不是他们想来，中欧就接受，而是中欧与教授双向选择的结果。绝大部分中欧教授本身是著名商学院的终身教授。他们通常在北美或者欧洲很有市场。

在中欧，作为最繁忙的EDP部门的总监，我经常忙到晚上八九点，甚至十点下班，但我在收好行装，发动吉普车准备回家时，常看到一些教授家里的司机刚刚来接他们，甚至还有教授忙到更晚。这在西方国家也很普遍。我们再去看国内著名大学的教授们，有人会那么晚下班吗？我想有，但是数量很少。这不是单纯的个体问题，更是一个体制和机制的问题。问题的核心在于，商学院是否被纳入了市场体系。国外商学院的市场化机制决定了：教授就是耕耘一生的辛苦命。

在国外，一位著名教授的成长要经历几个阶段：首先是名校的博士，而且具备公司经理人背景或者咨询业背景，要么在拿到博士之前就有，要么在拿到博士之后获得。然后，他们来到商学院，先做助理教授，然后是访问教授，再申请成为一所学校的终身教授。只要拿到这一资格，学校不能再辞退你，哪怕你混日子也不要紧，除非触犯法律。

终身教授是每一位教授的里程碑。如果一个教授还没有拿到“终身”资格，说明他火候还不够。在这之后，下一个里程碑就是捐赠教席教授。亚太一些地区将其称之为“讲座教授”，这是不准确的。学校往往会推荐最大牌、研究最卓有成就的教授来参与评选捐赠教席教授。在美国最大的商学院中，每个专业只有一两位教席教授，这是对学校，也是对捐赠教席教授本人的认可，是至高无上的荣誉。

西方人先拿到名牌大学博士，再拥有管理咨询经验，比如在读博士之前或之后参与了企业管理，才能成为终身教授，最后变为教席教授。这个过程相当辛苦。他们要在一流杂志上发表一流文章，类似《管理杂志》、《营销管理》、《市场营销杂志》、《科学管理》等。这些杂志都是季刊，由于强者如林，只要能发表，就相当于进入了“王者名单”。所以很多教授的文章通过杂志编委会审核之后，要等一年之后才能发表，但他们也愿意等待。

一流文章来源于一流的实践，实践包括两部分：一方面是教学实践，通过给一流的学员授课，得到学员的反馈。这些学员来自大牌的公司，他们是教授获取信息的渠道，可以提供一线的最新管理动态。而另一方面是咨询实践。教授必须主动为企业作咨询，其前提是他们已经在商学院获得足够的地位，而且拥有足够好的经理人、咨询背景。只有这样，企业才会接受。

可见，两条路都不轻松。拥有经理人和咨询背景、通过艰苦的研究获得终身教授资格，给最优秀的经理人上课，给大公司作咨询，样样都不省力。很多人因为每年的文章发表不够，就一年年被拒绝，无法成为终身教授。他们只能被辞退，到二流甚至更差的学校任教。这就是著名的“不升即离”（Up-or-out）规则。教授的成长过程不比成为一个优秀的运动员容易，这个过程一般人根本承受不了。

在中欧的经历告诉我，要成为一流学者，首先要有成为精英的思想，有野心和愿景去做出该领域内最优秀的东西。其次，为了这一目标付出毕生的精力。很多人半途而废，或者中途倒下，以至于只有极少数人走到了这一步。

近几年，美国的优秀教授数量比欧洲多，这与美国的文化有关。他们把教授当成经理人、当成创业者使用。据我所知，在沃顿商学院、密歇根大学，有不少教授累死在讲台上，死在研究岗位上，也有因为脑溢血而无法继续工作的。

有人会说，这些人的工作和生活不平衡。这两者本身就是一对矛盾。或许我们会找到一个平衡的方法，但在找到它之前，很多人要付出代价。付出代价者，就是贡献者。而且，一个社会不只是要农民勤劳，更重要的是要让智慧者勤劳。只有这样，一个国家才能复兴。

教授能成为富豪？

北美和欧洲商学院的教授们都抢着上一流的课，争夺与业界精英“面对面”的机会。为了得到一流的课，他们要写一流的文章，只有这两者兼备，才能为一流的公司作咨询，企业老总才愿意请他们去。这时，一流的咨询可以反哺于教授的科研，这就是良性循环。当一个教授做到这一切，即使他所在的学校不给他待遇，社会也会给他高待遇，各大企业也会争相追捧。

西方的教授可以获得价值的平衡。他们有精神世界的追求：有愿景、要成功、要名誉，这与金钱没有关系。但当他们完成了人生的目标，社会会给他们丰厚的回报。因为这笔回报，他们在物质上又得到了满足。物质的满足让他们更加看中精神追求，这又是一个良性循环。

我遇到的西方著名教授都是富有者。美国著名商学院的教授在海滩有别墅，还有法拉利、保时捷跑车。中欧的温伟德教授就有法拉利跑车，还有500平方米的公寓房。说教授会贫穷，这在国外是不可想象的。或许学科与学科之间有区别，但他们应该都属于富有的阶层。

在过去计划经济条件下，我们国家鼓励精英分子为国家作贡献。他们确实作出了贡献，但是一辈子都很穷、很苦，甚至被穷死苦死。美国人也会累死，但他们不会被穷死。想想，一个搞科研的教授在家里还要捅蜂窝煤，过着贫穷的生活，怎么搞一流的科研？所以，在国家财力可能的情况下，应该给科研人员更高的待遇。

我刚分到上海交大成为青年教师的那年，曾经听交大党委书记邓学初作报告，他说："如果交大的教授还要推着'破坦克'（破自行车），为一斤蔬菜半斤咸鱼和小贩讨价还价、斤斤计较，他就做不出一流的文章。所以，我要提高他们的收入，让他们把更多的时间用于科研工作。"

这些话很朴素，但却是真理。交大的工资改革从历史角度来看是成功的。老交大2/3的人去了西安交大，上海交大依然在八九十年代迅速崛起，这就是一种良性循环。

教授不可能把太多时间用于家务劳动，因为人的精力是有限的，优秀的人必须放弃一些东西。一个人既是一级运动员，又是科学院院士，这是不可能的事。

中国的知识领域从计划经济到市场经济，我认为慢于一般的工商业。国家不应该为教育私有化问题而导致的质量下降而担心，因为市场本身就是一把尺子。那些低质量、乱收费的学校不会得到市场认可。如果他们的口碑降低，没人会去读，他们就生存不了很久。现在的民营学校正是如此，有的学校招不到人，有的学校踏破门槛。所以，以市场为准绳是没问题的。我们一直说为人民服务，"人民"就是最大的客户群。为客户创造价值的组织就是在为人民服务。

教授要能上能下

张维迎曾经引导了北大的改革。他看到了现行教授制度的缺陷：教员队伍只进不出，没有淘汰；职务晋升以内部提升为主，缺乏外部竞争压力……当这些弊病被一针见血地指出时，"末位淘汰制"、"引入竞争机制"等改革思路也就自然形成。然而，如此必要的改革却被同行视为洪水猛兽。一批毫无价值的中庸思想开始占据上风。改革最终不了了之。

历史上，勇敢者常常是幼稚者，幼稚者就是未来的勇敢者。国内的一流大学应该进行改革，让那些工作量不足、研究和教学质量二流的人下岗。只能进不能出是非常荒唐的。让他们离开更有价值，这些人可以去三流大学任教，一流大学可以腾出位子，吸引更有竞争力的教授。北大的改革半途而废，但如果北大不解决体制上的弊病，就无法进步，世界上永远不会有一个一流大学叫北京大学，因为它连朴素的价值观和管理基点都找错了。

没有竞争，就没有动力。中欧的文化就是竞争，不讲面子。教授被解聘是家常便饭。不管这个教授有多么漂亮的文凭，多么响亮的名气，如果学员不认可，学院马上就会介入。聘期1~4个月的临时教授可以立刻终止合同，一刻也不让他多待。如果长期教授碌碌无为，先降低工资标准，不让他上重要课程。在期满之后，他也会被解聘，有时学院甚至逼他提前离开。

中欧国际工商学院宁可得罪教授。我们认为，让一个不合格的教授离开是天经地义的。看起来中欧是自讨苦吃，但这种文化却保证了中欧的优秀性。它养成了学员的挑剔性格，也让学院无比在乎对教授的选择，不敢徇私舞弊，因为没什么能骗过学员的亲身体验。我们的首任院长冯勇明是德国人，一些德国教授希望留在中欧，但院长考虑到他们不是主干课的教授，在资金紧缺的情况下长期雇用他们并不理想，没有同意。

与此同时，如果教授的课越上越好，招生越来越好，我们不可能给他开低工资。很多教授相当敏感，他会主动抬高价格，认为自己创造了超额利润。价值只有通过市场才能体现为价格。我们乐意支付这笔费用，教授就会更加卖力，这又是一个良性循环。这就是市场的魅力。

北大的改革化为泡影，很大程度上是因为中庸思想，就是怕矛盾，一团和气。问题是，事物就是在矛盾中产生，然后在解决矛盾的过程中得到发展。如果怕矛盾，那么处处是一潭死水。可能在十几年后，我们的后代念大学时会好奇地问我们："你们那时候，不符合标准的教授也能长期留在学校吗?"那时我们想必是无言以对。如果那时候中国的教育还没改进，我更加无言以对。

国内高校的体制僵化，管理相对松懈，有些教授在完成学校的基本工作量之后，就去外面打工。他们享受着学校的工资及社保待遇，却为其他学校服务，甚至校外的课程量比校内还多。因为校外授课都是价值驱动，效果好才能继续有课上。于是，这些教授在校外课程的认真度超过了正式任职的学校，真可谓是墙内开花墙外香，这是中欧无法容忍的。

花钱让教授“预演”

中欧面对着两种学员。一种是绝大多数人，他们很想到中欧来读；另一种是极少数人，中欧很想让他来读。后者都是重量级的企业家，如果他们能成为中欧学员，就代表了社会对中欧课程的认可。中欧当然希望他们来，但这类企业家在管理层面、知识层面都很优秀，要想打动他并不容易。就算他们最终加入中欧，相处也更不容易，他们的要求太高了。

原上海轮胎橡胶公司董事长、现任华谊集团总裁范宪经常挑战教授、教材；还有的企业家说中欧的黑板擦得不干净，有的说中欧的早餐太难吃，有的挑剔教材联系中国实际不够。

不过，中欧最打动人的就是一直在改进。特别是在教学质量方面，中欧进行了诸多尝试，一个关键手段就是以量化指标来衡量满意度。有了统计数据，学员调查就不是走走过场，学院评判教授也不是拍脑袋。教学质量的改进和调整、教授聘用与否、薪酬计算……一切都基于这些数据。课程结束后第二天，课程助理必须把调查数据汇总出来，以便快速反应。反观其他商学院，要么没有这一制度，要么时隔多日才做出来。说起来都有这些制度，但它的意义已经大不一样。

2006年中欧EMBA所有课程的平均得分是4.57，2007年是4.51分。分数略有下降，因为有很多新老师加盟。满意度调查也成为新教授面临的最大挑战。

知识产品看不见、摸不着，完全是每个学员的体验。对大牌教授而言，他们面对着全球不同国家、不同层次的学生，初来中欧，很可能找不到感觉，需要一段时间的适应。有的教授第一天不成功，马上调整，后面就成功了；但有的调整比较慢。还有一些教授，第一次上砸了，以后就再也待不下去，从此告别中欧。

这几年，中欧EMBA部门也进行了反思，尽量避免教授因为匆忙上阵而发挥失常。于是，EMBA推出了新的措施——试讲。教授报到后，给他们两天甚至三天的试讲机会，允许EMBA学员免费听课，但中欧照样付费给教授。这样一来，教授有了“预演”，迅速了解了中国的学员，也更加有了信心；学员明知这是“试验”，但内容是从没上过的新课，他们也愿意来听；对EMBA部门而言，则便于安排教授工作量。因为课程都是一年前排好的，新的老师来了也挤不进去，只能等到第二年。试讲这一举措，可谓是一石三鸟。

另外，如果出现学员打分整体偏低的情况，EMBA会进行补救。过去是让其他教授临时救场，如今，中欧会让这位教授把课上完，但提供一个免费选修课作为补偿。毕竟，学习是双向的，任何一门课，老师讲得再好，也有不同的反馈。

摆平学员“罢课”

与市场热情拥抱，就意味着把客户当做上帝，看做是自己的衣食父母。建校至今，中欧的学员亲身感受了“上帝”的“特权”。

2001 年，中欧 EDP 部门在北京开了一门高层经理课程，名叫 AMP（Advanced Management Program）。10 天的课程，包括 4 个部分：市场战略、人力资源战略、公司财务以及商务模拟游戏，每门课分别上两天半。

这次的课程，可谓是阵容强大，中欧把最有名的教授都用上了，柏唯良、忻榕、谢家伦、温伟德，个个大牌。当然，这门课也是短期培训部最贵的课，4 750 美元/人。

没想到，经验丰富的柏唯良把市场战略上砸了。那次他准备不充分，更主要的是，因为要赶飞机，他提前半小时下课。但不管是什么理由，结果是学员们不满意，有人开始闹，有人不肯进教室。北京办事处的班主任心急火燎地打电话来。

碰巧的是，北京 EMBA 班也出了洋相，有学员提出质疑。情急之下，院长临时决定，EMBA 主任梁能和我以最快速度飞到北京。当天上午，我们俩就上了飞机，中午就到了北京。

我先是和班主任、翻译紧急沟通，了解基本情况，然后在午饭后与学员谈判。看见上海的“专员”飞过来，学员们一下子围拢过来。他们不听我的解释，七嘴八舌提出了各种要求：有的要求赔偿，有的要求全额退款，有的要求退还这 1/4 的学费，还有人要求重新上一次……五花八门，根本谈不拢。

当天下午四点多钟，我和他们又谈了一次。这次，我抓住那几个“挑头”的人，集中注意力，把他们的主要问题解决，然后让他们再去协调其他同学，终于达成一致：中欧 EDP 部门所有的公开课，这一批学员可以任选一门。每门课 4 天，价格在 2 400 美元左右。

这个让步是巨大的，但中欧愿意付出代价，因为我们很明白，客户付了钱，就要让客户满意。这次课程危机，EDP 部门和 EMBA 部门的主任去北京谈了一天。我们传递的基调是：中欧肯定会负责，问题是如何补偿。之所以谈这么久，是因为我们不愿意学校损失太大。个别学员要求退款，这是不可能的，只能费尽唇舌，说服他们接受课程补偿。

这个事件说明中欧的反应速度很快，也说明我们是负责的。后来，EMBA 那边也传来消息，梁能也尽力作了弥补，与学员达成了一致。

这次高层经理课程的危机中，有两三个“挑头”的学员，后来都成为中欧的忠实客户，而且逢人就讲这件事，成了中欧最佳的口碑传播者。中欧的真诚赢得了他们的信任，甚至有两个还成为我创业公司的客户。这足以让我们这群为“上帝”服务的人感到欣慰。TCL 培训学院院长许芳曾评价说：“与国内高校比，中欧的反应系统很快，有什么要求，他们第一时间响应。”久而久之，中欧的品牌就这样树立起来了。

作弊员工被开

中欧方方面面都以市场为标杆。比如，我们规定，课程助理不能参加客户的活动，不能参加客户的晚宴，不能和他们靠得太近。因为和个别客户靠得太近，就有情分之事，组织坚持的价值观和原则就会打破，员工就会给他们“开小灶”，提供非规范的服务。这种参差不齐的标准，市场无法接受。

EDP 部门曾聘请过一个大牌的德国教授，课程助理是个小姑娘，曾经陪他去旅游，两人也很熟。回到中欧之后，教授的备课不太充分，很快就反映在学员的评价分上。平时，这个教授可以拿到 4.78 分（5 分满分），这次只有 4.12 分。教授已经觉察到，他知道对一家市场化的商学院而言，学员评分降低意味着什么，他心里有点慌。这时，我们的课程助理竟然出于人情，私自把学员的分数改高了。

当我得知此事后，这名课程助理被解雇了。同时，她的助手也被解雇。因为这个助手没有在第一时间向我汇报，而是一周之后才告诉我。我对她们说：“你们只能走，否则我没法管理。”连外籍院长都心软了，不希望解雇她们，但我还是坚持这么做了。这就是管理。说起来，这个课程助理还是我很看重的职员，这让我更坚定。如果不解雇，别人会觉得，领导是靠亲情、凭喜好来管理。

这之后，其他课程助理非常敬业，做事公正。被我解雇的姑娘去了一家荷兰公司，是我帮她安排的。临走前，我嘱咐她：“不要凭小聪明，这个毛病一定要改掉。”人一定要诚实，否则就太危险。这种价值观一定要有，不诚实就不要做职员。欺骗会让员工养成恶劣的习惯，他会一直欺骗下去。

后来，这个被我解雇的职员写信给我说：“Mr. Li，你是对的。这次被解雇，让我高度重视诚信问题。”后来，她当上了市场经理，事业有了新的发展。

第十五章　中国企业“跨越式进步”

商学院与企业，天生是紧密相连的一对。商学院的教育产品为企业服务，我们的销售要靠拜访客户。中欧国际工商学院从1994年建校时起，就与扎根中国的中资、外资企业打交道。十多年来，我们清晰地感受到，中国企业在快速进步。

这种进步，不光是体现在民营企业从一间房变成了一栋楼，甚至一片地、一个城，更大的变化是在民营企业家的大脑中。全球化时代的到来，竞争的加剧，让每一个存活至今的企业都经历了数次观念革新和思维巨变。

“拍脑袋”拍不下去了

回顾中国改革开放30年，中国企业家的发展可以归结为三个阶段。第一个阶段是改革开放初期，社会上充满了个体户和“官倒”，做简单的生意，在一片没有规则的领域里疯跑，俗称“靠爹赚钱”。第二个阶段从90年代开始，“全民下海”，靠胆略赚钱。第三个阶段从2001年开始，市场更开放、法律更规范，这时候，企业家要靠管理素养和战略规划赚钱。

冯仑曾经归纳过这三类企业家的归宿：市场越来越健全，第三代民营企业将占据主流，前两代越来越少。第一代死在不会办公司，还停留在个体户。第二代死在原罪没有根治好，没有把模糊的公司变成透明的现代公司。第三代会死在商业技能上。

这三类企业的特征，都体现在老板、掌门人，或者叫企业家身上。从中欧诞生时起，我们就和企业打交道。那时候，几乎没人把管理当回事。

1994年中欧成立时，中国大地上的民企沉浸在初尝营销甜头的兴头上，最难忘的是五花八门的保健品。乐百氏、太阳神、沈阳飞龙、三株靠一个创意或者密集的广告，打开销量。给人的感觉是，老百姓的口袋里有钱了，消费行业的企业都开始高速成长，凭借一些最粗浅的营销手段，企业都能赚得大把的利润。三株第一年的销售额就过亿，第二年做到了20亿；沈阳飞龙每年的利润以百分之几百的速度递增。20世纪90年代中期，商人开始自信得近乎疯狂，一切来得太容易了。

这期间，中国生产效率最高的企业是海尔，张瑞敏在企业家中算是“先知先觉”，可他刚刚开始接触日本松下的管理方法。当时他们提出了“日清日高”的口号，要求每个员工完成当日目标，不断提出更高目标。从管理学角度看，这属于时间和目标管理。而国内后来的PC巨头联想，彩电巨头长虹、TCL，无不是忙于价格战。

可见，即便是这些最前沿的企业，也还在忙着最基础的工作，处于最初的发展阶段。在这些企业当中，出现了最初的管理理念，诸如“从毛巾里拧水”、“下山摘桃子”、“人人是人才，赛马不相马”等等，还有一些战略思想，比如联想的“吃着碗里的，看着锅里的，想着田里的”。这些来自管理实践的经验性描述，或者源于传统文化的点滴智慧，已经是当年最了不起的思维。但显然，那都是管理启蒙之前懵懵懂懂的状态。

到了1996年、1997年，缺乏内功导致的危机终于爆发了。低效率和僵化的体制，让国有企业在市场中“水土不服”，发生大面积亏损。统计数据显示，仅1996年，就有6 232家国有企业破产，超过过去9年破产企业之和。上海大量工业企业迁出市区，屡获荣誉、头戴光环的上海纺织行业破产41家，60万纺织职工分流下岗。

更为贴近市场的民营企业，则演绎出更惨烈的场景。史玉柱被巨人大厦拖垮了。三株口服液因为虚假广告和一场意外的公关危机，土崩瓦解。央视的标王山东秦池酒厂被爆用川酒勾兑……

只需要稍微列举几个细节，就可以看出那个年代的企业管理水平。史玉柱要造巨人大厦，从最初的18层，一念之间改为38层，然后54层、64层、最后是

70层；投资额也从2亿元飙升到12亿元。如此大的投资决策，居然是拍脑袋拍出来的，巨人不倒才怪。1996年，秦池以3.212118亿元的价格夺下央视“标王”，但这个看似精确的数字，其实是厂长姬长孔手机号码的一部分。至于后来大起大落的爱多VCD，其销售额已经超过10亿元，员工达到3 000人，但从未进行过中长期战略规划，甚至连两年的规划都没有，以至于后来每天收到多少钱、发出了多少货都没人知道……

一位资深评论人写道：今天，即使中国已经成为名副其实的“世界工厂”，也并没有赢得管理上的重大突破，甚至连“更新”都鲜有，更多的是盲从，竞争力来自于廉价劳动力和消耗更多的资源。中国企业家被东芝嘲笑是“水果贩子”——连种水果的都不是，因为只知道市场上需要什么水果，就去包装贩卖什么。过去，我们常常自豪于用了不到10年时间，就走过了西方发达国家100年的历程，但我们却不知道，恰恰在这样的过程中，我们忽略了支撑西方现代工业体系最初的管理起源。没有管理支撑，在高速成长的背后，可能掩藏着某一天忽然来到的破坏性崩塌，这无疑是我们最不愿看到的。

中国企业家需要一场管理启蒙教育，他们太缺乏系统的管理理论了。

所幸的是，在改革开放的关键时刻，在最需要人才的节骨眼上，1994年，在东海之滨的上海，中欧国际工商学院创立了。

从拿文凭到学功夫

说起来，中欧国际工商学院的诞生还稍微早了一点点，中国企业家还处于第二阶段——“靠胆子赚钱”的阶段。所以，在成立之初，中欧很多钱都花在推广上：想方设法让商业组织、地方领导接受中欧，让社会接受中欧培养的人才。毕竟，中欧不是卖机器，也不是卖巧克力、卖饮料，而是卖一种看不见摸不着的东西——知识产品——课程，这个过程着实不易。

在最初几年里，我们的主要客户是国有企业，他们来学习的目的是“拿文凭”。为了拿文凭而读书和为了学东西而读书，是完全不同的概念。在那个阶段，几乎看不到民营企业的学员。中欧曾统计过，在EDP和EMBA的学员构成中，民营企业只占2%。原因是民营企业家非常精明，当一个东西不能为他创造价值，他就不会去购买。所以，这些“势利”的企业家常常问中欧的客户经理：凭什么？“你们中欧凭什么收这么贵的学费，你对我有什么用？”但渐渐地，他们的观念变了。

改革开放30年，每年都有一些耳熟能详的品牌倒下。越来越多的企业在发展到一定阶段的时候，感到力不从心，感到有一种莫名的阻力：销售额很难再突破，企业利润在下滑，企业文化缺乏生机……这就是企业家常说的瓶颈。一个企业，不管诞生于什么年代，有什么背景，想继续在21世纪存活，都要“补课”，把欠缺的公司治理结构、战略规划、商业知识理论、管理技能补回来。

中国的企业家有个特点，大部分都不是经济学科班出身，很多人是文史哲出身，他们没有接触过正规的管理教育。在企业经营的初级阶段，他们可以在市场上摸爬滚打，积累经验，生存下来。但随着市场的成熟、跨国公司的加入，竞争水平不断提高，对企业家的要求也不断提高。全球战略规划、资本运作、兼并收购、风险控制……企业家不能再通过摸索来积累经验，而是迫切需要接受正规的、系统的商业教育。

这时候，他们重新发现了中欧的价值。作为一所国际化的商学院，中欧最大的意义就在于把国外经典的管理理念和最新的管理实践传递给中国的企业家。在知识经济、信息化高度发达的现在，企业家的知识、智力、现代化文化素质决定了企业的竞争力和发展程度。中欧的诞生，弥补了国内在现代管理教育上的不足，也满足了一大批渴望知识、渴望进步的企业家的学习需求。

纪文是盈之美（北京）食品饮料有限公司董事长，2004级EMBA的学员，他的个人经历很有代表性。在入学半年后，他感触良多。

“首先是学习劲头。班级同学平均年龄38岁，而学习劲头却比18岁的学生还高，这不，陈汎武同学又在提出新的问题了，而周振翔的经验介绍总那么娓娓动听，程光同学的总结发言总是画龙点睛。差距！差距！这就是我与他们的差距！咋办？赶！”

“其次是从‘夜郎自大’到‘井底之蛙’。没去中欧前，在公司负责集团运营的我，总自认为是公司第一博学之人，从财务到投资、从计算机信息到人力资源管理、从生产到销售，我都能提出独到的见解，总能引起最高管理者的共鸣。而到了中欧，在博学的教授和久经沙场的同学面前，就是一‘井底之蛙’，咋办？赶紧‘学’！”

头脑风暴与理念提炼

中欧的教育，与中国传统的高等教育大相径庭。首先是教学模式有利于企业家提高。中欧率先引入案例教学，在课堂上，学员不仅可以听到海外一流教授的最新理念，而且使用的是中欧案例中心编写的本土案例。自 2001 年以来，每年都有 30 多个原创案例诞生。在这种模式下，每一堂课都是学员期待的头脑风暴。

一方面，学员与教授热烈讨论。教授讲的是理论，学员们讲的是实际经验。一旦经典理论与本土实际不符合，就会引发激烈争论。教授大都具备商业顾问和咨询业的经验，而台下坐的学员基本是具体的执行者。两者角度不同，讨论起来就会有很多收获。

另一方面，小组讨论让学员获益匪浅。中欧的学员来自不同的行业，有着不同的经历、不同的背景，这样一来，在小组讨论时，大家站在不同的视角看问题，分享了自己的看法和思路，甚至是充分地争论。在这种环境中，每一个学员都能审视自己的决策思维误区，挑战自己的经验性思维，锻炼自己作为决策者对不同思路的包容。这是在真实企业决策中享受不到的过程。

联合利华食品（中国）有限公司的一位学员感慨地说：“中欧教授的独家之言振聋发聩，中欧的教学方式催人奋起，预习——聆听——思考——发问——讨论——模拟，令人不知不觉进入了中欧的世界。在这里，没有权威，你不再是被动的，任何理论和方法都可以被质疑，你时时刻刻都在作选择，积极参与和辩论成了常态。国人的中庸思维与西方人的逻辑思辨在这里得到了充分的撞击与融合，做人与做事的哲学之道在各类案例中通过对技术、方法和理论的反复研讨得到了现实的提炼……”

中欧的课程设置也在不断革新，超前满足企业家的需求。90 年代中期，中欧热销的课程是人力资源、市场营销。后来，中欧强化了经济、金融、资本运作类课程，因为金融化是一个国家企业家阶层成熟的重要阶段：融资上市、资本运作逐渐成为企业迅速扩张的手段，不碰金融，企业就难以壮大。比如，民营企业在产业经济里打滚，能做到 10 个亿就不容易了。如果能通过资本运作的跳板，就能以产业为基础，借资本来发展壮大，从而迈向世界级的企业；否则，永远是中小企业。正因为看到了这一点，中欧提前进行了调整，设计出大量的金融和财务类课程，让学员超前“充电”。这一次，中欧再次成为中国企业发展路上的加油站，促进了整个中国企业的进步，也实现了自身的价值。

除此之外，在企业家获得管理知识与技巧的同时，中欧把培训的理念传播给中国的企业。让他们意识到，赚得的利润不仅要投入研发、加强规模的扩大、组织的扩大、市场的占有，更要对骨干人员进行再投入。一个企业不可能靠一两个人就成功，而要靠一大批高素养的管理者。这时候，中欧充当了“布道者”，靠点点滴滴，对市场进行培育，寂寞地走过了90年代。在21世纪到来时，随着国际竞争的加剧，知识经济的到来，培训的概念深入人心，企业受益匪浅。这是中欧的贡献。

进入21世纪后，民营企业意识到这些，主动来学习了，再也没人挑战中欧的价格。只要他们相信中欧能带来价值，他们就愿意来读。EMBA和EDP中，民营企业的比例占20%~30%，来的人越来越多，素质越来越高。而且常常是老板来读了，企业里更多的人会来读。一问，他们说："老板读了中欧的EMBA，观念变了，思路变了，我们不学习跟不上了。"所以，有的自己掏钱来读，有的是企业送来读。总之，不提高，就得走人。

光明乳业的求学路径

温家宝总理在2007年11月28日第十次中欧领导人（中国与欧盟领导人）会晤时特别指出："中欧国际工商学院已成为众多优秀管理人士的摇篮。"据统计，中欧的EDP和EMBA项目，已累计培养各类学员超过8万名。

围绕着企业家和高管，中欧孜孜不倦，竭尽所能地提供各种培训，让中国的企业家阶层获得了最需要的知识，进而让无数企业提高了效率，改进了公司治理，找准了未来发展的战略。我印象比较深刻的是中欧对光明乳业发展的帮助。

那是在1999年，在此起彼伏的客服电话中，EDP接到了光明乳业的咨询电话，一下子引起了我们的重视。在王佳芬的带领下，光明从"奶牛场"转变为现代化的乳业公司。在90年代末，这家历史悠久的乳品企业发展迅速，上海的弄堂里，家家户户挂着光明乳业的送奶箱。这之前，光明从未购买过中欧课程，估计能成为大客户。

第二天，我就和同事方严上门拜访，到斜土路见了光明乳业的人力资源总监刘大瑞，向他介绍了中欧的理念，介绍了国外管理教育的发展、跨国公司的培训意识。在交谈中，我感到光明乳业对国外高端课程还不了解，也不太确定企业真正需要什么课程。比如说，企业的战略是什么，对应什么部门，这些战略需要哪些人完成，他们可能知道，但不够清晰。

我干脆拿出纸笔，画出企业架构、逻辑关系图，逐一分析，逐一解释说明。

一番长谈之后，中欧的教授还没出场，光明已经得到了最国际化的培训信息，而且与公司实际情况对照梳理了一遍。很多内容他们是头一次听说，但一听就明白，马上觉得企业需要这个。最后，刘大瑞直截了当地说：“我们董事长王佳芬喜欢新事物，喜欢创新，也想作组织的变革。你这种教育营销的方法很有冲击力，你直接去见她吧。”

那时候，王佳芬身兼光明乳业和牛奶公司两家企业的老总，非常忙碌。所谓好事多磨，足足半年多以后，我才见到王佳芬。王佳芬是一个很有远见的企业家，而且对学习有种迫切感。从1996年开始，她带领光明这个老国企艰难转型。一个人的力量是有限的，如果能借助一所专业的商学院，对企业的促进会更大。在沟通中，我能感受到光明急切地需要国际水准的培训。有趣的是，这位个性很强的“乳业女王”对传统高校没多少兴趣，他们受够了那种陈旧的、教条的、填鸭式的教育。公司有很多老职员是从传统大学中出来的，如果再回到传统大学培训，难保还是老观念。

对于“突然冒出来”的中欧国际工商学院，王佳芬觉得眼前一亮。她很感兴趣，但又吃不准。她很精明，客气地邀请我为他们作一个演讲，主题是“职业经理人应该具备的素养”。其实我很清楚，这是在掂量中欧到底有多少能耐，能带给他们什么东西。

1999年秋天，我从闵行出发，赶到五角场江湾镇礼堂。台下，200多位光明乳业管理者坐得满满当当，王佳芬坐在第一排。我介绍了职业经理人所需的素养，然后介绍了商学院的使命，中欧能给企业带来什么价值，告诉他们，企业、经理人所需的这些课程，中欧都有。

王佳芬听了很有感觉，听众也觉得已经得到了提升。她主动提出给我支付演讲费，我谢绝了，因为我也为组织作了促销。王佳芬决定购买EDP课程。那一年，光明乳业从100%的国有企业转制为股份公司，而且目标是上市，迫切需要提高管理者的素养。

谁能想到，光明乳业在拿到中欧的报价之后，惊呆了。“太贵了，太贵了。”他们没想到教育产品能卖这么贵，与他们的心理价位相差太远。

怎么办？还得沟通。在一次次的沟通、接触中，王佳芬逐渐信任了中欧，了解了中欧的价值，决定购买几个课程试一试。

在为期一年的时间里，光明乳业前前后后做了八九个课程，包括有效的人员管理、人力资源战略、生产运营管理、公司财务、市场营销管理等模块，总价超过百万元。这位“Madam Wang”给中欧许多教授都留下了深刻印象，她既是少有的国企女老总，又有着做大中国牛奶行业的宏愿，她在光明推动的改革，让外籍教授非常钦佩。

光明边学习、边改进、边进步。在第一个模块时，来听课的都是上了年纪的、两鬓斑白的老职员。他们在计划经济中成长，在国企里待了一辈子，对很多现代营销和管理的概念都不太清楚。没过多久，在后面的模块里，光明乳业派来不少拥有南方民营企业背景的人才。他们在市场中摸爬滚打，实战经验丰富，但还需要补充理论知识。而在最后一两个模块，光明乳业的学员更加年轻了，很多人拥有可口可乐、联合利华、飞利浦等跨国公司的工作经验。

学员的背景和素养，其实是光明乳业内部因素的改变。从一开始的老职员到后来的跨国公司精英，说明光明乳业从组织最基本的因素开始改变，从薪酬体系、用人标准开始改变，连中欧的职员都被他们挖过去。结果，光明在两三年内脱胎换骨，而且还成了中欧的赞助商。

从 2001 年起，光明的广告第一次上了中央电视台。几乎同时，光明启动全国扩张战略，积极并购地方乳品企业。王佳芬提出了新的理念：用全国资源做全国市场。2002 年，光明乳业顺利上市。

作为一个老国企的掌舵人，王佳芬具有很强的学习欲望。为此，我强烈建议她读中欧 EMBA。谈话内容我至今记得："你现在把企业做得很成功，也受过高等教育，但还缺少国际化的商业教育。在大陆，正好有中欧这样的商学院，你应该报考。"

2003 年，王佳芬如愿成为中欧 EMBA 学员。她在中欧读书时，随身都带着纸和笔。每当她和学员或者专家教授吃饭、聊天，经常会拿出笔记本记下听到的有价值的东西。她清楚地意识到，一个国有企业要想在市场环境中生存，有太多的东西要学习，特别是国企的领导，更要不断充电，否则就难以带动企业持续发展。

她阅读供应链、企业管理的经管图书，主动请教中欧的教授，说："学习让我感到快乐。很多人读书是为了改造别人，我读书是为了改造自己，所以比一般人学得快、学得多。"她还进一步提出，光明乳业要成为学习型组织，让整个光明的团队不断进步。

回想起来，10 多年前王佳芬第一次参观法国达能总部时，看到人家的车间像中国的宾馆一样，那么漂亮，那么艺术；达能播放的一个个精彩的广告短片，简直就是超级视觉享受。如今，光明乳业的产品、车间、组织架构、营销、激励机制，已经达到世界水平。如果没有持续的学习，光明乳业不可能走到今天。在这个学习的过程中，中欧扮演了不可替代的角色。

"Madam Wang 的改革成功了！"中欧的教授们欣慰地说。

打造世界级的校友

中欧国际工商学院培养了一大批企业家，校友满天下。任何一所世界知名的商学院，都拥有世界级的校友资源。

哈佛商学院建立了一种忠诚体制，所有的校友都有责任回报母校。这种回报表现为捐赠。捐赠数额的多少还在其次，关键是体现出爱母校的精神。在校友当中，固然有显赫的成功者，也有很多普通人，但这并不影响他们表达对母校的支持。所以，富翁有富翁的捐法，一次捐几个亿的人都有；普通人捐上几十美元，也不嫌少。由于形成了这种文化，这些西方名校的基金会相当富有，学校各项事业也得以蓬勃发展。

中欧有一位女教授，她丈夫常年瘫痪在病床上，她退休之后，还到中欧来工作，担任制造与运营管理学荣誉退休教授。她是哈佛的毕业生，人人都理解她的境况，但她依然拿出自己的收入，坚持为母校捐赠。同事们看到她对母校的这种支持，亲身体会到世界名校的校友氛围。

我欣慰地看到，中欧也拥有了一大批活跃在经济舞台上的校友，他们对中欧饱含深情。在《追梦中欧——亚洲第一 MBA 校园生活实录》、《采炼》等书籍报刊中，每一篇文章都洋溢着校友对中欧的深情。全国各地乃至世界各地都有中欧校友会，他们把对母校的感情带向了世界各地。平时，校友们愿意把公司的培训订单交给母校，也愿意在母校招考新学员时，抽出宝贵时间，回来担任面试官；不少校友还参与了基金会计划，慷慨捐助母校。这一切让我备感欣慰。

中欧本身就是中国国际化、现代化商学院的代表，但创办时间毕竟只有十几年，与美国、欧洲那种浓厚的校友文化、捐赠文化相比，还有一些差距。而且极少数校友对母校缺乏感情，比如，我们曾多次遇到 MBA 或者 EMBA 的校友拒绝 EDP 部门客户经理的拜访，让人觉得有些遗憾。

我们的客户经理上门拜访，代表的是中欧，中欧以自己的知识产品为客户创造价值，同时也拿到学费的回报，形成一个良性循环。这是促进中欧继续发展的因素，也是共同做大中欧品牌、扩大中欧影响的必要过程，每一个校友都应该支持。想想，如果校友们联手把一个学校变得更有名气，或者让中欧运转得更好，他们自身的文凭分量也就更重了。

所幸的是，这些人只是校友中的极少数。我热切地期待中欧像哈佛那样，拥有更多忠诚的、世界级的校友。

第五部分
野心与愿景

第十六章　告别晚宴

毅然递交辞呈

与中欧道别的那一天终究还是到来了。2002 年 12 月 31 日，我正式提出辞职。

在中欧国际工商学院最困难的时候，我不会离开。但中欧开始辉煌了，我觉得可以走了。因为在我心中，创业的冲动已经无法抑制，我想在中欧之后，闯出一番自己的事业。1999 年我已经有这个想法，我的能量可以创造一片更大的天地。所以，学校想提拔我，给我开高薪，派我去美国读书，我都谢绝了。

2002 年初，我准备离开，但又很犹豫。因为 EDP 部门只有公开课进入全球 50 强，而另一块业务——公司特设课程还没有进入。我觉得不够完美，所以留了下来。就在短短一年之后，两个指标都进入了世界 50 强，总算圆了心愿。

为了辞职，我作了精心准备。一方面，我提前和院领导打招呼，另一方面，EDP 部门太重要了，不能因为一个人离开，造成工作上、衔接上的麻烦，影响中欧的业务。所以，6 个月前，我就有意培养接班人刘涌洁，遇到重要会议，我都让他代表 EDP 去参加；对本部门的活动，我索性让他来主持，我静静地坐在一旁当观众。经过一段时间的锻炼，他逐渐找到了感觉，已经能够独当一面。

辞职时，我强烈坚持让刘涌洁担任 EDP 部门总监，但外方院长不以为然。或许这里面有文化上的问题，他们找了一个美国人当总监。但接下来的几个月，这位美国人根本不能胜任，外方院长不得不安排刘涌洁接手。几年下来，事实证明，刘涌洁十分得力，把EDP的工作开展得有声有色。

中欧的EDP俨然成为商学院领域的黄埔军校，10年来，它为中国的商学院拉出来一支队伍，把现代商学院的火种带向四方。

晚宴挥泪别中欧

我是2003年2月1日离开中欧的。在家休息了两个星期后，我就去办理公司注册。2月14日，天翼图书正式创办。一个多月之后，中欧老同事说要给我开一个告别晚宴，还要送一个红木的“一帆风顺”帆船给我。一打听，刘吉院长很主张搞这个晚宴，人力资源总监齐晓峰也很惋惜。他们觉得我做了很多事，作为“打江山”的人离开，大家很舍不得。

2003年3月，正是乍暖还寒的时刻，浦东世纪公园里的一个俱乐部里，热闹非凡。在那里，我的告别晚宴正在举行，总共来了50多人，足足坐了5桌。刘吉院长、张国华院长、张维炯以及学校其他领导坐了一桌，各部门总监一桌，我的骨干员工两桌。还有一桌是几位特殊的来宾，他们是我的铁杆朋友，但是之前就离开了中欧，这次送别他们也来了。

晚宴是刘吉院长亲自主持的，在发言里给了我很高的评价。其实，在我决定离开和刚刚离开时，刘吉一直在找我谈话，很希望我能留下，但发觉劝不住我，反倒转变为支持我了。他对我说：“你是一个有境界的人，既然有境界，也不一定要留在中欧。既然我留不住你，我就支持你。出版界我还是有一些关系，你要找什么领导，我可以帮你牵线搭桥。”事实上，我确实得到了他的很多帮助。

第二个发言的是张国华院长，他说了一句话让我很感动：“从我们创业开始，直到现在，李月庆只知道做事，从来不提待遇。这一点，很少有人做到。”

回想起来，在中欧的10年里，我的年假一天也没有休过，我的部门为组织贡献了最多的现金流，但是我从来没有提过工资待遇。有一年，我交给学校5 000万元现金，我的老板直接问我：“李月庆，想要多少奖金你说吧！”但我还是笑了笑，任由领导决定。

其实，我在中欧的工资相当不错了，哪怕低一点又何妨？人就是被一些过于现实的东西所迷惑。在中欧的10年锻炼，让我获得了商业的感觉，这是金钱买不来的，不可能再有这个环境让我锻炼。如果我去跨国公司，我可能在某个领域做到很专业，但这些来得太容易，只要认真学，自然就有了。但中欧的10年，是一个组织从无到有的10年，一切都是白纸一张，认真学还不够，要靠我们去创造。除了智慧，更要汗水和毅力。显然，这更有锻炼的价值。

张国华院长还提到："当时在中欧创业，很多人都不愿意留下，但是李月庆留了下来，我从心底感激他，他留在中欧，我就有种安全感。在交大派往中欧的5个青年教师里，最能干的就是他。别人走，我不太在乎，但李月庆走，我真的舍不得……"

这些话，让我回忆起创业那年的往事。只记得，中欧初创时最难办的几件事都是我去做的，比如说海关的公关、国家外经贸委免税额度的申请，这都是不容易的。另外，外方的文件、护照、货运、保管、修理汽车等等杂事，都要靠我这个青年教师去办理。更何况，在销售最困难的时候，不论是EDP还是学位教育，我一直顶着，最终把不利局面翻转过去……

轮到我发言了。我并没有准备，话到嘴边，倒是眼泪夺眶而出，情不自禁地哭了，我突然觉得自己对中欧充满了感情。我是很少哭的，但在告别晚宴上，我忍不住了。中欧就像自己的孩子，我为之付出了太多心血，看着她一点点长大。现在要离开了，而且不会再回去了，一下子觉得难舍难分。结果，我这一哭，感染了一大片人，我的团队都哭了。我知道，EDP团队对这个组织投入了真情。

勤奋+梦想+10年=成功

我在发言中说到了很多，也有很多感慨。我看人是很深的，我没有上海人的娇气，也不会看不起人。如果一个人品质好，他爸爸是挑大粪的也没关系。所以我特别欣赏广东人和浙江人，他们身上有一点让民族自豪的事，那就是勤劳可以致富，百折不挠可以致富，但投机取巧不能致富。

我工作以后，曾出差到南方，我觉得，河南也好，陕西也好，水土都不错，并没有想象中那么差。但为什么发展不起来？还是人懒。陕西陕南地区，水清得像南方一样，水旁边的植物那么漂亮，我一看，这儿怎么能穷呢？不说搞工业，就是种地也能富啊！一个爷爷辈的人穷，但是奋斗了一辈子，可能到了爸爸辈就好一些，到了儿子辈，受到了良好教育，再加上勤奋，就会富起来。富裕不是一代两代，而是三四代的勤奋。

1978年，邓小平访问日本的时候，乘坐了新干线。他当时说：“像风一样快，新干线推着人们跑，我们现在很需要跑！”这一感慨让我印象深刻。同样是亚洲国家，为什么人家已经造出了时速300多公里的列车，经济高速发展，而中国人还在挤“绿皮车”，行李架上面还趴着人？说到底，还是我们自己没有创造财富，没有制定一个好的规则和环境。虽然他是领袖，我只是中国的普通百姓，但我们的愿景是一样的：谁不想自己的民族富强？

所以，我参与了中欧这个项目，而且发挥了自己的能量，和大家共同把这个项目做成了。过去父母送我上学，国家给我奖学金，现在我终于为国家做了一件事。这短短的10年，是我人生中最无怨无悔的10年。说到这儿，参加晚宴的人都在拍手。

中欧确实是一个很好的平台，我也克服了很多困难。刚去时英语结结巴巴，一些国际惯例不懂，很多的财务、预算也都不懂，但我的愿景很高远，有的我做了，而且做得很好；有的，我交给同事完成。事实证明，我走了之后，院长让一个老外来顶替我，但他扛不了。这表明，我们这一批中国人真正行了。

当然，中欧的中国人之所以行，也是因为中欧是一个平等的组织，中方员工有足够的机会表现。但在很多跨国公司、合资企业里，中方员工没这个机会。

现在流行说“世界是平的”，30多年前邓小平去日本感受了新干线。如今，我们国家的人民能够自己创造财富，这表明，这个国家真正强盛的时刻到了。10年前，官员们还不知“战略”为何物，现在，他们也开始讲预算、讲策略、讲战略，其实是整个国家进步了。中欧的10年之路，让我亲身体验了中国的改变。

说到愿景，通用电气是大牌公司，它的愿景叫“梦想启动未来”。梦想不是现在，而是未来的事物。期待的这个未来有可能实现，也可能实现不了，甚至差得很远。彻底实现梦想是最理想的，部分实现也不错，完全没有实现也无所谓，但首先要有梦想。没有梦想，什么都没有，既没有目标，也没有愿景，只会一事无成。所以，我很赞成“梦想引领未来”。中欧的成功，就是归因于1994年创业者“5年创办亚洲一流商学院”的梦想。

10年里，我参与中欧，让它成为一流的组织。我希望下半辈子把天翼图书做好，形成另一个优秀的组织。这是另一个伟大愿景。一辈子做成两件事，值了。

后来，中欧的院领导一次次问我：“离开中欧，你后不后悔？”

我说：“不后悔。在别人眼中，我放弃了很高的年薪去开‘酱油铺’，让人费解。但我想说，我有一个梦想，有梦就要去实现。而且，把一个组织从零开始做大，这个过程真的很有意思。”

第十七章 追忆李家镐、张国华院长

李家镐院长

李家镐院长是中欧国际工商学院中方第一任院长。从项目的谈判初期，直到立项、正式创办，我们在一起创业的景象，历历在目。回想起来，心里十分伤感。

李家镐的一生非常传奇：父亲是中华民国教育次长，然而，衣食无忧的生活丝毫没有让李家镐留恋，在阅读了一些马列主义进步书籍后，他主动放弃优厚的家庭条件，义无反顾地投身革命。

早在南洋模范中学时期，他就写大字报揭发国民党的腐败黑暗，被捕入狱，后来他父亲出面营救，他才出狱。进入交大理学院化学系学习后，李家镐冒着杀头的危险，组织进步学生学习《共产党宣言》、《新民主主义论》。

1947 年 5 月 30 日深夜，大批军警闯进交大学生宿舍，搜捕进步学生。交大地下党本想通知相关同学离开交大，可惜交大已经被军警包围。在紧急关头，李家镐偷偷开了他父亲的高级小轿车，将十几位进步同学分批送出交大，国民党军警的行动全部扑空。这与李家镐的机智勇敢分不开。

后来，上海交大学生自治会成员几乎全部上了黑名单，但李家镐顶着风险担任学生自治会常委和社团负责人，继续组织交大学生运动。1947 年 11 月，他加入中国共产党。次年，他带领 30 名进步同学，奔赴苏北解放区……

改革开放后，他先后担任上海石化总厂厂长、中共上海市工业工作委员会副主任、市经委主任，后来兼任上海交大管理学院名誉院长。1993 年 2 月离休后，他来到中欧国际工商学院，担任首任院长。作为中欧的三位中方创始人，我们并肩工作，度过了中欧创立最初的 4 年时光。

火样热情，迎难而上

李家镐院长很有性格魅力，他的执著让我印象深刻：每做一件事，他都一直向前，不会放弃。在中欧项目的谈判过程中，他从不认为会失败，想方设法去推进项目。张国华院长去市政府办事，遇到一些关键的难点，回来和李家镐院长一反映，他马上说“你找这个人”，“那个人我来打电话”……他在每一个环节中都起到了关键作用，而且给我们的感觉是，他的心里有火一样的激情，迎难而上，永不退缩。

在中欧成立后，按理说交大也要出资，但交大的资金还有很大缺口。这时，是李家镐院长去工业企业拉赞助。他以 70 岁的高龄，一家一家地奔波，以他的个人魅力，让这些企业心甘情愿掏出巨资赞助中欧。其中，上海石化赞助了 500 多万元，上海绿碱给了 150 万元，还有上海家化、上海制皂，总共募集了1 000多万元的资金，然后以交大的名义注入中欧。在中欧最为艰难的时刻，他为学院的发展作出了特殊贡献。

当时，也有一些国外企业愿意捐款，但李院长更希望把机会留给国有企业。他认为，中欧国际工商学院应该有中国企业的身影。所以，今天中欧才有石化演讲厅、光明乳业餐厅、家化教室。另外，在学费的制定上，李院长坚决主张向中资企业、政府部门倾斜。所以在前几年，不论是 EDP 还是 MBA、EMBA，中资企业的学费只有外资企业的 1/8。他多么希望中欧能为中国的国企、政府培养更多的现代管理人才。

学校起步之后，李家镐院长又为寻找客户而奔忙。有一次，我和张国华院长去拜访建设银行，希望他们购买课程，但却连连碰壁。李家镐院长得知后，斩钉截铁地说：“我来写信，我去找上海市人大财经委主任，要给他们压力。你们觉得什么时候需要我打电话，就通知我。”

类似这样的例子，太多了。在我的印象中，他不会以个人的得失来计较，不会因为一件事很难就退缩，而是用于承担责任，当仁不让。试想，如果院长都躲躲闪闪，往后面退，那么下面的员工怎么做事？领导是一个组织最后的王牌，哪怕做不成，也要用尽全力，不能退缩。这一点，李家镐院长堪称表率。所以，中欧的创业者真诚地觉得，李家镐院长很伟大。因为有这样的领导做“后台”，员工们发自内心地对未来充满信心，不断勇往直前。

为人耿直，一心为公

李家镐家在康平路，都是上海市领导住的地方。他家的书很多，但家具却非常简单朴素，有的家具上还有编号。一问才知道，那是他在上海石化工作的时候，单位要把废旧柜子处理掉，是李院长花钱买下来。他的想法很简单：“我个人吃亏无所谓，但就是不能让厂里吃亏。”他把这些旧家具搬回家时，夫人也没生气，反倒很理解他。

他个人的吃穿很简单，生活得很“抠门”，但只要是对待公家，他又很大度。他的妹妹、妹夫一直在海外，后来回国，看到他生活如此简朴，就送了一辆林肯高级轿车给他。谁知，李家镐没有犹豫，马上就捐给了当时的单位上海石化，作为接待客人的用车。他自己还是骑一辆破自行车，风里来，雨里去。

来到中欧之后，一开始，他坚持不拿工资，后来只领取非常少的工资。当时他没有考虑到，如果院长拿的少，那么下属拿的就更少。后来他想到这一层，主动把工资调高了，但是却一分不拿，把每月工资集中在一起，总共30多万元，全部捐给学校。他设立了一个基金，专门用于培养汽车工业和管理人才，并且资助中欧比较困难的学员去欧洲实习。

李院长一直为组织考虑，从来不会为自己考虑。他的秘书刘燕女士说：“他从小生活在富裕家庭，不缺吃、不缺穿，物质上的追求早就达到了。所以他和一般人不同，他只有精神上的追求。他年轻时的理想，支撑了他的一生。”

平易近人，助人成才

中欧国际工商学院的年轻人初次见到李院长，第一印象都是崇敬。但很快就发现，他非常平易近人，很容易相处，没有一点架子。不管是工作上的事，还是个人遇到的问题，只要找到他，他都会热心帮助。

当时，中欧的新员工很多，都是大学刚毕业，他总是不拘一格用人，更多地看到一个人的优点，热情地鼓励年轻人。他总说：“事情办得好坏是一回事，但这是给你创造一个机会，你会成长得更快。”我们做完一件事，他会客观评价，而且在做事的过程中，他会一直跟进、督促，询问事情的进度、有没有遇到问题，一直加以关心。

他一直是年轻人心中的榜样，也丝毫不放松对员工的教育。他希望年轻人看得远，不要局限于眼前的利益。谈到员工待遇，他常对身边年轻人说："交大的校长才拿1 000多块钱工资，你们不要太看重钱。"

争分夺秒，辛劳一生

中欧国际工商学院的中外方院长在私下里都是好朋友，但在工作中，李家镐很讲原则。中国人的缺点就是在外国人面前自卑，可能会让外方三分，但李院长不会。外方提出的一些要求，他一下子就能看到本质，看到这些要求对学校未来的影响。所以，只要是不能让步的地方，他绝不让步。

欧盟的大使、官员经常访问中欧，中欧的员工对欧盟也有好感。这时候，李家镐很注意教育年轻人："我们要学习人家的长处，但自己的根子要留住。"在中欧的课程里，他加入了政治经济学等课程，而且自己亲自授课。这么大的年纪，除了为学院的行政事务忙碌，还要登台讲课。后来，他还与几位外籍教授讨论社会主义制度，直到深夜。他一直坚信，社会主义制度是最好的制度。

李家镐院长主要负责新校园的基建、拉赞助，这都是难度最大的。但他总是以"活着一分钟，就要奋斗六十秒"的精神努力着。他每天要外出筹资、拉赞助，负责学院管理，还要搞教学，每天八九点钟回家，而且还要带很多文件回家看。哪怕坐在车里，他也争分夺秒，抓紧时间看材料。

多年来，他实在是太累了，所以身体也累垮了。他的夫人俞玉莉说，李院长每天都忙到夜里一两点才休息。他是把中欧当成自己的孩子，一味地给予，而不是说要从这个项目上获得什么。他不要名不要利，个人没什么渴求，就希望把中欧办好。

1997年时，李院长的身体已经不如以前。我们EDP部门正好要做一个大庆石油局的单子，需要院领导出面。这时，他毫不犹疑地答应了，与张国华、李杰（时任MBA招生经理）和我一起去哈尔滨。李院长的出场，与大庆石油管理局局长正好对接，我们顺利拿到了公司特设课最大的一笔单子，70万元。谁料，回上海几个月后，李院长就查出身患晚期胰腺癌。

在入院治疗后，他依然以常人所没有的毅力坚持工作。医生和护士惊讶地发现，李院长竟然忍着剧烈的疼痛，用棍子顶着腹部的疼痛部位，然后坐在病床上签署文件。这种意志力，这种忘我的精神，真的太少见了。

秘书刘燕女士说："他就像活在真空里，不管环境怎么变化，他都一门心思，充满激情地为了理想而工作。激情都需要理想支撑，他的激情完全是因为心中的远大目标。"在最后阶段，他还想着自己病好了之后，要做很多工作，从没觉得身体不行了。

在病重期间，他担心员工探望会影响工作，只允许张国华院长和我去看望。在他生命的最后时刻，他写信给中欧的全体员工，请秘书刘燕女士回办公室，用Email发给了每个员工。我记得，信的开头是："各就各位，坚守岗位……"

1998年5月29日，李院长离开了我们。这位负责基建的中欧元勋没能看到新校园落成的那一天。

1998年6月15日，李家镐院长的骨灰安置仪式在龙华烈士陵园举行，近千人赶来参加。江泽民、朱镕基等中央领导同志，上海党政领导同志都送了花圈。一位中央领导同志说他是"真正的布尔什维克"。

在近3年后，也就是2001年4月7日，在浦东金桥的新校区，佩德罗·雷诺教授向学校捐赠了李家镐的铜像。在绿荫丛中，李家镐院长的双眼炯炯有神，坚毅地望着远方，似乎照亮了中欧前进的道路。

在铜像揭幕仪式上，李家镐的夫人俞玉莉说："中国有句名言，说有的人活着，等于死了；有的人虽死了，却还活着。我想，家镐就是属于后一种人。他人虽走了，但他的精神还留在人间。这座铜像将使家镐在天之灵感到欣慰，这是他一生得到的最好的评价和无上荣誉！这亦凝聚着学院领导和全体员工的辛勤汗水，是中欧国际工商学院的荣誉！"她说："铜像基石上铭刻着'求真理，讲真话，献真心'，这几个字高度概括了家镐一生坚持马列、追求真理、刚正不阿、光明磊落和无私的奉献精神。家镐的论文集亦即将和大家见面，希望生前好友继续给我支持与帮助。"

记得李院长曾问年轻人："你们觉得人之为人是为了什么？"他自己的回答是："人这辈子就是为社会创造价值。"这个回答可能并无新意，但究竟有多少人真正把自己的一切都献给了这个社会和他人呢？李院长不仅在"创造"，而且真正奉献了价值，并且坚持了一辈子。在中欧最艰难的时刻，能有这样一位长者引路前行，这是中欧的幸运，也是中欧的骄傲。

李家镐院长简历：

李家镐（1924.3～1998.5），浙江嘉善人。1938年就读于上海南洋模范中学，1943年起先后就读于重庆交通大学、浙江大学（抗战时期在贵州遵义办学）、上海交通大学，期间在交大任学生自治会常委、社团联合会负责人。

1947年11月加入中国共产党，1948年9月赴苏北华中党校学习。1949年6月起在上海南一区青年工作队、沪中区团委、黄浦区团委任组织干事、组织委员等职。1951年9月起任上海团校组织科科长、机关党支部书记。1953年3月起先后任上海大众橡胶厂厂长，上海轻工业二局橡胶处、技术处和上海化工局技术处、劳资处科长，吴淞化工厂副厂长。

1972年10月起，先后任上海石油化工总厂化工二厂筹建组基建负责人、革委会副主任、副厂长，上海石油化工总厂生产办公室副主任、副总工程师、副厂长、厂长等职。

1983年5月，任中共上海市工业工作委员会副书记、市经委主任。1985年7月当选为上海市第八届人大常委会委员、财经委员会副主任委员。1988年4月当选为上海市第九届人大常委会副主任、财经委员会主任委员。1993年1月，发起成立上海发展汽车工业教育基金会，并任名誉会长。

1993年2月离职休养后，受聘于上海交通大学中欧国际工商学院，任院长、教授；任上海第二工业大学校委会主任，上海漕河泾高新技术开发区高级顾问委员会主任，上海系统工程学会、上海企业家俱乐部理事长等职。他是上海市第八、九、十届人大代表。

张国华院长

2006年1月10日，另一位创始院长张国华，永远离开了我们。先后两位院长累死在岗位上，足以说明中方职员作出了多么巨大的牺牲和奉献。他们热切地想把中欧国际工商学院办成功。为了这一天早点到来，他们毫不吝惜自己的健康，哪怕失去生命也愿意。

回想起来，与张国华院长相识近20年，他一直是我敬佩的好领导、好同事。他为中欧的发展付出了最宝贵的一段人生时光。作为与他一起参与中欧创业的唯一幸存者，我愿在此追忆张院长的点点滴滴。

初识交大党办主任

我最初与张国华认识，还是在交大。

那是1987年，我在交大做青年教师，被交大党办叫去做“青年教师工作和生活状况的调查”。这事儿还得从20世纪80年代中后期说起。那时交大率先推行校内管理体制改革，走在全国前列。全国很多高校都来访问取经，包括北大、清华在内。1987年我参与的调查，就是要检验改革的成果。

这次调查是党办牵线，我和党办、宣传部以及其他院系的6个青年教师组成了一个调查组，要作很多的座谈、调研、访谈。张国华当时担任交大党办副主任，也就是这次调查的负责人之一。很自然地，我们就认识了。半年之后，调研圆满结束，交大找到了未来改革的方向，我和张国华也熟悉起来。

一来二往之后，我对他很是钦佩。张国华是“老三届”的，67届高中。我对“老三届”一直有好感。张国华在工厂里是优秀青年、党员，又是马列学习小组的积极分子。恢复高考后，他第一年就考上了上海交大电子工程系，毕业后留校，做过辅导员、系总支副书记，后来担任党办副主任。据说，他是那一届留校学生中最早成为处级干部的人。

张国华的身上带有家庭的基因。张国华是家中的老二，他常常提到他大哥。哥哥张建华1964年高考，考上南京航空学院（现南京航空航天大学）。毕业后到贵州，从技术员做起，做到贵州省轻工厅厅长、省政府副秘书长，2005年被评为全国劳模。这个榜样的力量是巨大的。张国华的弟弟是大学老师，最小的弟弟在黑龙江农场下乡插队之后，读了大学、研究生，又去美国进修，成为华山医院的骨干医生。给我的感觉是，他们家氛围很好，张国华的哥哥为兄弟们树立了好榜样。张国华也形成了自己的价值观：不靠家庭背景，努力劳动，努力学习，认真做人。

操刀改革管理学院

1992年，张国华拿到英国伯明翰大学的硕士学位，回到上海交通大学。校领导安排他到管理学院担任常务副院长，同时承诺：一年以后调任学校党委副书记。

从常理判断，短短1年时间，只要不出什么问题就可以稳步高升，何必多费周折。但张国华来到管理学院，发现管理学院存在诸多问题。在90年代初，管理学科刚刚兴起，很受学生追捧，管理成为热门专业。交大不少老师在外面上私课，以至于堂堂的交大管理学院，居然连课程都安排不下去。

这让张国华萌发了改革的决心。他设计了一套新的薪酬制度：将工资分为两部分，一部分是基本工资，一部分是效益工资，如果教师达不到基本课程量，连基本工资都拿不全。

尽管该方案事先征得了学校同意，但在管理学院一推出，立刻遭来一小部分既得利益者的反对，再加上部分思想偏保守的老师的反对，一时间，阻力过大，改革难以推行。有好心的同事劝说张国华缓一缓，避过风口浪尖，到下一个学期再推出。但张国华不为所动，一定要立刻推行。

当时的艰难，他的太太王维勤女士记忆犹新："张国华每天回到家，最常说的一句话是：现在我累得眼皮都抬不起来。"太太劝说张国华休息几天，他总说："我去去就回来。"可每次去了，晚上11点才回到家。由于长时间的超负荷运转，他的心脏出了问题，不得不住进医院。

出院后，张国华重新投入到改革中。教师眼见他动真格的，纷纷回学院抢课上。一下子，学院从没人上课变成了人人都要上课，教学任务很快被抢光了，有些教师还没课上。张国华脑子一转，顺势制定了新的标准：在专业杂志上发表一定数量的论文，算任务量；年轻教师去进修也算任务量。在管理学院改革的阵痛中，张国华一直很坚定。他说："我这条路肯定是对的。"

为了改善管理学院的师资待遇，他与新加坡国立大学联合办MBA，把管院的老师派出去上课，1个月就可以赚1万元。在那个年代，这是天文数字。张国华说："教师的收入要从正当的途径获得，而不是自己到外面接私活儿。"

经过不懈的努力，管理学院的改革终于取得了初步成功。张国华告诉太太："交大走出国门办学，我是第一个。"直到现在，交大管理学院与新加坡国立大学的办学项目从未间断，已经持续了整整15年。

张国华敢于创新，也敢于改革。只要他认为对的事，他就坚持去做。如果像很多领导一样，太顾及周围的人际关系和老传统，一味搞平衡，组织永远不能进步。

毫无保留地投入中欧

在接触中欧项目的最初阶段，留英归国的张国华与比利时人杨亨找到了共同语言，他们热切地希望在中国搞出世界一流的商学院。

中欧国际工商学院在草创时期是一张白纸，什么都没有，过去也没有先例，完全靠我们这批创业者来描画。张国华的性格，也深深影响了这个组织。他为人正直，做事高度认真负责，对事物的本质认识到位，对任何工作都追求高质量。

初创之时，中欧双方有大量的文字材料需要翻译。但由于经费紧张，专业翻译数量不够，我们就请了一些懂外语的业余人士帮忙译。张国华和我都有不错的英文基础，阅读没问题，他就带着我，对别人翻译好的文稿进行审核，整理不太通顺的汉语译文。每天下班，张国华和我就分别带一些材料回家，重新统稿。

有一次，张国华对我说："李月庆，你是读文科的，你梳理得还没有我仔细。你看，这句话你没看透就改了，其实人家翻译的是对的，你给改错了。"

这让我非常惭愧。我是学社会科学出身，按理应该擅长文字。不是我的能力比他弱，而是我的认真程度不如他。他保持了"老三届"那种认真的态度和核心价值观。我知道他在党办期间，为校领导起草文件、发言稿，都是相当认真、一丝不苟。自从他找我谈过一次，我后来的工作就追求最高质量。

张国华和我一同把认真的基因带到了中欧。十多年来，他一直兢兢业业，工作就是生活。每天要处理学院的大量事务，晚上要么加班，要么有商业拜访、交流、校友活动。他在学院一直是走得比较晚的。

作为院长，出差是家常便饭。他时常是上午飞北京，晚上就飞回来。有时，坐几小时飞机回到家已经是深夜，可是第二天，他准时到办公室。有时，他在上海待一天之后，又要飞北京。太太、同事劝他在北京多住一天，他说："不行，上海还有很多事要处理，一天都不能耽搁。"这股劲头，让中欧得以在成立之初有了长足的发展，为日后在中国 MBA 教育行业中获得领头羊地位打下了扎实的基础。

在中欧的十多年里，张国华从来没休过年假。他自己曾经多次说："明年我一定要休假了，因为我不休假，跟着我做事的人也不能休息，他们太辛苦了。"但直到去世，他也没有休过年假。

后来病情严重，他曾对太太说："我们一家人从来也没有旅游过。很多人都说九寨沟很好玩，等将来我退休了，我们一起去看看。"谁能想到，这个如此简单的愿望，最后也没能实现。

或许是耳濡目染，中欧的创业者都认准了这一条，也沿袭了这样的作风。加班对他们来说似乎是天经地义的，勤奋是每个人的基本特点。在中欧最初的六七年中，很多有交大背景的创业者都放弃了年假。我本人也是 9 年没有用过 1 天年假。

协调各方的关键人物

中欧在闵行的最初阶段里，由于合资双方价值观、文化习惯的不同，出现了一些文化碰撞。虽然中央政府的吴仪、李岚清一直关怀着学院，汪道涵、王生洪支持学院，欧洲的高级官员也看好中欧国际工商学院，但具体做事时，还会遇到很多问题。外方管理层拿着高额薪水，住在高档社区，不了解中国国情，考虑问题比较西化。而中方管理层，看到了中国的实际情况，也有自己的思路。

两种价值观的人在一起工作，难度是非常大的。张国华是项目实施过程中的组织者，既要说服外方管理者，又要回过头来给中方领导做工作，一直在发挥协调作用，然后亲自去着手，促进问题的解决。

据王维勤女士回忆，张国华一直很感谢中欧学术委员会主席佩德罗·雷诺，他一直支持着中方管理层，也一心支持学校发展。当中外方因文化差异而存在沟通困难时，张国华经常找佩德罗和杨亨，解决问题。

张国华扮演了“承上启下”的角色，因为他的智慧和努力，中欧国际工商学院的中外方在磕磕碰碰中，走过了最初的几年，为日后的高速发展打下了基础。这让我感到，一个项目的成功，任何一个层面都需要关键人物的支持。张国华起到了决定性的作用。

我记得，在讨论新校园的设计方案时，中外双方出现了严重分歧。外方看中了贝聿铭的设计，但中方觉得太贵了。中国传统上，建造费远远比设计费多，但在这个项目中，贝聿铭的设计费占到了令人吃惊的比例。如果选择贝聿铭，要么增加预算，要么压缩建造费。中方出于节省资金的目的，不赞成用这个方案。

在分歧中，张国华觉得欧方在某些方面是有道理的，如果因为现在没钱，让一个二流的设计所来设计。钱是节约了，但搞出一个二流的作品，将来学院发展了，可能会悔不当初。张国华心里有梦，他要做一流的商学院，所以他倾向于欧方的观点。张国华不追求豪华、奢侈，但却追求品质，追求建筑未来的生命力。

在张国华耐心的协调、解释之下，中外方最终达成了一致，才有了今天的中欧校园。设计方案敲定后，张国华私底下告诉我，这次协调“难得不得了”。事实证明，中欧的校园方案相当成功，我们拥有了一个一流的校园，一个未来的校园，一个长青的校园。

中欧 EMBA 主任梁能对张国华有一个评价，那就是“既对全局有良好的战略把握，又对细节具有扎实的关怀”，这个评价是恰如其分的。

值得一提的是，张国华在学员心中的地位也很高，这与他善于支持校友分不开。校友在全国各地建立中欧校友会，搞校友活动，张国华坚持一个不落地亲自参加。这些活动大都安排在周末，他就放弃休息赶过去。说起来，各地的校友会都是学员毕业后自发组织的“民间活动”，张国华却认为：“只有得到校友支持，中欧才能发展壮大。所以我要鼓动、宣传校友会，让校友支持我们。我一定要参加。”

在校友会成立大会上，很多领导讲完话就退场。张国华一直留到最后才走。这一点，恐怕地球上没有哪个商学院的院长会这样。不过，院长是否出席，效果两样。中欧校友可不是“小朋友”，都是说一不二的企业家。有了院长出场，校友就乐意来参加，也愿意多捐赠一点，校友会这个机器也就运转起来了。

张国华不是代表自己，而是代表学校。这增进了校友和中欧的感情，也让中欧的品牌影响力辐射到全国。后来，中欧还设立了欧洲校友会和美洲校友会。

把学院送入上基金会轨道

凭借一腔热血，中欧国际工商学院迎来了10年校庆。在10周年的纪念册上，“First 10 years，First in Asia”（第一个十年，成为亚洲第一）这句醒目的标题振奋人心。短短10年间，中欧已经是亚洲排名第一的商学院。此时此刻，张国华既感到兴奋，又充满担忧。他多次对同事说：“中欧到了这个地位，再往后发展，一定要有一个基金来支持。我们太依赖学费了，90%的资金都是学费。如果国家遇到自然灾害、战争等外力影响，生源自然减少，国家的补贴只能维护教室、员工的开销，我们根本无法按国际标准聘请海外教授，中欧会遇到财务危机！所以，我们一定要像美国的哈佛大学和耶鲁大学那样，建立基金会。”

为了弄清哈佛等名校的基金运作方法，他亲自带队到美国学习。回国之后，他就建立起教育发展基金会，而且自任理事长。基金会建立之后，寻求捐赠并不容易。中欧的员工纷纷出马，但收效并不理想。张国华看在眼里，心里急得不得了。这不是可有可无的小事，而是关系到中欧发展的大事。他想了很久，决定从自己做起：既然要让别人捐，首先要自己捐。张国华说服太太，从家里拿出5万元，放入基金。把钱汇入基金会之后，他欣慰地说：“院长亲自捐款了，员工出去拉赞助就容易了。”

十多年的奋斗打拼，严重消耗了张国华的健康。2005年的一天，他开完会回到家，已经累得走不动路。不久，他就被查出患了淋巴癌，住进了华山医院，在那里度过了他生命中最后9个月。

这一年，国家教委一纸规定发到全国：各高校的MBA和EMBA都不能涨学费。对中欧这个高度依赖学费的商学院而言，无疑是巨大打击，如果不能调整学费，明年的开支就捉襟见肘。

中欧的同事赶紧到医院来询问院长的意见，病床上的张国华斩钉截铁："不行，一定要去争取。我们是体制外办学，办学成本那么高，你们一定要去争取。如果今年不争，明年就更没有机会了。"有了他的坚持，同事据理力争，让中欧获得了特别许可，不受限价令约束。中欧又一次掌握了发展的主动权。

在医院里，张国华不知疲倦地介绍中欧，且不说各级领导来看望他，就连医生来查房，他也要鼓足精神，介绍中欧："我们学校是欧盟和上海市合办的，我们是亚洲第一的商学院，我们培养的都是社会最需要的管理人才……"

每当有校友来看他，张国华就抓住这千载难逢的机会，拖着病体，用尽力气，一遍一遍地介绍基金会，解释基金会对中欧的重要性，请校友慷慨帮助母校。不少校友见院长如此执著，当场表示，愿意拿出多少万元，回报母校。

他的激情，让医生觉得，他似乎病得并不重。

一定要办成中欧大学

张国华院长有很多梦想，也敢于去实现梦想。在中欧最初的5年里，他的梦想是亚洲一流；后来，他的梦想是：中欧国际工商学院不只要有一流的商学院，还要利用体制优势，创建一流的医学院、一流的法学院。这样一来，中欧就成为一所真正的大学——"中欧大学"。

在他生命的最后阶段，张国华最渴望的事就是去上班。而家人最害怕的就是同事来探望。因为同事一来，他就不停地讨论工作，直到说不动为止。

这时候，一个喜讯从国际商务学会传来，他将被授予"全球商学院年度最佳院长奖"。这是这一权威的国际性学术组织第一次把这项殊荣授予亚洲商学院的院长。病榻上的张国华非常欣慰，他欣喜地问医生："我能不能去领奖？"

喜讯没能阻挡病情的恶化，他被推进了大化疗室。在化疗进行得最痛苦的时候，张国华心里还想着他的梦想。哪怕他说不动话，也坚持要在电话里了解学校的情况。有几天，他略感体力恢复，就打算回去上班，嘱咐工作人员说，"把我办公室的窗户打开，透透气。"

后来，他告诉太太，他做了一个梦："我梦到自己回中欧了，中欧的同事正在开会。我走进会议室，别人都没发现我，我就坐在边上。没过多久，一位外方管理者进来了，我看别人都没注意，就站起来，和他一起走上主席台。可是，走到台边，我怎么也走不上去……”

张国华院长再也没能回去。时间定格在2006年1月10日，58岁的他永远离开了我们。

这是他对中欧的最后期望。如果中欧的同仁加倍努力，在某一天，这个梦想会变为现实。

同事们不能忘记，张院长为了学院操劳的日日夜夜，他的乐观，让同事们走过了最艰难的阶段；他的目标和愿景，照亮了中欧前进的道路。

校友们不能忘记，一次次活动，张院长每请必到，他的脸庞上，一直带着特有的含蓄而慈祥的微笑。

太太王维勤不能忘记，结婚几十年来的一天天、一日日，在他离开后，没有哪一天不想念他。

儿子张峰不能忘记，父亲带他走进中欧校园时，他如此兴奋，自豪地介绍着校园的点滴，眼神里充满了遐想，言辞间充满了憧憬……

张峰说：“或许，天堂也需要一所一流的商学院。但是爸爸，您一定要记得：在天堂里工作，也要记得休息，注意身体……”

张国华院长简历：

张国华，生于1948年8月，浙江人。中共党员，中欧国际工商学院院长，管理学教授。1982年毕业于上海交通大学电子工程系，获学士学位。1991年获英国伯明翰大学硕士学位。

1982～1984年曾任上海交通大学电子工程系副主任，1984～1990年担任上海交大校党委办公室副主任，1992～1994年担任交大管理学院常务副院长。

1994年负责筹办中欧国际工商学院，并在1994～2005年期间担任副院长兼中方教务长。2005年起担任院长。

第十八章　商业教育的“文艺复兴”

16 世纪在欧洲盛行的文艺复兴，拉开了现代欧洲历史的序幕。其实，中欧自创办以来，又何尝不是用热血和激情，拉开了中国现代管理教育的序幕？20 世纪 90 年代中后期，中欧为了唤醒市场而备受煎熬。到了 21 世纪，中国出现了巨大的培训市场。此时此刻，在第一代创业者引退后，中欧不得不直面新的竞争……

人才流失与凤凰涅槃

2002 年 11 月，长江商学院在中国创立了，这所商学院拥有独立的法人资格，同样是一家培养 MBA、EMBA 和 EDP 的商学院。长江的体制和定位决定了它从诞生的那一刻起，就是中欧的竞争者。接下来，长江商学院开始大量挖人，行政人员也好，教授也好，全面“开挖”。另一方面，长江在媒体上大量刊登广告，掀起了一场营销风暴，也分流了一批潜在客户。此外，长江开始出现在企业的培训招标现场，以低于中欧的报价切入市场。

这是一场没有硝烟的竞争。中欧的 EDP 是一支打过硬仗的队伍，但也有些猝不及防。2003 年 1 月 1 日正式接手 EDP 部门的新任总监刘涌洁心情难以平静，原先最得力的下属跳到了竞争者的组织，担任长江商学院的 EDP 总监。这是戏剧性的一幕，两个熟悉中欧EDP业务模式的人开始交手。

中欧创业以来，EDP的业务模式是划分行业和条线，每个客户经理负责一个行业。因此，任何一个人离开，都会给组织带来损失。比如，负责A行业的人离开了，那么，行业内各个公司培训了哪些人，购买了哪些课程，各公司有什么特点，最需要哪方面的培训，倾向于购买哪一类课程……这些信息就随之消失。一个客户经理离开时未必能带走客户，但却肯定能带走这些有价值的信息，以至于新接手的同事无法在短期内衔接上。或许，这些信息都可以在客户经理的拜访记录、报告上找到，但EDP部门的规模已经从六七人发展到40多人，培训的范围也从十几家大公司发展为成百上千家企业，客户的数据已经变成了海洋，但它们却是零碎的、不成体系的，根本不能有效地抓取信息。

刘涌洁的第一感觉是："如果一个组织少了某个人，这个组织就运转不下去，那么这个组织是没有管理体系的，也是必然会灭亡的。必须找到一种方法，让中欧与公司的B2B业务不因为某个人的离开而受到影响。"

这时候，CRM（客户关系管理系统）进入了刘涌洁的视野。早在90年代中期，中欧在闵行的时候，就花了3万元人民币，请交大管理学院教计算机的老师做了一个简单的ERP，后来又花了4万元进行完善。到了2000年之后，中欧入驻新校园，员工普遍感觉数据库功能不够强大，客户的付款状况、营销状况相互独立，不能链接，也没有分析功能，只能存储和调取。

CRM是性能强大的软件，可以管理、分析、筛选所有的数据和信息，它看似是一套软件，实际上是一项浩大的系统工程，它需要每一个职员改变工作习惯，每天像机器人一样，把大量数据输入系统，甚至改变工作流程，改变组织架构。可见，CRM并不省事，成本很高，而且很多企业推行后并不成功。正因为这些原因，亚洲还没有哪一家商学院有勇气使用它。

早在2002年，SAP的高层约了外籍院长，之后甲骨文公司跟进。2003年"非典"期间，刘涌洁与IT部门的同事一道，走访了很多企业。最终，他下定决心，上马CRM。

刘涌洁很坚定，他相信中欧具备其他商学院所没有的勇气和毅力，所以敢第一个吃螃蟹。被这种精神感动，时任甲骨文亚太区总裁的陆纯初、中国区总裁的胡伯林都专程来中欧，希望中欧能成为一个成功的案例，甚至愿意免费提供软件！

接下来，刘涌洁带着同事参加CRM的培训，让员工看到这套系统的优点；同时，EDP部门制定了新的绩效体系，把CRM放进员工的工作评估中，每个人都必须改变。

不久，CRM 就发挥出强大的能力。比如说，EDP 作为一所商学院最大的生意，与其他买卖一样，都遵循 20/80 原则：80% 收入来自 20% 的客户。有了 CRM，EDP 部门就能区分谁是 80%，谁是 20%，找到服务的重点，把 80% 精力放在那 20% 最有价值的客户身上。不仅如此，80% 与 20% 都是动态的，有的企业加大了对中欧产品的采购，从一般客户变成重要客户，进入了 20% 的阵营；而另一些企业原本重要，但逐渐减少了订单，进入了 80% 的阵营。这些变化，CRM 都可以动态管理，指引着部门迅速改变。

过去，数据就像一盆浑水，没法区分泥沙。CRM 把整盆水数据化了，就像增加了无数个小格子，职员们一看就知道，这个格子里是红色的水，那个格子是绿色的，还有些格子里是沙子。对数据的分析、筛选，让中欧向优质客户倾斜，管理水平足可与企业媲美。

如今，中欧全院都在推行 CRM。刘涌洁说：“原来没有高速公路，全是泥沙，我们是赶着泥车上路。现在我们搭建起高速公路，就可以与法拉利飙车。”CRM 为中欧插上了翅膀，更重要的是，它让中欧逐渐告别了个人英雄主义，建立起一个稳定的体系，不会因任何人的离开而崩溃。

直面长江，冷对价格战

长江商学院成立后，以差异化的市场策略、价格策略，杀入 EDP 领域。起初，中欧国际工商学院硬碰硬，对着干。中欧很自信：“长江的销售额连我们的零头都没有，要杀价，中欧杀不起，谁还杀得起？”在这种心态下，中欧开始针锋相对，恨不得除之而后快！

但没过多久，刘涌洁和同事们想通了。长江商学院作为市场的后来者，完全可以帮我们“教育”整个市场。中欧占据了市场一半的份额，成为世界级的航空母舰了，还有必要和其他商学院一争高低吗？要知道，北大、清华、长江、香港科技大学的 EDP 销售额加在一起，才与中欧差不多。

任何一个商学院，都不可能获取市场上所有的客户。美国不是只有哈佛、沃顿，同时还有 1 000 多家商学院生存着！中国也是一样。而且随着竞争者的加入，大家一起把市场做大了。长江商学院成立后，不计代价地做广告，也间接帮助了中欧，因为他们教育了同一批客户，共同唤醒了企业的培训需求。

有趣的是，在短短几年后，长江与中欧走向了两个方向，中欧严谨、务实、追求卓越的信念，专注于严肃的教育。而长江活动多、人气旺，也很热闹，办了一些很有特色、符合中国民企口味的 CEO 班。两者没有好坏之分，而是满足了不同客户的需要。

想通这一点，中欧回到高端，再也不在学费上让步。毕竟，知识是不能打折的，也是不容讨价还价的。中欧坚信自己提供的教育产品是一流的，可以让中国企业家的大脑获得一次革命性的洗礼。对这些企业高层来说，一个商业决策动辄上千万、上亿，一个失误就会带来巨大损失。相比之下，学费微不足道，这个投入是无价的。

在创业阶段，中欧是机会导向，生存压力使它看到单子就要抢。但是现在，中欧在客户为导向的情况下，把自己的强项做到极致，让对手无可拷贝——只有中欧可以把不同行业、不同经历、不同背景的顶尖人物汇聚到同一间教室，课堂讨论时，这些人物可以审视自己的思维误区，可以听到其他高手的精辟见解，挑战经验性的思维模式。这个价值不亚于教授传授的内容；同时，也只有中欧可以把最优秀的教授推到学员面前，让中国学员也可以得到最好的课程体验。

中欧在国内是独一无二的，它瞄准高端，深耕于高端。如果中欧把定位稍稍放低一点，那么 EDP 部门的销售额就不是每年 1 个亿，而是几个亿。

EDP“航空公司”的新业务模式

EDP 部门有两大业务，一个是公开课，一个是公司特设课程（内训课），对这两者，我的继任者刘涌洁进行了反思与创新。

对商学院而言，公开课就好比定期航班，而企业特设课是包机。先说“包机”。在中国，培训的市场太大了，但中欧这样的供应商太少了。所以，中欧的飞机不够用、飞行员也不够用，严重供不应求。对客户来说，机会成本也很高：设计课程阶段，需要我们的教授去拜访，与高层管理者交流，找到培训重点；开课后，公司要安排一堆高管来上课，这都是学费成本之外的时间成本。

因此，中欧只能接纳对学院最有价值、最有战略意义的客户。具体来说，有两条标准：第一，能否成为中欧的赞助伙伴；第二，中欧能否通过授课，让客户最大限度地改变。

第一条好理解，但第二条更关键。中国曾经有一家垄断企业找中欧做公司内训课，被中欧拒绝了。因为中欧很清楚，不论为它提供什么样的课程，它都不会改变，因为他们没有竞争的压力，也就没有改变的动力。

这类组织往往带着“看戏”的心态走进教室，“看戏”和上课有本质的区别：“看戏”的心态是玩，两手胸前一抱，坐着欣赏，听到有趣的内容，喝彩两声，“啪啪”鼓掌，上完课之后，什么也不改变，继续走从前的老路。而真正来上课的人却不同，他们往往是在事业发展中遇到了问题，或者渴望改变和提高，所以他们用心、用脑、动手，全身心参与课堂教学，有效地享受学习的过程，收获非常大。由于中欧为他带来了价值，所以从离开教室的那一刻起，他就不断地告诉别人：中欧真棒！这是巨大的口碑营销。在一个培训市场竞争激烈的时代，通过砸硬广告已经没多少作用。客户发自内心的口碑，恰恰成为中欧最厉害的营销武器。

可见，只有对客户有价值，对中欧才有价值。这就好比病人去看病，大夫总会问：“哪儿疼啊？”病人得说出来。如果病人回答：“我哪儿都不疼。”那么大夫怎么治疗？培训也是一样。

再来看“定期航班”——公开课。中欧同样坚持自己的标准，这时候客户经理的价值就发挥出来了。客户经理按照行业划分，他们是行业里的专家，必须有能力甄选行业里的精英。另一方面，EDP 的高昂学费自动成为筛选器，只有金字塔尖的客户才能承受我们的学费。

在中欧的“定期航班”里，我们分“头等舱”、“公务舱”、“经济舱”，而且有全系列的课程产品，从一个企业的最高决策层——董事会开始，到下面的执行层，中欧都有相应的课程，可以满足企业的所有培训需要。这就好比中欧有一系列的插座，企业任何部门都可以找到对应的，马上开始“充电”。

同时，中欧考虑到不同阶层客户的不同需要，进行创新。比如，坐“头等舱”的人不愿意和“经济舱”的人坐在一起，中欧就在 2003 年推出了 CEO 班，让总裁级别的人一起上课。搞了两届之后，其他商学院开始模仿。

课程已经齐全了，并不意味着可以高枕无忧。中欧最怕的就是客户说：你们的课我都上过了。中欧不断开发新的课程，每年要推出十几门新课。过去，课程开发大多是管理者凭借经验和观察来设计。如今，新课程开发的流程也制度化了，这也归功于 CRM 的价值。首先，EDP 部门每年会分析 2 000 多份企业销售报告，看企业有什么需求；其次，我们有 1 万多人的培训量，可以不断进行问卷调查，而且问卷设计都有专业人员负责。第三，在搜集需求之后，EDP 开始总结需求、加工需求、修改需求，与教授一道分析，让学员的需求和教授的研发、供给能力对接，寻找可供提供的产品。由于 EDP 部门参与了整个开发流程，他们非常清楚每个课程适合谁，然后可以有针对性地展开营销。

相比其他商学院，中欧就像一家超级航空公司，2007 年，EDP 的公开课已经达到 67 门，也培育了一大批忠诚客户。比如，中石化与中欧结成战略联盟，中欧将为这家拥有 200 万员工的企业培养 1 000 个局级干部。

放眼全球，洛桑国际管理学院每年只招 85 名 MBA 学员、45 名 EMBA 学员，但那是在瑞士这样的弹丸之地。中国需要超级商学院，中欧小不得。中欧承载着社会的期望，肩负着带领中国企业前进的责任，中欧的 MBA、EMBA、EDP 都是全球最大的，它就像一个巨大的插座，为中国企业界提供不间断的电力。

以哈佛、IMD 为标杆

回顾起来，在中欧创办的前 5 年，EDP 部门的学员大部分是外企白领。但现在，EDP 的学员有超过一半来自本土企业。这里面有一个很有趣的现象。这些来自本土企业的学员，既有创业型企业的创业者、民营企业的所有者，也有国有企业的领导。可以说，他们都是决策者、所有者，是一个“从头到脚的完整的人”。但外企就不同，他们来的都是中层偏上的管理层，更多的是“手”和“脚”的角色——执行者。外企的研发人员不在这儿、决策人员不在这儿，哪怕是中国区总裁，也是执行全球战略的执行者。

从最初的每年培训几十人，到现在年培训量达到一万多人次，中欧已经是世界上最大的 EDP 之一。中欧成为亚洲唯一一所连续 5 年进入由英国《金融时报》“全球高层经理培训项目 50 强”榜单的商学院。

从排名来看，MBA、EMBA 的国际排名，比的是工资涨幅。《金融时报》的 MBA 评比标准主要是工资涨幅和就业率。这样的标准有时候与学校关联并不大，更多地取决于宏观经济的好坏。得益于中国的宏观环境，MBA 的就业率都很好。另外，在人民币升值的情况下，每升值 5%，学院的排名就上升 5%，因为《金融时报》都采用美元计算。于是，中欧学位班的排名可以借助外力。相比之下，EDP 的排名很务实，比的是客户满意度：你有没有学到新的知识和技能？你是否觉得满意，你是否愿意推荐其他人，课后跟踪服务好不好……总共十六七项指标，与宏观经济一点关系没有，也和工资涨幅无关，完全取决于个人的体验。

但中欧 EDP 和国际上的顶尖商学院相比，还有不少的差距。于是，EDP 决定为自己设立一个标杆：公开课以哈佛为基准，因为哈佛的公开课全球排名第一；

而公司内训课，则以洛桑国际管理学院和Duke CE（杜克企业教育）为标准，同样是全球数一数二。虽然洛桑国际管理学院和Duke是不同的风格，但都有中欧可以借鉴的东西。中欧紧盯这些名校的发展动向，而且每一年都会派人与哈佛等院校交流。

中欧EDP的思路很清晰，它瞄准两种体验：一是给学员提供最佳的学习体验；二是给教授提供最佳的教学体验。如果不能给双方创造价值，中欧就没有价值。中欧的下一步，就是聚焦这两种体验，然后让发动机转下去。

EDP找到了自己的定位，建立了CRM体系，也找到了行业基准。结论是，EDP更成熟了。

EMBA：“全球老大”精雕细刻

短短十多年，中欧国际工商学院EMBA已经是全球老大——最大的EMBA。从2005年起，学院连续3年，每年增加1个班，在上海、北京、深圳三地办学，形成了一年举办10个班的庞大规模。如何在数量迅速扩大的过程中保持品质，成为EMBA部门急需解决的问题。

赵筱蕾是EMBA副总监，于2004年5月加盟中欧，这位拥有丰富产业公司经验的高层经理人一直负责招生工作。在不断“扩容”的过程中，她没有忘记精雕细琢，保持品质。

顶尖生源是顶尖商学院的基础。过去，中欧招2个班（120人），为招不到人发愁。如今，中欧更关心的是如何保证10个班的招生规模，同时避免学生综合素质下降。为了保证600名EMBA学员的素质，学院大力开展营销、招生推广，每年成功地发动1 700多人前来报名，然后在其中精挑细选。

每年招生，前来报考的人都会问：中欧汇集了什么样的人？什么人能成为中欧EMBA的学员？为了回答这个问题，让更多的潜在学员了解中欧，EMBA部门在网上开辟了“学员素描”专栏：里面有50多位知名或者不知名的中欧EMBA校友，涵盖了不同行业、不同性格、不同人生阅历。许多报名者从中找到了与自己相似的校友，更坚定了报考中欧的目标。这一栏目的开辟，在国内还是首家。

中欧欢迎报考者，但筛选之严格，素有口碑。中欧要求报考者必须具备大专以上学历，不少大牌企业家都就因为学历，没法报考中欧，均瑶集团已经逝世的创始人王均瑶就因为学历问题，被中欧婉拒。至于官员，哪怕是直接管理中欧的官员，也必须参加笔试、面试。几乎每一年，都有报考者不甘心被拒绝，通过各种渠道托人打招呼。但中欧坚持自己的原则，反而吸引了更多的报考者。

每一年，中欧都根据教授和教室的情况确定招生人数，绝不会盲目扩招。毕竟，EMBA 学员不是小学生，他们的要求很高，如果资源跟不上，反而会砸了自己的招牌。这也是许多传统高校 EMBA 的问题，一开始很火，但由于质量下滑，几年之后就偃旗息鼓，招不到人了。

这是一项浩大的系统工程。每一年，都有 1 700 人报考中欧 EMBA。而 EMBA 的学员都是企业里中层以上的管理者，他们非常挑剔。从报考到教学，任何一个环节达不到要求，都会损害中欧的品牌形象。

比如说，1 700 多人要参加笔试，其中 80%～90% 的人都会开车前来。这么多辆车怎么安排，绝对是任何一所传统高校都没有遇到过的情况。何况，考试期间还有许多在读 EMBA、EDP 学员来学校上课，同样是驾车前来。停车场的安排，颇费脑筋。

停车之后，就涉及到找教室的问题。中欧的校园建筑风格统一，但也留下了难以辨认的问题。1 号楼、2 号楼、3 号楼看上去都差不多。加上不同的报考者在不同区域停车，中欧的校园就变成了一座现代迷宫。一千多人像热锅上的蚂蚁，心急如焚地找教室。以往每一年，都有企业家找不到教室，于是一连串的抱怨和投诉接踵而来。

类似的漏洞，在生活中并不少见。国内的高速公路上，不管是去什么地方，总会在关键时刻，少了几块指路牌。这是正常现象，但中欧没有坐视不管，而是想尽一切方法改进。起初，有人提议画出学校完整的结构图，发给报考者。但很快就发现，有的报考者拿着地图也会弄错。于是，赵筱蕾与同事一起，在每一个停车场设置路牌，在每一个岔路口设置指引牌。每年指引牌就要制作十几个。教室门上的考号总是用大号字体打印出来，用不着凑上前就能看清。安排好这一切之后，赵筱蕾还不放心，她要亲自走一趟，甚至请人随意抽一个考号试走，看能否顺利找到。一旦发现不清楚的地方，立刻修正。他们的目标是：指示牌必须清楚、连贯，指引报考者准确无误找到他们的座位。

到了笔试的那一天，一千多人从四面八方赶来，当他们沿着清晰的图示找到自己的教室时，进去一看：每一张桌子上都整整齐齐摆放着纸、笔，而且连角度都一模一样。顶级商学院的风范，在这一刻展现得淋漓尽致。经过多年的改进，2007 年没有发生一起“迷路投诉”。

笔试通常会刷掉 1/3 的报考者。到了面试阶段，1 100 多名报考者需要一一面试。最初，中欧是请教授担任面试官，但洋教授们人数有限，而且对中国国情未必熟悉。于是，中欧邀请资深校友回来，与教授组成两人的面试组，共同担任面试官。我在EDP担任总监期间，由于EDP部门对企业非常熟悉，也多次被邀请担任面试官。

校友要想担任母校的面试官，并非易事。一方面，这些校友本身必须有足够的高度，是高层管理人员，个人阅历越丰富越好。只有“阅人无数”的人，才懂得把不同背景的人搭班，使之取长补短，形成比较好的搭配。经验丰富的人，听听面试者讲公司的语言，就能看出他们在职场上的深度。毕竟，脑子里的故事多了，就会分解，分解了就会去比较，比较了就有分析，分析了就会有判断。

另一方面，校友必须能够抽出完整的一天或几天时间（不必连续），而且一整天不能接听或拨打电话。为了保证有足够的校友出场面试，EMBA部门建立起一个稳定的面试官队伍。像IDG创投的合伙人章苏阳、天正集团总裁兼CEO高天乐、深圳迈瑞的董事长徐航、华润集团董事长王帅廷等等，都是热心校友，几乎年年回来担任考官。每次接到中欧的邀请，他们都会郑重其事地告诉秘书，优先安排面试，而且一整天不能有其他事情。

在校友们担任面试官之前，EMBA部门还会给他们进行一次培训，强调中欧面试的原则问题。比如，赵筱蕾会提醒这些大牌企业家，面试的标准不是各位在公司里招人的标准，不能依据自己的偏好来选择，而要以中欧的标准来判断人。

中欧EMBA的标准是什么？首先，报考者必须有企业管理的经验，否则听不懂课堂教学的内容，也无法参与讨论。中欧的EMBA强调课堂讨论，学员的讨论会作为“课堂贡献”而得到分数，学员们也希望通过高水平的讨论获得更多。如果没有管理经验，那无异于浪费自己的时间。

其次，学员必须是愿意思考的人。有的企业家凭“运气”，一下子获得了成功，但是很少思考，读书仅仅是为了拿个文凭。这类学员不受欢迎。毕竟，不愿意思考的企业家，不可能获得持续的发展，也不适合到一所顶尖商学院进修。

再次，学员必须有目标，志向远大。中欧是一座加油站，可以帮助他们理顺思路，开阔视野，找准战略，推动自己成功。

中欧的历史使命

中欧工商管理学院后来的校训是：认真、创新、追求卓越（Conscientiousness，Innovation and Excellence）。这是刘吉院长来中欧后确定下来的，他还请徐匡迪题了词。这使得中欧有了自己的灵魂。据刘吉院长讲，任何伟大事物的起点是“认真”二字，做到了认真，一切奇迹都会发生。中欧对于每个细节的把握，赢得了学员和客户的赞赏。而创新，是因为在市场的大风大浪中，只有靠创新，才能超越竞争对手，不断取得新的成功。最后，无论你做得有多好，一定要问问自己，能不能做得更好。这就是追求卓越。

刘吉院长总是鼓励员工充分发挥自己的想象力和聪明才智，要求每个部门每年至少做一件中国第一的事。在他的领导下，学院一举跃居亚洲第一。10年院庆之际，中欧给自己设立了新的定位：通过知识创造和传播，成为对全球环境下中国实践提供最权威诠释的商学院，从而实现从教学型向教学和研究并重型商学院的转变。

中欧伴随着中国企业的成长而迅猛发展起来。进入21世纪后，我们的客户经理再也不用解释“管理是什么”、“中欧是什么”，大家都把管理教育当做一个企业必不可少的投资。整个管理教育的市场彻底激活了。

统计显示，每年有7 000~8 000名中高级经理人通过上中欧EMBA、EDP的方式来“充电”，而且近40%的人是来中欧反复“充电”。中欧的学费不便宜，企业都是经济动物，这么多人愿意投入时间成本、学费成本反复来中欧，肯定是觉得物有所值。

从培训人数上看，中欧是全球最大的EDP、MBA、EMBA培训机构。按照最初中国与欧盟的规划，中欧国际工商学院只招2个EMBA班、2个MBA班，这就够了。现在，中欧EMBA每年有10个班，上海6个、北京3个、深圳1个。老外很不理解，他们说：EMBA是奢侈品，你们招那么多人干吗？确实，在《金融时报》商学院排行榜上，那些袖珍的EMBA往往能轻松拿到更高评分。对中欧来说，只招一两个班，很轻松，不用养那么多教授。我们根本不用聘用长期教授，全部用访问教授，价格还便宜，来一次付一次钱，没有住房补贴、研究经费等额外费用。中欧可以做出更好的单位产出。但是，中欧没有那么做。

企业是国民经济的细胞，是经济和社会发展的基础。中国经济的发展，国力的增强，竞争力的提高，靠的就是一批世界级的企业。一两个企业家是不够的，要一大批企业家。中国太需要高素质的企业家了，中欧的使命就是大量培养企业家。这是历史赋予中欧的责任，也是中欧创始人在十几年前就立下的宏愿。

2008年，中国的经济总量有望超过德国，成为世界第三。在中国的崛起过程中，中欧国际工商学院无法替代。为了最大化地发挥中欧的能量，中欧正在北京建设新校园，计划2009年初投入使用。届时，以EMBA为例，北京可以春秋季招生，一年4个班。而深圳方面，中欧也在寻找合适的场地，物色合适的校园。这样，一年的EMBA招生人数可以到700多人，继续保持全球第一大EMBA培训机构的位置。为了实现这个宏伟目标，从现在起，每年中欧都增加聘用6~7位教授，稳步推进，5年之内教授总量达到80~100位教授。他们将成为中国商业教育领域学术最高、最国际化的专家智囊队伍。

2008年1月28日，《金融时报》“全球MBA百强榜”发布，中欧国际工商学院再次名列11位，连续5年蝉联亚洲第一。5月12日，《金融时报》的EDP排行榜中，中欧EDP跻身世界第20位，学院的三大课程全面进入亚洲前三甲。而中欧EMBA已连续7年跻身全球50强。2008年10月，《金融时报》EMBA最新榜单将发布，届时还会有惊喜出现。

曾有人问EMBA副总监赖卫东：“你们在中欧干了十几年，到底有什么意义?”他回答说：“当我翻开报纸，打开电视，就能看到中欧的校友，这就是我的成就感。”这应该是中欧人共同的成就感。

第十九章　中欧之火照亮全国

振兴企业家阶层

中欧国际工商学院作为中国首家市场化运作的现代商学院，对中国企业家阶层的兴起，有着巨大的贡献。

第一，商学院统一了商业的话语系统，也统一了商业伦理与价值。通过商学院的传播，企业家都知道了SWOT分析法（优势、劣势、机会、威胁英文首字母的缩写）、知道了商业模式、供应链管理，一个阶层可以站在比较高的基础上对话、交流。

第二，商学院培养了一大批经理人，提高了中国商业系统的效率；每年有7 000～8 000名中高级经理人通过上中欧MBA、EMBA、EDP的方式来“充电”，而且近40%的人是来中欧反复“充电”。

第三，商学院为中国工商管理教育发掘、总结、编写出一大批本土化的案例，可以给后来的企业家以启迪。中欧很多教授从国外来，他们回国后，马上就着手研究中国案例，提供本土化的教案。中欧的案例研究中心每年要编写大概50～100个本土MBA案例，中欧正在成为中国企业家阶层共享性的案例库。

第四，商学院成为企业家、官员、教授交流的舞台，让不同体系的人可以在一起交流，而且让过去少数人拥有的知识产品变成了每个管理者都可以享受的公共产品，大大加速了中国企业的进步。

第五，商学院使得中国的工商阶层横向融合。不同行业、不同背景、不同地域的企业家可以在同一个教室里学习，共同分享智慧，切磋技艺，共同成长。中欧国际工商学院是中国企业家最健康的聚集场所。前来学习的企业家，都是抱着打破瓶颈、健康发展、让企业基业长青的想法来的，以中欧为代表的商学院变成了工商界的黏合剂，成为企业家实现梦想道路上的充电驿站。这个意义是巨大的。

成为行业标杆

中欧自己取得的成功，远不如中欧对中国工商管理教育起到的引领作用来得重要。一个国际典范的商学院在家门口办成，一下子影响了一大片商学院，更唤醒了一个沉睡的市场！

不要认为世界是平的，由于地理的阻隔，美国的东西还是很难影响中国。试想，如果哈佛在北京、上海，中国的工商管理教育绝不是今天这样。

中欧把这个漫长的过程缩短了，而且人才出去就不回来的问题也解决了。中欧的成功不是某个环节，而是具备了成功所需的战略结构。中欧成了替代留学的一个选择，而且中欧主动学习了国外一流商学院的外在和内在运作，提供了国际水准、国际内容、国际观念的课程，使得中国学员如沐春风，也使得整个行业趋之若鹜。

1994 年，中欧率先请盛世长城等一流公司来作形象设计。从营销活动的标准化、流程化，到商学院宣传册的设计、课程册子的设计、印刷，中欧都开了国内商学院的先河。到了 1998 年，中欧已经是中国商学院的标尺，在很短的时间内，国内商学院掀起了学习与模仿中欧的浪潮。不论是“路演”、册子设计，都是中欧的套路，甚至连措辞、格式都模仿我们。国内商学院的课程介绍，也开始像我们一样，设置以下几项内容：培训目的、学员资质、背景介绍、培训内容、培训效用、培训涉及领域、价格政策等。短期内，国内商学院一下子前进了一大步，迅速拉近了与发达国家商学院的差距。现在国内商学院在课程设置、教授选聘、内部管理、市场营销等方面，都以中欧为基准。

中欧的示范作用是不可估量的，这是国家花几个亿买不来的。更何况，在这个过程中，国家只是注入了一点起步资金，中欧走市场化道路，从无到有、从小到大、从弱到强，这一笔投资是超值的。

或许，可以作个对比。我们国家一直评“211”高校，但它的示范作用没有中欧大。因为，只有在一个竞争的市场里，榜样的力量才是无穷的。它给市场带来了强烈影响，发出了强烈的信号，逼得国内其他商学院在坚持高等教育体制的基础上，进行市场化，从而得到社会的认可。所以，商学院教育成为中国最为市场化的教育机构。它不由国家标准来主导，而是由它的客户——学员，来评价好与不好。所以，不同的经理人杂志才会如此积极地做商学院的排行榜。即使这里面有不客观的成分，但总体上看，趋势是好的，整个商学院教育市场正在从不完善到完善，从不成熟到成熟。

我可以想象，如果没有中欧，中国的商学院教育可能还比较落后，估计会落后10年。为此，我作为中欧的创始人之一，和团队一起，参与并推动了中欧的成功。只有一个东西成功了，大家才会顶礼膜拜。如果不成功，即便我们有很多好东西，别人也不屑一顾。

诚如中国市场的发展、企业家水平的提高、管理者水平的提高，首先要感谢跨国公司，管理学领域也会铭记中欧。如果有一天，哈佛、沃顿、INSEAD、伦敦商学院都在中国设立校园，这个市场还要热闹。中欧正在弥补短板，积极应对这一天的到来。

唤醒管理教育市场

由于中欧国际工商学院的成立，成功吸引了全球一流的商学院来华共同办学。EDP部门最初是与哥伦比亚大学和密歇根大学合作，分享师资，提升品牌，从而拉开了中外商学院合作的序幕。国外商学院与交大、清华、北大的合作如雨后春笋般出现。

或许有人会说，国内商学院可以通过对外合作办学，迅速提高。但我认为，国内商学院是结构性落后。一方面，他们与国外商学院搞的是学位招生，临时开几个班，出让了自己的市场，赚了点钱。本质上，人家就是借你的教室上课而已，本土商学院学不到什么。另一方面，合作办学是让国外商学院掌握主导权，从营销到招生、教授到教材，都是用外方的，丧失了主导权。相反，只有在同一个市场上，国内这些商学院与中欧展开竞争，吃到了苦头，才能下决心，里里外外模仿中欧，使得国内商学院的总体实力大幅提升。

中欧对中外合作的理解是阶段性的、战略性的，不是一成不变的。在合作中，中欧与外国商学院刚一接触，就感觉自己一点不差，甚至比对方强。等学员听完中外合作的课程之后，评分结果也是出人意料——国外名校的教授还没有中欧的教授得分高！因为我们的教授更了解中国。此外，每次招生都是靠中欧的力量，授课期间，我们提供的软硬件服务丝毫不比国外的差。那么唯一剩下的就是品牌：在国际上，哥伦比亚、哈佛、沃顿、INSEAD、密歇根可能影响大一点，但在国内，中欧的品牌并不比他们差。

我想，将来的最高境界是不与国外合作。因为我们自认为比国外更好，可以用本土力量战胜国际一流的商学院。那时候，有可能哈佛的教授到中欧来做职员，把家属都带到中国来。这才是我们想看到的。

另外，值得一提的是，在中欧创办之初，有政治家说：外国人是搞“和平演变”，借项目培养亲欧、亲美的中国人。但刘吉院长认为，我们完全可以通过这个项目，培养一批亲华的欧洲人、美国人。如今，他的远见得到了验证。好几位在中欧工作过的外国人，在参加中方和欧盟的对话时，当着欧洲高官的面说：“你们不了解中国，不了解实际情况。我们亲自在中国生活过，我们会客观地看待一些事情。”

每一年，来自四面八方的欧美人士、海外学生来到中欧国际工商学院工作和学习。在这片贝聿铭大师设计的建筑中，他们了解了中国，爱上了中国。这应该是一份意外之喜。

树立市场化榜样

如果深圳是经济领域改革开放的特区，中欧国际工商学院就是教育改革的特区。10 年成为亚洲一流，使它成为中国教育体制改革的典范。

有生命的组织就要不断改革，拒绝改变就会落后。令人惊讶的是，几十年过去了，中国教育制度没有变革，中国高校与西方名校的差距不但没有缩小，反而在拉大。教育领域是计划经济最后的堡垒，改革已经到了刻不容缓的地步。

教育改革应该为教育目标和教育愿景服务，一切与教育目标不符合的东西都要改革。既然是为目标和愿景服务，那么它就会随着时代变化不断提升。教育改革的本质很清晰，那就是引入竞争，优胜劣汰。企业要面临竞争，不改变就得死亡，所以中央企业也不得不改变。而中国的教育领域却是一块缺乏竞争的地方，教师队伍只能进不能出，只能上不能下，教授们丝毫不用担心被淘汰！在缺乏制度激励的情况下，学术、科研、教学的质量无法提高。

高校应该市场化

恢复高考的时候，如果说我们的高校和发达国家差30年，那么现在，我们和发达国家差距可能扩大到40甚至50年了。为什么大型国企都改革了，高校没有改革？因为企业会自生自灭，假如它连工资都发不出了，就会意识到自己出了问题。但大学是拨款制，高校不改革照样能生存。但他们却没意识到，这是一种更危险的状态，一点危机感都没有。

改革与否，一方面是官员的问题。邓小平说过，什么错误都可以犯，错失机遇的错误不能犯。但教育系统里“官本位”思想严重，站在官员立场看问题，怕出错、怕出问题。在中国“大一统”的教育制度下，要想推行任何新制度、新做法，必须自上而下通过行政指令，如果教育行政部门没有改革的动力，没有富有改革意识、创新精神的领导，那么再好的创新也难以推行。

教育领域的改革其实就是市场化。有人担心改革会带来负面因素，用这些可能产生的负面因素抵制改革。改革开放后，可能出现了灯红酒绿，但不能因为有这些微小的负面因素，就永远不改革。事实证明，改革开放让全国人民受益。武汉大学原校长刘道玉说：不能只相信计划经济的控制力量，而不相信市场的调节力量。

在我看来，教育改革的根本，就是改变不适应市场经济体制的教育体制，让管理体制市场化、资源市场化，而非价格体制市场化。具体说来有以下几个方面。

教授制度可以借鉴美国的聘任制。教授属于非营利性组织，他们与纯粹的商业保持着距离，所以就要另外安排激励制度。美国高校的讲师、副教授完全是聘任制，都是签固定期限的合同，在合同期限内，必须成为终身教授。每个人只能有两次机会，如果不能晋升，就得走人，连副教授也不允许做。有了这个制度，就逼得教师不得不拼命干。当然，那些被迫离开的人也不是不能当教授，他们可以去二流、三流甚至四流的大学当教授。

当然，外国教授成为终身教授之后，压力就小了。这也是合理的，因为终身教授已经把生命中最宝贵的时间献给了教学、科研，他们可以吃老本了。但对于一个有能力获得教授资格的人来说，他有潜力获取更大的成就，没必要止步不前。

如果中国有志气超越欧美，应该更进一步，连终身教授都不设。这可以循序渐进，逐步推行。

至于行政人员的出路，根本没必要反复讨论，就像公司一样，实行聘任制，建立薪酬制度。行政人员不应该有寒暑假，他们应该像公司职员一样，兢兢业业地做好服务工作。对那些工作突出的人员，可以签署2年、3年甚至更长的聘任书。一般职员就应该一年一签。这样，组织内部就形成了动态竞争，它是一种良性循环。毕竟，高校不是福利机构，也不是特权组织，没必要养着一批缺乏服务理念、效率低下的行政人员。

美国大学的行政人员就像公司职员一样。哈佛大学出版社的编辑，都与教授一样。既有麦肯锡过来的，也有跳到麦肯锡的；有在宝洁做市场的人过来，也有做商业贸易的人进来。就这样，整个社会的人才都在流动，哪里效率高就流向哪里，高校系统和社会一起进步。而国内高校呢，很少有企业的人进来。这说明它没有市场化，一潭死水。

如果要继续深入，应该把体制改革作为重点，让大学真正独立、灵活、自主，放弃“大一统”的教育体制，让高校发挥主观能动性。回顾起来，中欧国际工商学院诞生之后，不论外界还是自身，都认为体制优势是其最大的优势。中欧的教授、行政人员高度市场化，而且具备高度自主性。每年根据市场需要开发新课程，创新需求十分旺盛。因为没人管，中欧不仅没有办砸，反而展现出勃勃生机。在短短10年内成为亚洲第一，中欧用无可辩驳的事实证明了市场化路线的魅力。

这应了那句老话：管得越少，搞得越好；统得越死，越没活力。不要太迷信计划经济的控制力，要相信市场经济的调节力。由于市场的因子，中欧先进而又开放，既有高质量，又有高效率。

体制优势打造学生优势

市场化的魅力就在于，它是通过竞争来确定一个人、一个组织的价值。中欧国际工商学院没有教委管理它，连上海市也没有专门的部门来管它，就靠自己的董事会，决定办校方针。董事会里的成员，都是全球各地知名商学院院长。董事会就是市场化的安排。

中欧具备其他高校没有的制度，也培养出了最具竞争力的学生。

首先，中欧的课程设置是跟着市场变化而变化，只要中欧的学术管理委员会批准即可，开发效率非常高，也没有那些“教条”的课程。所以，学生所获取的知识是未来竞争中最需要的。而传统学校里，课程设置比较陈旧，历来是“用昨天的知识教给今天的学生，去解决未来的问题”。即便想进行改变，有时也需要经过部一级的机构审定，从课程开发到推出需要漫长的时间。

其次，中欧课程的实施与完成也是市场化的。它不是拘泥于课堂，而是去企业里实践，做真正的项目。德国制药企业让中欧学生参与了他们的项目，使项目质量、实施率大大提高。学生们站在客户角度看项目，同时又是参与者，获取了经验，收获很大。

再次，中欧的教授都来自市场，他们不仅有一流的博士学位，而且具有10年、20年的商业、咨询业背景，这是传统高校师资所没有的，这叫结构性先进。工商管理教育是一种经验教育，来自于市场，又回归于市场。如果没有市场背景，就无法完成这个过程，变成了来自于课本，回归于课本。即使一个人拿了3个博士学位，没有实践经验，也是枉然。

得益于中欧灵活独立的体制，中欧的学生在学习阶段就掌握了先机，获取了优势。

导师制的最初尝试

中欧在1997～1998年，曾经在MBA中尝试过导师制。中欧的MBA要求很严，全英文授课，对最初一批并不熟悉西方商业运作规律的学生来说，对课程理解很吃力。学生觉得压力大，而且没有人关心他们的生活、思想困惑，甚至有个别学生因为压力过大，出现了抑郁。这时候，中欧几位英国教授建议，应该实行导师制。

我们把一个50人的MBA班分成5个组，每组10个人，每组配一个专业能力不错的教授和一位总监级别的行政管理者，记得有职业发展部的总监、EDP的总监、EMBA的总监和副总监。他们不是学术代言人，而是市场化的人，是以做业绩和提高组织效率为使命的人，也有很多社会资源，企业关系、个人关系。由于他们已经担任总监，也有比较正的价值观、生活观，让这样一批中高层管理者与学生接触，对学生的个人价值取向、生活态度，都有着正面的影响。

我和英国剑桥的顾凯诗负责一个小组。校方把学生名册、导师要求交给我，我就按照要求来做。学生很渴望和我们交流。学术方面的问题尽可以向顾凯诗请教，而找工作、生活观方面的问题可以问我。我不关心MBA学生的专业素养，但我关心他们的价值观，诚实、正派、勤奋、有愿景。任何一个人，具备这些条件，都肯定有竞争力，这是本质的东西。两年时间里，顾凯诗和我与学生成了无话不说的朋友。

记得有学生找不到工作，就来找我谈心，我就和他们交流。我对某些企业很了解，而且有比职业发展部更好的私人关系，我都帮他们推荐。我与一些500强企业联系，他们看到是中欧的总监推荐，很重视、很积极，而且很高兴。后来，一个学生去了巴斯夫，另一个去了ABB，还有一个去了德国梅塞尔气体公司。这就是导师制的魅力，也非常受学员欢迎。

多年后，他们已经成为各公司的高层管理者，但这些学生和我还有联系，觉得我对他们影响很深，这就是导师的影响力。后来，中欧换了一批教授，导师制就没有实行下去。这是很遗憾的事。

导师制可以把管理学生的责任分配到每个导师身上，使得学校可以合理利用资源，使师资减轻了压力，教务管理部门也减轻了压力。当然，这一制度也是对导师综合能力的考验。10个人的小组，意味着交流的深度大大增加。如果导师的知识面、价值观有问题，他就很难做下去。同时，导师也受益很多。在交流中，我们可以了解到年轻人的想法，他们对未来的看法，对我们有很多启发。

中欧10年换了4个外籍院长，每个人都把最好的智慧带给中欧，甚至发现有缺陷，就马上换人。这同样是市场的魅力。中欧曾有一位美籍院长兼教务长比尔·费什，他做教授很称职，外出演讲也很到位，但在教学管理上能力有限，因为他没做过校长，缺乏这方面的经验。

这位美籍院长的任期是4年，但过了两年半，董事会觉得应该改变。不久之后，欧盟就派人来中欧，并没有宣布中止合同，但宣布让他全力负责教务长一职，而院长的位子交给了一位没有学术背景，但却出任过跨国公司高级经理的英国老头博纳德，他带来了商业组织的制度和高效。

在中欧，一切就这么简单。所有不利于教学目标和学校发展的东西，就改变。张维迎也好、刘道玉也好，他们的改革构想在中欧都实现了，而且是轻松地实现了。

做了中欧项目，我发自内心地觉得，只要让中国人和外国人在同一个环境和制度上竞争，中国人肯定能成功。既然如此，为什么不把我们的环境和制度做好呢？这是必由之路，必须下决心改。现在高校已经落后了，虽然每一个学校都说要做世界一流，但既没有具体的规划，又没有人才，也没有资源，而且没有做好彻底改变的准备。这样目标永远实现不了。

后　记

延续中欧，梦想天翼

——回首十年创业路

李月庆

激情未已，痴迷创业

中欧国际工商学院的成功和我的经历印证了马克斯·韦伯的哲学思想："勤劳、刻苦地创造，我们才能拥有财富，也才配拥有财富。"这财富不能以货币或者利益计算，而是最大地体现在精神领域里。我可以很自信地说：只要努力，什么都可以做到。同时，我深切感到，大到组织，小到个人，成功所需的重要因素不是硬件，而是人的心智模式。它需要我们不屈不挠地奋发，对卓越和完美的执著，对未来抱有坚定的信念。只有这样，创业过程中的不确定性才会越来越少，未来也会越来越清晰。上帝没有指定哪个民族富有，哪个国家贫穷。只要我们付出艰辛，抱定信念，中国人也能成就其他民族从未获得过的伟大创举。

中欧 10 年的经历让我对中国的经理人教育市场有了更加理性的认识。国家之间、民族之间、企业之间的竞争，最终还是靠智慧。而智慧的载体和来源之一是商学院。不过，随着中欧的发展以及各类商学院的崛起，我又看到一个让人忧虑的倾向：价格昂贵的商学院被寄予过高的期望。无论是学员还是企业，都希望通过培训，实现快速提升。商学院何尝不希望如此，但中外方教授都明确一点——课堂只是学习的一种途径。它固然可以实现密集的知识传播，但还不能满足全部需求。每当学员回到企业，他们还会感到基础不够。这时候，他们需要相当的、持续的阅读量来补充知识。无怪乎，每个中欧教授都会在课程大纲上列明参考书籍，希望通过多元化的学习方式提升学习效果和实践能力。

另一个不良倾向是：几乎所有企业都把金钱花在少数精英身上。有的企业领导一年去商学院听三四次课程。而大部分员工，论资排辈，可能几年才轮到一次。20%的人享受80%的资源，我可以理解这种倾斜的现实意义和不良后果。问题是，组织的成功不能只靠几个精英。美国的创新竞争力、犹太人轻取诺贝尔奖、瑞士的持续成功，靠的都是一个民族整体的优秀。

我常想：一个公司如果连看门的人都接受过高质量的职业教育，知道客户服务、执行力、团队合作，了解公司的文化和愿景，那么这个公司的竞争力不言而喻。当然，这只是形象的说法。如果想让公司最短的木板变长，让企业整体提升，如何突破?

我想到了图书，作为一种知识载体，它拥有高附加值，成本却很低。由于图书的品种多元化，更可以覆盖大面积的知识需求。这就是为什么国外所有优秀商学院和大学都有企业出版社和专业销售团队的原因。书籍本身就是学校的补充和延伸。

当我把这个念头和各界朋友交流的时候，并没有得到期待中的肯定。朋友们都奉劝我：如果必须创业，还是做培训或者猎头，一来客户高度重叠；二来利润率高。

但这两个诱人的行业，我都没有选择。因为利润不是我创业唯一追逐的目标，更因为一个人除了创业的激情和企业家的梦想，更要具备使命感和愿景。

我常去国外出差，常常看到欧洲人在地铁里，安静地捧一本书阅读。一次，在飞机上，我的邻座是一个非常年轻的英国姑娘，手里捧着一本《小项目流程管理》。我好奇地问："这样的书，你读起来不觉得累吗?"她回答说："当然累！但我要做这份工作，这就是生活。"这个姑娘是一位项目经理，这次的项目针对是管道探伤公司，她必须提前阅读相关知识，否则就无法进行管理。我们的交谈证实了我的看法：善用图书，任何人都可以更加出色。

在中国，机会很多，经理人也非常繁忙。但我们不能说机会多得唾手可得、忙得无暇阅读，就放弃阅读书籍。我应该开一家专营经理人图书的图书公司。我坚信：中国企业的持续健康发展，迟早会进入理性竞争阶段，那是知识主宰、智慧为王的时代。作为一种低成本的智力资源，图书一定会得到广泛应用。

对于我的想法，中欧院方一方面非常欣赏，另一方面又极力劝阻。毕竟，我带领中欧的EDP部门走向辉煌，我的离开会给团队和业务带来很大打击。但是，我已经决定，完成创业的心愿，再创一番天地。一旦我决定要做，就会不惜一切代价去完成。了解我的院方终于放下拦阻的手，转而为我再次鼓起掌。中欧前执行院长刘吉亲自为我写信给各出版社，介绍我和我的创业故事，要求给我支持。我部门的另一个同事曹淑溧和我一起创业。之后，中欧还有其他同事陆续加入。我创立的公司与中欧一直保持着很好的合作关系，也在中欧校区内开设了书店，它是学校课堂教育的一种补充，也是知识平台的完善。书店不属于中欧，但作为中欧曾经的团队，新公司延续了中欧团队的品质、文化和价值观。

图谋天翼，开创蓝海

如今的我已近不惑，但依然激情澎湃。我坚信中欧的经验可以移植，我的智慧还有更大的发挥空间。经过多次国外考察以及和出版界、学术界的人交流，我确定了一个理想的图书销售模式：通过提供信息筛选和过滤，为企业配送合适的图书。我为公司起了响亮的名字——天翼图书，意为：让经理人如虎添翼！

我在中欧的时候曾作过调查，发现经理人的阅读障碍是：时间稀缺、商务知识的快速更新、图书的良莠不齐、信息泛滥。但是，信息 > 知识 > 智慧，越成功的企业家、经理人，其阅读量越大。而且每次到中欧，这些企业家都会请教授给他们推荐一些图书，以便他们带回去给自己的员工阅读。通过价格低廉的图书，团队得以了解企业家的所思所学，从而更有效地管理沟通。就此，我找到了天翼图书的立足点：选最有价值的书给最需要的经理人！即，为需要知识的企业经理人提供从图书资讯、度身筛选、购买到配送的一站式、个性化服务。我们的过滤和筛选服务可以让经理人轻松快速地更新图书资讯，以最少的时间和精力获取最有价值的图书，从而节省时间、提高效率。

有了服务和产品，我需要思考具体的销售对象。我认为首先是企业客户。企业经理人的年纪越来越轻，学历也在不断提高，职位与以前的同年龄人相比也在提高，这个结构就说明：经理人的自我学习能力和驱动力更强大了。跨国公司的培训部门早已把目光投向了高附加值、低成本的图书，而且迫切需要第三方专业机构的协助。

确定了市场对象和产品，回到驾轻就熟的销售。我的逻辑是：经理人图书和商学院课程一样可以作为教育和培训工具广泛推广。既然如此，推广的方式就如同中欧，应该有专业的客户经理，通过商务拜访，促成合作。如今技术日新月异，但是再发达的技术保障也代替不了人与人之间当面沟通建立起来的信任。图书是知识的载体，尤其是根据需求点来精选的图书，它所代表的思想、知识点、观念，需要有人进行专业的解释沟通。也就是说，同样是卖书的，天翼图书的立意就高人一筹。

二次创业，再尝甘苦

别人评价我最多的是：百折不挠，头脑敏捷，人气旺盛，精力充沛。就在打算成立天翼图书的那一刻，我立刻找到自己的位置：从头来过！放弃与选择，最需要的是勇气。天翼图书的服务模式是为会员公司提供个性化、一站式的经理人图书服务，不仅不打折，而且加收10%的服务。可以想象，这个创新在以折扣战为主的图书行业，完全是逆流而上。更何况我们还是预付款的形式。刚创业时，我们的公司会员有5 000元的C卡。区区5 000元，2003年，愿意支付的也只有那些真正具有前瞻的理念、超凡的判断力和远见的个人和公司。现在，买20万~60万元单子的客户已经很多，比如西门子、中粮集团等等。

出于战略考虑，我们挑选有影响力的大公司作为突破口。挑战虽然大，但却练就了天翼图书能啃硬骨头、战胜困难的文化和能力，赢得了很高的市场知名度和影响力。

在外资企业里，我们的第一个会员是霍尼韦尔。选择霍尼韦尔，是因为该公司在组织学习和培训上起步早，而且非常成熟，被众多跨国公司借鉴。他们的认可能证明我们的价值。为此，我们拜访了他们的总经理。幸好总经理是当初中欧的校友。出于礼貌，他没有拒绝我和我同事曹淑溧的拜访。不过，学财务出身的邬家华，很快被我们的独到理念所吸引，为我的再创业精神所感染，随即把我们引见给他们的人力资源总监。虽然他们只购买了5 000元的会员卡，却极大了振奋了天翼图书的创业团队。当时公司也就3名员工：我，市场营销总监曹淑溧，还有负责物流的裴亚来先生。

有了这张单子垫底，我们又去拜访了安吉天地的老总金麒。记得当天下午5点的约访，因为对方开会，我们等到了晚上8点半，等谈完出来已经是10点多了。同样，我们的理念和价值让开了一天会议的金总再次兴奋。当时他已经是复旦的经济学博士，是个爱书之人。作为合资企业的老总，他尤其希望自己在知识和资讯上与跨国公司同步，甚至领先一步，这样才能领导团队。天翼图书让他从焦虑中释放。同时，他也看到，对于日益庞杂的组织，精心挑选的图书无论针对培养干部还是针对管理沟通，都有很大的用武之地。我们拿到当时最大的单子，A 卡 2 万元。从安吉天地出来后，饥肠辘辘的我们到附近正要关门的小饭店，好好吃了一顿。当时我和曹淑溧不约而同地说："吃条鱼吧，好好庆祝庆祝！已经好久没这么美美吃一顿了。"

为了让天翼图书快快长大，我们把所有认识的人的电话都打遍了。坦白说，2003 年乃至 2004 年部分的会员，当初入会，有部分是碍于情面或者出于一种支持。由简入奢易，由奢入简难。在中欧，我可以说风光无限，备受尊敬。但是，这份尊敬有部分是冲着中欧的名气来的。如今，从零开始，备感艰辛，好在我和同事都越挫越勇。我们相信：只要我们把活儿练出来，天翼图书迟早会赢来与中欧同样甚至比中欧更多的尊敬。在图书行业，我们的商业模式依然是"前无古人，后无来者"。

虽然投资并不多，但我们依然感受到客户给我们的是一份沉甸甸的信任和寄托。为了这份信任，天翼图书付出了别人难以体会的艰辛。因为整个行业上游（出版社）和下游（物流），要么市场化程度不高，要么从业素质良莠不齐，天翼图书需要花百倍的努力才能实现对客户作出的承诺——卓越的服务。服务的内涵很深，外延也很大，加上创业之初人手也有限，所以，我们团队几乎所有人都有多个身份，从难到易，都亲自过问，亲自走过。为了保证到货时间，我要不停致电出版社，甚至动用过其他手段，例如请坐飞机的朋友，把书从北京取回，我亲自送货上门。曹淑溧做销售，又亲自挑书，并过问客户服务等每个细节。

此外，每个人都是一个学习者，小到外文图书的采购，大到图书公司的内部运营，以前的资源和经验让我少走了很多弯路。例如，从一开始，我就聘请跨国公司的财务作为我们的财务顾问，让财务和内部管理专业化，此外还用上了 ERP 系统。即便到现在，我们的 ERP 系统还在使用中。专业的人做专业的事。因为善于整合资源、善用资源，所以，当天翼图书还只有 1 岁的时候，我们对外的形象俨然是跨国公司了。

这个形象的建立还得益于天翼图书出色的市场推广。从 LOGO、天翼图书书签、天翼图书公司册子的设计，我都亲自参与。此外，中欧的论坛经验也被我移植到天翼图书。天翼图书承诺一年给会员公司开办 3 次管理论坛，比如《蓝海战略》的作者钱·金和勒妮·莫博涅教授，《定见》的作者、未来学家约翰·奈斯比特，多普达 CEO 李绍唐以及大牌教授杨国安、柏唯良、周其仁等等，都曾是天翼图书管理论坛的主讲人，其规格之高，足以证明天翼图书的眼光和能力。如今，论坛已经初具影响，我们的书签、书单、论坛都已经单独成为引人注目的营销渠道，还能赢得企业赞助。

展望未来　野心大增

随着经济的全球化，中国作为一个资源丰富的国度被世界从多个角度多次定位。从劳动密集型到技术密集型，从OEM到自主品牌，从世界工厂到世界研发中心，无论哪个时刻，中国的竞争优势始终离不开低成本。而一旦国际公司发现这一优势已经不再明显的时候，印度、韩国甚至马来西亚都变成了我们的竞争对手。这个初级、被动的竞争格局和我们国家长期以来的改良思想、取巧主义很有关系。冰动三尺非一日之寒。无论是医药行业、汽车行业还是房产建材，几乎所有的行业都没有足够的耐心来培植自己的核心竞争力。而不成熟的资本市场又催生着浮躁和创富的急切心理。

我相信：财富的积累、一个国家的竞争实力，来自于智力。随着世界范围内的资源重新配置，致力培植自己核心竞争力的国家越来越成为智力输出国。而在智力上不重建树的国家则沦为智力输出国的劳动力。在2005～2006的《全球竞争力报告》和2006～2007的《全球竞争力报告》中，瑞士在竞争力上一直在前三位。按理说，这个到处是雪山、草坡的小国家更适合旅游、牧羊。但惊人的是，在国际金融、精密机械、化学化工、食品工业等领域，该国一直是数一数二；其人均GDP长期位于世界前列。可见，只要靠智慧和勤劳，一个民族可以如此强大。

作为一个中国人，我觉得自己有责任来培植、推动、催生企业积累知识和智慧。而在众多创富神话和发展机遇中，图书行业显得清贫而朴素，但是意在深远。中国企业要参与全球竞争，首先要在视野和知识上与世界最优秀的企业保持同步。数据>信息>知识>智慧。通过专业机构的筛选，中国企业完全能以更少的时间、更少的精力、更快的速度获取信息、更新知识。可以说，如果有这样的支持，设在中国一个山区的企业完全可以与纽约的公司在知识上保持同步。天翼图书的设立不仅让这种同步变成可能，更唤起更多企业学习的渴望。

令人欣慰的是，越来越多的企业和经理人意识到“在未来社会，只有知识和智慧才是经理人竞争的唯一优势”。我们的努力也正赢得大家的认同和追随。全球最大的商业出版机构纷纷把天翼图书作为他们在中国的重要合作伙伴。他们选择天翼图书不仅是因为我们作为本土企业在政策上享受优势，更因为我们的勤奋、专业、对市场的驾驭，让他们看到中国民营企业另一种向上的气魄和坚韧不拔的意志。我有一个信念：天翼图书必将成为中欧之外另一个令人骄傲的民族品牌。她带给人们的是自信、自强、远见和持久的智慧！

追寻创业者的足迹

孟群舒

2008 年 1 月 28 日，寒风凛冽，大雪纷飞。在中欧陆家嘴国际金融研究院的别墅里，高朋满座，充满了温暖祥和的气息。中欧国际工商学院院长朱晓明兴奋地宣布，中欧再一次荣登《金融时报》商学院排行榜第一阵营，连续 5 年蝉联亚洲第一。4 个月后，中欧再传捷报，中欧 EDP 跻身世界第 20 位，亚洲前三甲。

这些殊荣，让中欧再次处于媒体的闪光灯下，沉浸在经久不息的掌声中，更沐浴在一片景仰的目光中。然而，人们很容易将中欧的成功简单化，想当然地认为，这所学院是欧盟与中国合办的商学院，起点高、规格高、资源多，不成功才怪！

事实上，中欧走过的道路相当曲折，充满艰辛。中欧的成功，不是靠资金，也不单纯靠师资，而是靠一群拼命的人。自中欧创办以来，这群创业者在一个极度缺乏管理知识、不知管理为何物的国家，孜孜不倦地进行“布道”和扫盲。它连年亏损，一度面临着等待死亡的结局，但最终，创业者用强大的动力、铁石般的决心和火样的热情唤醒了市场，盼来了明媚的春光，迎来了丰厚的收获。但就在曙光乍现时，两位中方院长先后累死在岗位上……

10 多年的创业岁月，浓缩了拓荒者才能品尝的残酷，汇聚了中欧员工的辛劳和汗水，更凝聚着两位中方院长最后的生命岁月。没有他们的无悔奉献，中欧就不可能拥有今天这么高的国际地位。这样的创业史感人肺腑、震撼人心。它值得抒写，值得记录。鉴于学院三位中方创始人已经累死两位，眼看中欧最初的创业史可能被尘封，“幸存者”李月庆先生与笔者深感，唯有用文字作出补救，才能对抗这匆匆流逝、催人遗忘的时间。这一心愿推动着我们在过去两年里，牺牲了近乎所有的闲暇时间，坚持完成了这本书。

从商业的角度看，中欧培育了商业教育市场，通过国际化的道路，走出了迥然不同于传统高校的市场化之路，成功开辟了一片蓝海，成为这一领域的领头羊，这样的结果令人欣慰、令人骄傲。但笔者也偶有疑惑，功成名就的中欧如何对待创业精神的淡化、梦想的消逝、国内商学院的模仿和追赶、重教学轻研究的软肋？

或许，这是从创业到守业必须经历的磨炼，也是每一个组织在成功路上都会遇到的问题。或许，中欧人已经有了初步的答案。或许，第一批创业者留下的这笔精神遗产，有助于激励中欧人继往开来，奋然前进……

叔本华说：历史的每一个空缺就犹如一个人反省自我意识中的空缺。不了解中欧的历史，我们的脑海里，就会遗忘中欧那些为梦想献身的个体；中国人的心中，就会少了一个汗水和生命铸就的鲜活案例；整个民族的性格里，就可能缺少一分追求世界第一的锐气和勇气。

20 世纪初，上海诞生了汇丰银行、AIG（美国国际集团，前身为友邦保险）。大半个世纪之后，他们成为行业内数一数二的企业。与这些优秀的百年老店相比，中欧国际工商学院成立不过 14 年时间，但已初具世界一流组织的雏形。让我们怀着感激之心，一同阅读这段血汗写就的历史，共同铭记李家镐、张国华以及所有参与中欧创建的奉献者吧！